结构时空投资战法

姜天赐　著

北　京
冶　金　工　业　出　版　社
2021

内 容 提 要

本书从介绍认识论开始，讲述了人的认知行为，认知的过程；分析投资行为模式，心智模式，思维模式，第一性原理；从行为金融理论分析投资行为；通过宇宙的时空、自然界和生物的级别以及物质结构提炼出结构、时空和级别，构建资本市场模型；最后介绍了股票结构时空战法。

本书可供高等院校金融、会计、财务、投资等专业的师生参考阅读，还可供资本市场从业者、投资者以及金融类从业者参考使用。

图书在版编目(CIP)数据

结构时空投资战法/姜天赐著. —北京：冶金工业出版社，2021.11
ISBN 978-7-5024-8979-3

Ⅰ.①结…　Ⅱ.①姜…　Ⅲ.①股票投资　Ⅳ.①F830.91

中国版本图书馆 CIP 数据核字（2021）第 238786 号

结构时空投资战法

出版发行	冶金工业出版社	**电　　话**	(010)64027926
地　　址	北京市东城区嵩祝院北巷 39 号	**邮　　编**	100009
网　　址	www.mip1953.com	**电子信箱**	service@mip1953.com

责任编辑　杨盈园　美术编辑　彭子赫　版式设计　郑小利
责任校对　郑　娟　责任印制　李玉山

三河市双峰印刷装订有限公司印刷
2021 年 11 月第 1 版，2021 年 11 月第 1 次印刷
710mm×1000mm　1/16；11.75 印张；280 千字；177 页
定价 88.00 元

投稿电话　(010)64027932　投稿信箱　tougao@cnmip.com.cn
营销中心电话　(010)64044283
冶金工业出版社天猫旗舰店　yjgycbs.tmall.com
(本书如有印装质量问题，本社营销中心负责退换)

前　言

2015年6月至8月的夏天，中国股市带给了股民噩梦般的记忆。股灾一年后，股民平均损失51万元。2018年中国股市连续下跌一整年，导致超过2万亿元的股权质押面临暴雷风险，各省市迅速建立“纾困基金”进行拯救，以免发生“穿仓”行为，引发系统性风险。2019年7月22日科创板股票正式上线交易，附带着推动中国经济高质量发展的使命。再来回顾美国21世纪以来发生的几次股灾。2000年3月至2002年8月的硅谷泡沫破裂，对实体经济和金融产生强烈冲击；为了走出危机，美国发动伊拉克战争和阿富汗战争，大幅度降低美联储利率，大量热钱涌入房地产，引发房地产泡沫，2007年次贷危机爆发，同时2007年11月至2008年11月股灾爆发，2008年引爆金融危机，2009年以后实行量化宽松政策，推动欧美股市创历史记录高位；2020年2月至3月全球股市爆发断崖式下跌，一时风声鹤唳。这几次股灾对美国的经济、金融安全和国民财富都带来巨大冲击。

2016年5月1日，我国社保基金条例正式施行，意味着社保基金入市。2014年4月10日沪港通开展互联互通机制试点，2016年11月深港通开通，2018年12月14日上海沪伦通启动，2019年6月17日伦敦沪伦通正式启动，中国资本市场开放迎来新的里程碑。不管是内资还是外资都在加速进入中国股市，因而，防范股市风险迫在眉睫，这对保护国民的财富、中国金融稳定，维护我国金融安全、经济安全有着极其重要的作用。这些都表明中国股市风险对金融和经济的深度影响，以及中国经济高质量发展离不开股市。

然而相关金融投资理论运用到二级市场投资实战层面往往并不理想，实业层面的技术基本是指标类研究，与理论差异非常巨大，思维模式也往往不同。因此本书作者利用自然科学研究范式，同时结合实践技术创新性构建出了结构时空理论。结构时空理论已经利用国内外市场的数据做了深度实证分析，具有良好的实践价值和理论意义，为提高国内投资者水平，保护投资者财富，维护国家经济安全具有一定的现实意义。

本书分为三篇，第一篇是投资行为篇，介绍了投资基础知识；第二篇为投资理论篇，介绍了结构时空理论；第三篇为投资实战篇，介绍了股票结构时空战法。第一篇首先从认识论探讨人的认知，只有深度理解人的认知行为，以及形成认知的过程，投资者才会从基本的视角去理解投资行为形成的过程，并且会反思自己的投资行为认知过程；其次分析了投资行为模式，从深层次理解心智模式、思维模式、第一性原理，重新塑造投资行为模式；最后介绍了行为金融理论，深层次挖掘投资行为分析。第二篇主要通过天体物理和大自然引出结构时空理论，通过宇宙的时空、自然界和生物的级别以及物质结构提炼出结构、时空和级别，从而构建资本市场模型——价格通过结构、时空和级别进行预测和交易。第三篇主要介绍了股票结构时空战法，先是介绍每种战法内涵，再介绍指数战法解读，最后举出两个案例给予实战化说明，并总结出了8种战法，以及结构时空理论的哲学基础——结构完美、走势完美。

本书撰写过程中得到了谢英亮教授、黄顺春院长、曾国华副院长等领导关心和指导，同时也要感谢徐茗臻老师的帮助。

在编写本书的过程中，参考了国内外相关资料，在此谨向这些文献资料的作者表示衷心的感谢！

本书献给家人、江西理工大学金融专业的学生以及结构时空理论的爱好者！

由于作者水平有限，书中不足之处，敬请读者批评指正。

作　者

2021年2月

目　　录

第1篇

投资行为篇

1 绪　论

2020年初暴发的新冠疫情对全球经济影响非常深远。新冠肺炎疫情已经成为一个撼动世界的事件，甚至可能改变人类历史整体走向，极大地影响了人们对相关问题的思考，已经且继续对全球产业链、国际社会交流、国家关系和全球多边机制建设产生深刻影响。

资本、商品、劳动的自由流通时代即将结束，冷战结束以来的全球化红利似乎到头了。最先行动的是美国。政策大势一旦扭转，常常是突然而急促的。全球化进程走到尽头，将对金融市场有深远的影响。金融狂欢的音乐要停止了吗？但美国过去几十年的金融牛市，似乎是建立在普通劳动者相对贫困的代价上。越来越多的金融财富，掌握在了越来越少的精英手中。贫富不均激起的民粹浪潮，在让全球化转向“闭关锁国”和走向排外的同时，也将让近十年的低通胀环境成为过去时。通胀抬升对金融市场意味着什么？最直接的一个影响是西方国家当前的债市泡沫再难维持。目前，全球整体利率已降至最低水平。以负利率为代表的激进货币政策正被证实越来越低效，不仅难以激起资本的“动物精神”，反而还损害了银行的利润和放贷能力，形成恶性循环。日本央行与欧洲央行早已进入负利率时代，但它也对银行系统产生了负面影响。自动化的趋势比一般人想象的要快很多，很快将只有不到2/3的任务才由人类完成。目前50%以上的工作岗位或都将被自动化所取代，全球产业链将再次出现重塑机会。在互联网领域，我国早已走在了美国的前面。不仅是市场更大，在黑科技方面，中国也不比美国差。如今，中国正在取代美国成为AI产业的全球领导者。预计到2030年，全球将有5000亿台智能设备，每人每天将与智能设备产生5000次的互动。很快将无时无刻不被各种智能设备所包围着、监控着。2021年，网络犯罪带来的经济损失将达到6兆亿美元，占全球GDP的7%，这个代价其实远高于气候变暖的影响。一些投资大佬坚持布局信息安全产业，因为它既受益于智能产业的高速发展，也受益于潜在的“黑天鹅”事件。未来十年，我国硬科技的投资机会或将真正显现。

我国经济高速增长达40多年，GDP总量已经排名世界第二，不久或将超越美国，排名世界第一，重回历史巅峰。我国经济初始积累已经完成，正处在从商品经济向金融经济跨越阶段。在全流通时代，实物资产与虚拟资产的等价性交易原则被确立，所有上市公司的控股股东就成了真正意义上的长线多头，它们最大的利益，归根结底在于股价的长线上涨，所有有利于支持股价长线上涨的资源都会不断组合到上市公司中来，大牛市真正的、最坚定的多头就此形成。由于国有公司实质上是市场中最大的控股股东，因此，国家本质上也必然是长线最大的多头。虽然，因为经济上的某些现象，国家可能会采取一些相应的调控措施，但调控的目的只是为了长线更好，丝毫改变不了国家的长线多头性质。

当社会财富积累到一定阶段后，物质决定意识，必然导致社会大众财富观念的变化。当中国社会依然以实体经济为主时，社会大众的财富主要集中在有形的资产上；而当虚拟经济出现并逐步走向成熟后，必然对应着股权等无形资产投资的大众化，由此带来社会财富观念与金融意识的深刻变革，因此为市场进一步发展打下坚实基础。建立在实体经济上的有形财富旧观念的被打破，以虚拟经济为基础的无形财富新观念的被建立，都是不随任何人意志为转移的历史趋势。无论历史是否宏大叙事，但历史的车轮总是碾压一切挡车的螳臂。而具有新型财富观念的人所构成的社会，其结构与思想必然发生深刻的变革。一个围绕资本市场而构建的经济体系将逐步形成，资本市场将成为经济结构的关键点，资本市场所构建的文化、观念，将逐步渗入到社会文化、观念之中，将深刻地影响所有人的生存状态。

在市场中，死亡是常态，也是自然法则，没有只生不死的事物；但生存，必须以生为依据，所谓生生不息。对于市场的投资者来说，首要且时刻必须清楚自己目前介入的模式，有很多投资者，在参与市场时根本就不知道自己在干什么，或者市场处于何种状态，不管熊市、牛市以及牛皮市，都如此。市场就像一个狩猎场，猎手并不畏惧陷阱，猎手只是看着猎物不断地、以不同方式却共同掉入各类陷阱。

市场是有规律，有其自身法则的；但市场的规律并不是显而易见的，需要严格的分析、科学的研究才能得到。市场的规律是动态的、当下的，是在不同级别合力作用下显示出来的规律。技术分析的最重要的意义并不是去预测市场要干什么，而是观察和分类市场正在干什么。大多数人对于技术分析，就是直接从股票市场入手，根据股票供需、市场价格、交易数量及投资心理等市场因素的历史资讯和目前行为反应，来判断整个股市和个股股价未来变化趋势和程度。技术只是最浅显的东西，只要能正确理解里面的逻辑关系，把握是没有问题的。但关键是应用，这里就有极大的区别了。市场充满了无穷的诱惑与陷阱，对应着人的贪婪与恐惧。单纯停留在技术的层面，最多就是一个交易机器，即使能在市场中得到一定的回报，但这种回报是以生命的耗费为代价的。无论多大的回报，都抵不上生命的耗费。

人类对于股市运作逻辑的认知，是一个极具挑战性的世界级难题，这也是股票投资风险的根源所在。2013 年，瑞典皇家科学院在授予罗伯特·席勒等人该年度诺贝尔经济学奖时指出:“几乎没什么方法能准确预测未来几天或几周股市债市的走向,但也许可以通过研究对三年以上的价格进行预测。”他在名著《非理性繁荣》一书中开诚布公地指出:“毋庸置疑,经济学家对金融市场的认识已有了很大的深化,但是就当下情况而言,金融市场中还有许多复杂的现象我们无法解释。我们应当牢记,股市定价并未形成一门完美的科学。”如前言所说,他没用自然科学思维范式进行研究,这是当今绝大部分学者的思维通病。对于他的结论作者并不认可。

其实在交易中,无论市场价格是否完全反映信息,都必须以市场的价格交易,而交易将形成市场的价格,价格都是交易出来的。因此价格都是当下的,如果当下的信息没被市场反映,就是没被市场当下反映的信息,至于会不会被另一个时间的价格反映是另外的事情。价格其实和人是否理智毫无关系,无论你是否理智,都以价格交易,只要交易就必然产生价格,这是任何理论都必须接受的事实。交易是最现实的基础,都将反应在价格上,哪怕你输错了价格都如此,以某种价格在某个时间交易,这就是交易真实的全部。至于交易后面的任何因数,无论这种因数是基本面、心理面、技术面,还是政治面,都是无所谓的。价格轨迹中只有时间之分,只有时间上的累积,交易是按时间排序的,这就是交易另一个最大的特征:交易是有时间性的,而且不可逆。交易以时间的不可逆为前提完全等价地反映在价格轨迹上。

市场上绝大多数理论的误区都在于去探讨决定价格的交易后面的因数,交易是人类的行为,在人性面前没什么可探讨的。所有企图解释交易动机、行为的理论都是没有交易价值的,不管人类的交易有什么理由,只要交易就产生价格,就有价格的轨迹,这就足够了。站在纯交易的角度,唯一值得数学化探讨的就是轨迹,其他的研究都是误区,对交易毫无意义。

1900 年,法国数学家路易斯·巴舍利耶(Louis Bachelier)首次提出了金融资产价格服从对数正态分布的假设,并假设股票价格服从布朗运动(物理学中分子微粒所做的一种无休止的无序运动),这成为随机漫步理论和有效市场假说(Efficient Markets Hypothesis)共同的源头。1965 年,美国芝加哥大学经济学教授尤金·法玛(Eugene Fama)正式提出有效市场假说:“假说的前提是股票价格总是正确的,因此,市场走势是随机的,没有人能预测市场未来的方向。价格正确的前提是,制定价格的人一定是理性的,并且掌握充分的信息。”随机漫步理论(Random Walk)也称随机游走,是指股票价格的变动是随机且不可预测的。通常这种随机性被认为暗示着股票市场是非理性的,然而恰恰相反,股价的随机变化表明了市场是正常运作或者说是有效的。随机的走势为什么会产生股价波动?理论中提出这些造成波动的原因。

(1)新的经济和政治新闻是随机的,并不是有序流入市场的。

（2）这些消息使基本分析人士重新估计股票的价值而做出买卖方针，致使股票发生新变化。

（3）因为这些消息无迹可寻，是突然而来，事前并无人能够预告估计，故股票走势推测这回事不成立。

（4）既然所有股价在市场上的价钱已经反映其基本价值，这个价值是公平地由买卖双方决定，这个价值就不会再出现变动，除非突发消息如战争、收购、合并、加息减息、石油战等利好或利空等消息出现才会再次波动。但下一次的消息是利好或利空大家都不知道，所以股票现时是没有记忆系统的。历史股价的涨跌和现在的市值变动并不相关。就好像掷铜板一样，今次掷出是正面，并不代表下一次掷出的又是正面，下一次所掷出的是正面或反面各占50%，也没有人知道下一次会是正面或反面。

（5）既然股价是没有记忆系统的，那么企图用股价波动找出一个原理去战胜市场将以失败告终。股票价格完全没有方向，随机漫步，乱升乱跌。无法预知股市去向，没人一定是赢家，也没人一定会输。至于股票专家的作用其实不大，甚至可以说全无意义。因为他们如果那么专长的话，就一定自己用这些理论致富，哪里会公布研究成果使其他人发达？

内在价值决定论认为：股票有其内在价值，这一内在价值决定了股价。股票的内在价值即理论价值，也即股票未来收益的现值。股票的内在价值决定股票的市场价格，股票的市场价格总是围绕其内在价值波动。研究和发现股票的内在价值，并将内在价值与市场价格相比较，进而决定投资策略是证券研究人员、投资管理人员的主要任务。由于未来收益及市场利率的不确定性，各种价值模型计算出来的内在价值只是股票真实的内在价值的估计值。经济形势的变化、宏观经济政策的调整、供求关系的变化等都会影响上市公司未来的收益，引起内在价值的变化。

经常有人探讨价格问题，至于价格是不是随机的，学术上存在着决定论和随机论两种观点，其实这背后的基础都是一个永恒因数论、一个永恒模式论，总觉得价格行为被某种神秘的理论所永恒模式化。无论这种模式是确定还是随机，交易是客观存在性，是最现实的基础，是真真实实存在那里的。价格是被现实的交易所决定的，因此，交易是现实的行为，交易以时间的不可逆为前提完全等价地反映在价格轨迹上。

交易的现实性、客观存在性、实践性等是交易唯一可以信赖的基础。首先，社会结构的现实多层性以及个体的差异性决定了任何的群体性交易都不具有同时性；其次，人的反应是需要时间的，就算是脑神经的传输，也是需要时间的，即使是相同原因造成的相同买卖，都不可能同时出现，必然有先后，交易具有延异性，不会完全地趋同，这是交易能形成可分析走势的现实基础。

2 认知行为

2.1 认知的来源

世界上，原先是不存在认知的。

距今约五亿年，是现代生物的开始阶段，生命世界中的一切都植根于演化和选择。人类大脑不是被设计出来的，它是智力演化的伟大奇迹，是在浩瀚的历史长河中，演化和选择留下的鸿篇巨制；探索人类大脑的工作原理，是揭示脑疾病的发病机制和脑智能的发展必由之路。

地球的早期是个炽热的球体，后来它逐渐冷下来，从物理运动到化学变化、从无机物到有机物、再到产生生命物质，在原来的物质运动的联系反应基础上，才出现了生物（植物）的刺激感应性。这是早期的反映形式，称它为植物的反映。

植物的反映比非生物间的联系反应前进了一步，开始有了原始的趋利避害的选择性和主动性。如枝叶向阳光充足的方向伸展，根系扎向有水多肥的地层……但总的来看，植物的反映还算被动反映。当泥石流冲来，山谷里的树和草不会跑开，它们是植物，不能自动位移，对外界的刺激，只能引起自身在原地的范围内产生变化。

从植物发展到动物，经过了漫长的历程。动物对外界的反映大大前进了一步，它不仅有刺激感应性、被动地反映外界的刺激，而且不少动物能通过视觉、听觉、味觉、嗅觉、触觉等去反映外界对象的属性，并进化到能把各种感觉联系起来，形成对外界环境的综合反映，这就进化产生出动物的感觉和心理。动物对外界的刺激，便从被动反映发展到能动的反映。例如，乌贼见凶敌到来，便释放出黑墨汁，使凶敌看不见，自己溜走了；猫能感觉到老鼠的动向，凭借这些反映指使自己的行动，寻机追踪捕鼠。

动物的反映是能动的反映，因为：（1）动物有心理活动，能指使自己的行动，其心理活动是能动的，其身躯也是能动的，即它自身是能动的。（2）动物对外界的反映有迅速、灵敏的选择性。比如，坡地上觅食的野兔，听到枪声，便竖起耳朵抬起头，向四下里张望，发现西边那人正来追打它，它便立即向东边逃跑。(3) 动物的许多活动都有着自觉努力，是积极的活动。有着感受外界的一面，还有着内在的驱动因素，因而也有着相对于外界而进行积极活动的一面。从动物发展到分离出人类来，又经历了漫长的过程。

人是从古猿进化而来的，这种进化是从“反映的进化”开始的。因为反映的进化较早，进化的机遇多，消耗的物质能量少，所以，这种进化的可能性较早转成现实。古猿与猴子和狐狸等的祖先是同类的。古猿群居而歇，采摘野果和追捕猎物为生。在对周围环境的反映过程中，一些古猿的大脑发达比其他动物快，逐步产生了“联系”“比较”的反映机能。

比如：泥石流冲来，石头会把来不及逃走的动物打伤或打死，受伤或已死的动物便成了古猿的食物；天上的陨石落下来，砸在动物身上，动物被打伤或打死，受伤或已死的动物便成了古猿的食物；雷电轰击、山崩地裂，石头滚下，会把动物打死打伤，受伤或已死的动物便成了古猿的食物……这每一事件都使古猿产生反映。在反复多次见到这类现象时，通过一次次的反映积累，其中个别古猿的大脑开始出现从“反映串”的量的积累发展到质的转变过程，从多次的偶然开始迈向必然，得出了一个了不起的反映——“石头能砸伤砸死动物，使它们成为自己的食物”。这便是古猿向人进化的第一步认识。

如果没有这类反映串的积累中产生的“转变”的出现，没有这种认知的出现，古猿就不会向人类进化，便没有今天的人类。人们可以看到，认知从产生的那时开始，就有着创造性，它不是机械反映外界的结果，是在觉察事物的运动及其联系，在比较、提炼、抽象、概论是在被动反映和能动反映基础上辩证反映事物的结果。认知本身就是创造的结果。认知从产生的时期开始，就有着逻辑的因素。古猿向人进化过程中，在不断反映实际时，从偶然到必然，反映规律、掌握和运用规律，逐步开始了判断和推理的过程，从多次的反复的“机械”反映、直观感觉，到联系起来辩证反映，从现象中概括出规律来，以把握事物的运动和过程，这就萌发了逻辑思维。

得出“石头能砸伤、砸死动物”之类的反映后，自然界中“石头砸伤、砸死动物”的事实继续反复出现，又反映到古猿的头脑中，这就一次次证实了他们了不起的发现是对的。这类反映就不断地为这些首先进入辩证反映的古猿所“考证”，主体的认知是从反映中进化产生的。

当古猿或者“手”脚无意踩滑石头或者“手”脚拿起石头又丢下（无意）时，石头顺山坡滚下砸伤、砸死了动物，这类无意的活动把“石头可以砸伤、砸死动物”和“主体使用石头”客观联系在一起。这种偶然联系在一起的现象辩证反映到进化中的猿人大脑中，既“印证”了过去的辩证反映的正确性，同时又启发了古猿使用石头（工具）去砸猎物。这时它们开始处在使用石器时期。还未进入制造石器时期，但已是在向人进化过程中。

而在用石头打砸食物（如肢解猎物）时，有的石头互相碰撞时，偶然破裂成尖棱或有刃状。而这类石头使用起来省力、方便，这种偶然现象为主体感觉到后，主体用此辩证反映来指导自己去打制石器，这便开始了用石头碰撞石头，打制石头尖状器和“石斧”“石刀”的活动，开始进入订制石器的时代。然后才有从偶然观察到如“石刀”的刃口侧面在其他石头上来回摩擦（切食物中、或无意的活动中出现）后，感觉到刀锋更利更快，使用起来更省力更方便，这类现象为猿人辩证反映，形成新认识，后用这种新认知指导行动，便开始进入磨制石器的时代。主体辩证反映实际，在大脑中形成认知，再用认知指导自己去制造石器，在自然界中打下了“创造事物（如打制和磨制石器）、改造世界”的烙印。这就出现了人。

2.2 认知的产生

认知的发展也是物质世界运动变化的一种结果。

世界上本无认知，只有在物质世界联系、运动、变化、发展过程中，发展到动物中逐步分出人类的进化阶段时，认知才产生，辩证反映才从被动反映和能动反映的基础上发展起来，突出出来。从认知的对象来看，客观事物是物质的，客观事物的规律是物质的运动和联系；从认知的器官来看，感觉器官和人脑也是物质的；从认知的活动过程来看，辩证反映活动也是物质的一类运动和联系。可见认知的产生是物质世界运动变化的一种结果。

各种事物对人的各种信号“辐射”，与人的联系是广泛的，人们从各种不同的角度、深度、层次，从不同的时间和空间来感知它们，逐步认知它们，这种认知在加深、提高、发展，这些是物质的联系、运动过程。人类认知手段的发展，比如从肉眼的观察到借助天文望远镜的观测，也是物质世界运动变化的一种过程。人脑的脑量在逐步增加，况且现今的人们的大脑才启用了一部分，还有相当部分有待启用，这为认知的发展提供了物质条件。人类逐步把已有的部分认知付诸施行。进行改造客体的活动，这种物质活动为人们在施行中更集中、专注、深入地辩证反映实际提供了方便条件，使相当一部分认知的发展更顺利些。

人类长期辩证反映实际所积累起来的知识是极其丰富的。人们可以设想，如果没有云南元谋猿人开始使用火，没有北京人的开始控制火，没有一步步对火的认知的发展，没有这类知识的积累，那么哪能有今天的火箭、航天飞机？如果没有“丁村人”那样的石球、三校尖状器、骨针、木棒，夏朝的红铜器，商朝的青铜器，没有一步步认知事物，利用规律，指导施行，去创造工具的认知，没有改造创新发展的认知，没有这类知识的积累，那么，哪能有今天的拖拉机、收割机？所以，先要学会走，然后才能学跑，一步一步前进，从低级向高级发展。人类知识积累的历史，也是人类认知进化的演进史。

语言的产生为人类认知的积累提供了必要的前提，是第一次大突破与大发展。它使认知的广泛交流成为现实，使认知的代代相传成为现实。文字的产生为人类认知的积累提供了更新更科学的必要条件，是第二次大突破与大发展，它使数量上大幅度增加的认知进行时间上跨朝代、空间上远距离的交流；进行知识的广泛的收集和积累成为现实。电脑的产生，音像记录的发展，为人类认知的积累又提供了先进的科学手段，是第三次大突破与大发展。在数量上、质量上和时间使用的效率上，从有利于认知的积累的角度来说，都是前二者望尘莫及的。

通过语言、文字、电脑音像记录等手段，现今的人们从先人的知识积累中学到大量的知识。小孩子生下来后，大人喂养他，教他说话，教他走路，教他看、听、闻、尝、接触事物，启发他感觉事物，辩证反映事物及其规律，教他读书，凭借已知去领会未知……这个过程是“大人的启发指导—小孩子的受教育（辩证反映和施行）—大人再启发指导—小孩子的再受教育（辩证反映和施行）……”的过程。经过了十几年以至二十几年的努力，小孩子长大了，他们从父母、师长的传授中，学到了人类文明史上成千上万年积累下来的许多知识（间接的知识），并能凭借对文字等所表达的意思的理解更自由地掌握先人的知识，以及考察现人在探索中增长的新知识（也作为一种间接知识），以致去酝酿创造性思维。

人们的读书、参观、考究、听取反映等，都是学习别人的知识，接受间接的认知，这是人们认知事物的一条重要捷径。它可以减少人们长时间“在黑暗中摸索”的过程，节省时间、节省人力物力，收到事半功倍效果。因此，善于千方百计获取人类的先进认知，努力吸收人类创造的一切优秀的成果，用以丰富自己的头脑，指导自己的行为，是赶超人类先进水平的一条重要途径。

宇宙间的万事万物是在不断运动变化发展着，各种事物不断给人们以信号“辐射”。人类本身也处在运动变化发展和普遍联系之中，人们不断地感受着实际，也总有各种信号不断输送入人们的头脑。而且这些信号与人们头脑里先前获得的知识一道，被作为“原材料”“半成品”或“成品”又继续经受人们思维的加工和改造，以形成新的认知和用来指导新的施行，创造事物，改造世界。辩证反映进入人们脑海的信息总是源源不断的、生龙活虎的、多彩多姿的、常感常新的。这样形成的辩证反映，是认知的又一个来源。

先人的知识是他们直接地辩证反映实际的收获，对后人来说，成了间接知识、成了一代代的知识积累的组成部分。今人面对现实世界，不断地继续辩证反映着实际。产生着新的认知，并以此来丰富人类的知识体系。这些新认知将成为人类知识宝库新积累。

人类认知能力不断提高，认知手段在不断改进，越向未来发展，人类辩证反映实际形成的认知就越是成千上万倍地丰富起来。知识面在延伸、扩展，认知的深度、层次也在深入，认知的抽象程度就越来越高，认知的相对独立性就越来越明显，认知的创造性也就越来越强。马克思在说到资本主义时，说它在不到一百年的时间内所创造的生产力，比过去一切世代创造的全部生产力还要多，这都是人类认知事物、改造事物的结果，是人类智慧的结晶。

2.3 认知的途径

至今，人们普遍认为人认知万事万物的信号“入口”有眼、耳、鼻、舌、身等感觉器官。这些“入口”都有各自的构造、功用和“职责”，它们分别感受、选择、过滤事物及其运动的不同性质的信号，让它踏入门里来。

眼睛是视觉器官，它接收事物及其运动的可见光及其颜色的信号。当可见光从眼球瞳孔进入后，就照在视网膜上。视网膜是光的感受器，其外层是色素上皮层，内层是神经层。在神经层分布着许多的“光敏”神经元的树突末梢（感觉神经纤维）。神经层主要有三级神经元（神经细胞），第一级神经元为视锥细胞与视杆细胞，视锥细胞感受强光、普通光和颜色；视杆细胞只感受弱光；这是可见光的信号在人的“入口”，第二级神经元是双极神经元，第三级是轴突组成的视神经，使可见光的信号不但“跨入门内”而且转换方式去“登堂入室”。

耳朵是听觉器官，它接收事物及其运动发出的声音信号以及感受主体体位变化或姿式状态的变更，是声音信号的“入口”，声波从外耳进入，引起鼓膜和听小骨的振动，继而引起耳蜗（声音的感受器）内的淋巴液振动，形成对耳蜗神经末梢的刺激（有感应声音大小强弱的机能，有分辨高、中、低音的机能）。声音（声波）由物理振动变为生理的神经冲动（对信号的形式进行转换），经耳蜗神经传到大脑，然后传到大脑皮质的听觉区，引起听觉。在内耳里，前庭半规管有个知觉的感受器，用以感受人体的体位变化或姿势状态的变更的信号。

鼻腔是嗅觉器官，是各种气味（如香、臭、酸等）信号的“入口”。在鼻腔上部的嗅黏膜内的嗅细胞群中，分布着许多的嗅神经末梢，各种气味的信号刺激这些神经末梢后，引起了神经冲动（对信号的形式进行转换），神经冲动传到嗅球，经嗅束传到人脑的嗅觉区，引起嗅觉。

舌头是味觉器官，是各种味道（如甜、酣、苦、辣、涩等）信号的“入口”。在舌上分布着许多的味觉神经，各种味道信号刺激这些神经末梢后，引起了各种特征的冲动，然后传到人脑的味觉区，引起味觉。

人的身体（主要指皮肤及肌体组织）也是一种重要的感觉器官，是感受温、痛、触、压等信号的“入口”。比如，在皮肤的各层内，分布着各种感觉神经的神经末梢装置（感受器），用来感受温、痛、触、压等信号刺激，这些信号转换成神经冲动，通过感觉传导路，传到人的大脑皮质中央后，形成温、痛、触、压等感觉。

综上所述，人的眼耳鼻舌身等感觉器官是客体信号进入主体的“入口”。各个“入口”的感受器性能不同，其所分检、过滤、选择的方面、内容、特征也不同，它们是根据自己的神经元特性去接受、去让符合自己条件的信号进入自己的“入口”。所以，耳朵不会接收光的信号，眼睛接收不到声音的信号，其他种种皆同此理。这些分门别类去接收信号的过滤入口的分工合作，使人们能多方面更准确更完整地认知事物及其运动。

2.4 认知的能力

人类辩证反映“事物及其运动”的过程，总是领先于人类有目的有意识地控制、再现、改造、创造事物及其运动的行动的，认知总是早于施行的。思维具有从已知推演未知的功能，有灵活性、有创造性、有预见性，思维受时间、地点、条件的限制相对小些，被认知的事物及其运动的范围比被施行改造的事物及其运动的范围要广阔得多。

认知对施行起着指导作用，是施行的前提条件。施行又为认知的加深与发展提供了更好的场所和条件，人们的认知范围就又拓展得更深更宽，再指导施行、改造世界的本领就更大。人类进步就是这样发展过来的。

实际事物的变化发展是认知发展的基础。作为认知的对象和万事万物，其自身在不断地运动、变化和发展着，它们与人们的联系和对人们的作用也在变化发展着；人们在施行中，在改造和影响客体过程中，同时在感受实际联系的变化发展，有的由近到远、有的由远到近，有的从表到里、有的从里到外，有的从弱到强、有的从强到弱，从光、色、声、味、温等各个方面，为人们认知的发展提供着变化发展的信号，说到底是提供了发展变化着的客观对象、客观基础，这是认知发展的外因。

人类向上发展的必然趋势，要求改善人类生活条件和促进人类进步的欲望，是人类认知发展的关键。人类能够辩证反映许多事物及其规律，并按照规律的要求指导人们去施行，去控制、再现、改造、创造事物及其运动，使之来满足人们的需要。人类不断地择优，一方面谋求物质生活上的富足，另一方面追求精神上的丰富和发展，人们不断地改变着自己对实际知之不广、知之不深的状况，不断超脱旧思想、旧观念的束缚，克服生搬硬套、以偏概全的现象，在新的条件下去获得更先进的认知，认知的相对独立性和创造性得以发挥，使认知指导下的施行从低级向高级不断发展。

人类辩证反映实际的能力的提高、手段的发展，为人类的认知发展提供了条件。人脑容量的增加，人的神经系统和生理结构的发展完善，人脑中的概念及其符号系统（如词语）的丰富发展，人脑思维模式的增加和改进，使人类认知能力逐步提高。人们对实际的辩证反映指导着人们，改善或创造了扩展和深入辩证反映实际的工具、仪器和设备，使人类认知手段不断向前发展，为人类认知的发展提供了物质的条件。例如：对 X 射线的认知与应用，使人们能透视身体内的脏腑，对望远镜的认知与应用，使“千里眼”的幻想变成现实，对电话、电报、无线电广播的认知和应用，使“闻风耳”的设想变成现实。人脑不断地辩证反映实际，使辩证反映活动一次次娴熟起来。辩证反映活动的深入进行，进行科学的联想、创造性思想，编织着新事物的蓝图，构思着新世界的意象，丰富着人们的学识，使人们认知的发展成为现实。并且去指导施行，将理想变成现实，这种活动过程又反馈过来，促进、巩固和丰富认知的发展。

认知的积累是认知发展的必要前提。人们的认知形成以后，人们能够凭借符号系统（如语言、文字、音像记录等）进行交流、传导后代，认知是可以积累的。人们的认知积累是认知发展的结果，同时为自己，也为他人、后人认知同类事物提供了方便、捷径，使人们能节约时间，在更广阔的领域、更深刻的层次上进一步去认知事物及其运动。

认知积累的形式主要有两种：人脑的记忆和凭借客体进行的记录。人脑记忆的信息量越多，人们的认知就越丰富，有的人被称作“活字典”，就是因为见多识广。人脑中丰富的记忆为人们张开联想的翅膀，为人类创造性思维提供了前提，有利于人们不断地考察事物之间、运动之间的实际联系，认知与实际的联系、各种认知之间的联系，以增长人们的知识。人们通过笔记、图片、录音、录像等途径，把自己或别人的所经所验所认所知录下来，用以扩展人脑的记忆功能，所谓“好记性不如烂笔头”，大概是指这一道理的。凭借客体进行的记录给别人或后代提供了已有的认知。人们一代代又通过人脑认知的机能活动（有遗传因素和后天学得的思维模式与能力）去意会、理解、掌握那些传下来（记录下来）的认知，在继承中发展、创新。后人站在前人的肩膀上，就能看到更远的地方。认知的记录发挥着巨大的作用。

现今，人类新增知识的过程可大致分为三个步骤：第一步，辩证反映实际，进行思维的加工创造，在头脑中形成概念印象。第二步，提出假说。人们经过大脑的思维活动，凭借语言、文字、图像等手段把概念表述出来。第三步，检验假说。人们通过再反复地宣讲辩证反映实际，或者通过施行创造一定的条件去辩证反映实际，或者间接辩证反映实际，来对照假说的正确与否，肯定正确、修正谬误。这三步有机地联系在一起，便是形成新增知识的统一过程。

2.5 认知的结构

大家经常听到“性格决定命运”。其实，一个人的认知决定了他的成就和财富，因为你永远赚不到你认知以外的钱。认知这个东西，学校不会教给你，父母不会，社会更不会。认知就是一个人系统的认知结构，也可以理解为灵魂、潜意识。决定人生成就的因素很多，但是所见到的都是“打碎”了的因素。从客观方面说，时代、机遇、社会阶段、环境、家庭、背景、教育水平等，统属于被动接受因素；从主观方面说，性格、天赋、价值取向、职业、心态心胸等，统属于主动选择因素。但以上这些都是“结果”，不是真正的内因，或者称为起源，时代是个结果、环境是个结果、性格是个结果、职业是个结果。

看问题要找寻事物的最本源，知其然而知其所以然。什么是人生成就的本源？就是认知结构！人之所以为人是因为智慧，人的智慧之所以称之为智慧，是因为有“结构”。看任何问题都要从系统哲学的角度来看。站在个体角度出发观察世界，无论是外在的和内在的，还是你所能达到的人生成就的高度，都取决于一个东西，那就是认知结构。

2.5.1 抽象的结构

认知结构到底是什么？没有认知结构的人，也就是多数人，一生其实都在“画圈”；表现在生活、工作以及内在思维上，大多数人一直在“画圈”，也就是在一个狭小混乱的认知里打转。结果必然是在生活工作等具体行为上打转，而在心态上的结果就是“徘徊”，所以大多数人的一生就是身体在画圈，心理在徘徊，最后成为一堆黄土。

有系统认知结构的人，很稀少，一生都在不断“蜕变”，就是一个人发生“质变”。不断蜕变就是不断在质变，这就是成长，这也是人活着的意义与乐趣。事物“质”的变化是由“结构”的变化而引起的。任何质变都需要量变，但如果没有“结构”“量”的累积再多也无用，大多数人就是没有“结构”而去努力积累“量”，注定是徒劳的“画圈”。这就好比石墨变成钻石，因为其分子结构发生变化所致，如果没有结构的变化，给其无限时间去累积量，也不会变成钻石。

2.5.2 具象的结构

人成长与发展是一个不断追求质变的过程，遵循着认知结构质变规律。将自己建立在什么样的结构上，将决定其所能达到的的高度与成就。

那么“认知结构”具体建设和运用过程可以表述如下：（1）拆解结构，也就是通过结构化的思维去拆解万物，就像一个解剖师一样，这个过程就是做“解构”。（2）填结构，也就是在拆解了万物的结构后，按照“自己所想要”的方式，去填充每个结构，这个过程就是做“重构”。（3）如果你既能“拆解”某样事物，又可以“重构”它，那么你就是在运用“结构”了。

2.5.3 辩证

辩证思维是人看待万事万物的基本思维，这么质朴简单又实用的思维，却很少有人拥有。辩证思维就是双向思维，所有的具体“结构”都是由此演化而来。这是“结构”本源，哲学是人思想的起点，人们对哲学敬畏和不解，是因为大多数搞哲学的把哲学给搞复杂了，哲学“以用为本”，只要想用它，它就会很简单。

人的感知主要靠眼睛，眼睛都是向前看的，所以人的思维一般都是正向化的，很少有人在脑后长有“第三只眼”。比如想要变得富有，就一直在思考富有，比如想要变得强大，就一直思考强大，而很少有人去思考穷富共生，是不能割裂的，强弱相生，是要对比才能显现的。

这个世界任何事物都是有两面的，阴与阳、强与弱、穷与富、虚与实、高与低、美与丑、前与后、快与慢，等等，会发现任何一门语言除了一些名词外，绝大多数词汇都可以找到反义词，语言就是人类看待世间万物的思维并将其符号化。自从有了“反向观察”能力，人的智慧就生发出来。

诸子百家群经之首《易经》六十四卦都是阴爻与阳爻演化而来，老子说一生二、二生三、三生万物也是这个道理。这些东西说起来貌似很高端很神秘，其实很简单质朴，是人把它想复杂了。哲学没有传统不传统之分，无论东西方哲学，还是儒释道法诸子百家，其哲学本质都是一样的，只是各家门派针对当时所处的不同时代、不同环境、不同的人文习惯，演化落地的东西不一样而已。比如易经中的六十四卦，其中很多围绕当时社会生活层面的东西，现在好似已经过时用不上了，但是只需要学会其根本即可，也就是辩证观。

辩证如何应用，说几个喜闻乐见的东西感受下。比如想成功，怎么办？去研究失败；比如想让一个女孩爱你，怎么办？去研究她为什么不爱你。比如如何区分敌人与朋友？这二者的界限是很模糊的，因为敌友是不断转化的；一直盯着一个方向，就会造成思维朝着一个方向，那么所看到的皆为幻影；这就是固执。佛道相通，道就是脑后长出“第三只眼”；佛就是放下“我执”。

2.5.4 时空

大家都知道有时空的存在，人们也存在于时空里，但是很少有人通过时空去思考和拆解万物，人们对经常见到的、已习惯的事物不会存有怀疑，更不会正视和利用，空间上：微观、中观、宏观；时间上：历史、现在、未来。

多数人的思维既狭隘又不长记性，因为缺乏时空观，脑子里装下这个结构，世界立马变样。比如看一栋房子，微观上看见的可能是建筑质量等，中观上看见的可能是地段、人流、交通、配套等，宏观上看见的可能是这笔资产在国内所有资产中所处的位置；从历史观察，它可能是用来居住的；从现在观察，它可能是用来做金融交易的；从未来观察，它可能是所有者的信用与融资的基础保证。

首先，要先有时空观的思维结构，也就是“怎么观”，之后才会去“具体观”，当有了结构之后，所有“具体观”都可归到结构上来，观察越多，结构越充实，才可了如指掌。之前所观察的和所读到、听到的诸多信息，为何都没有用武之地？为何看完了就只是看个热闹，过后就忘？就是因为没有“结构”存放。小时候家长常说：学习不能左耳朵进右耳朵出，就是这个意思！下一次在获取信息，将信息慢慢的归类，归到时空的“格子”里，最后再去看整体，就将对所研究的事物有一个新的认知。

2.5.5　利益

利益观就是所处环境的利益体之间的辩证关系。利益是什么？用道家的话说就是“不可言”，就是说不出为什么。只要有生命存在，就会有利益，这是生命活着的动力，也可以说是为了活着而活着的本源驱动力。如果没有利益存在，那么这个世界将一片死寂。

很少人能看懂利益，是因为你的认知是错的：首先，要用第一点所讲的“辩证”去看利益，那么利益就是个哲学词，不是一个名词，不是指代某样具体事物。有得利必然有失利，任何事物交涉在一起，必然充斥着得利与失利，要观察的就是诸多事物揉在一起不断地得利与失利的动态关系。其次，多数人认知错误的原因，是因为人都是以自身为出发点去思考，只看自己不看其他利益体。这就是“一叶障目”；正确思维是要跳出来忘掉自己，观察一个盘子上利益体关系。以上二点，第一点是思维，第二点是心理。

无论大小“团体”划分的方法都一样：坐庄的，经营的，散户。其实也不必执拗于这三个词，只能借助“赌局”的词汇来表达，当明白了利益关系其中的动态辩证，自会有词汇来描述。

自然生态：大自然就是所谓坐庄的，风雨雷电四季交融就是经营的，而诸多动植物就是散户；国家利益体：政府就是坐庄的，企业（通指市场，不光是具体的企业，还包括学术界、传媒界、金融界等诸多影响市场的因素）就是搞经营的，百姓就是散户；一个公司利益体：董事会、经理人、员工。一个旅游团利益体：带队的、协管的、散人。以此类推！

所以读到此处应该明白了，利益动态关系用一般词汇无法准确描述，任何“团体”都会遵循统一的利益动态关系，只是每个团体的描述不同。这就是老子说的“名可名，不常名”——名字很难去表述，只能用大家都能认知到的词汇来代替。只要去辩证的观察利益动态关系，即可明白。

3 思 维 方 式

3.1 心 智 模 式

3.1.1 心智

心智是人类全部精神活动，包括情感、意志、感觉、知觉、表象、记忆、学习、思维、直觉等，用现代科学方法来研究人类非理性心理与理性认知融合运作的形式、过程及规律。

3.1.2 心智模式

心智模式的理论是基于一个试图对某事做出合理解释的个人会发展可行的方法的假设，在有限的领域知识和有限的信息处理能力上，产生合理的解释。心智模型是对思维的高级建构，心智模型表征了主观的知识。通过不同的理解解释了心智模型的概念、特性、功用。心智模型是个体为了要了解和解释他们的经验，所建构的知识结构，该模型受限于个体关于他们经验的内隐理论（Implicit Theories），这可能有很多或很少的正确性。“心智模型是经由经验及学习，脑海中对某些事物发展的过程，所写下的剧本。” “心智模型是你对事物运行发展的预测。”

3.1.3 心智模型的理论

1969 年哈肯提出的大脑协同学：“研究一个由大量子系统以复杂的方式相互作用所构成的复合系统；在一定条件下，子系统之间通过非线性作用产生相干效应和协同现象，使系统形成有一定功能的空间、时间或者时空的自组织结构。由于大脑就是一个十分复杂而又密切协同的系统，它的功能正是由大量的子系统（神经元及其突触、节点）所形成的复杂网络巨系统整体结构功能协同作用产生的结果，因此协同学可以用于脑科学。”

1975 年明斯基提出的心智的社会模型：对个体心智的分析从诸多较小的处理过程入手，这些过程可以概念化——把思维描绘成由本身不具备思维的小部件组成的“社会”，把它们描述为“社会”中有组织的“作用者”。

1976年西蒙提出物理符号系统假说（Physical Symbol System Hypothesis, PSSH）：任何一个物理符号系统如果是有智能的，则肯定能执行对符号的输入、输出、存储、复制、条件转移和建立符号结构这样6种操作。反之，能执行这6种操作的任何系统，也就一定能够表现出智能。根据这个假设，可以推出结论：人是具有智能的，因此人是一个物理符号系统；计算机是一个物理符号系统，因此它必具有智能；计算机能模拟人，或者说能模拟人的大脑功能。

1983年诺尔曼提出诺尔曼模型：6个关于心智模型的特质，这6个特质并非相互独立的：（1）不完整性：人们对于现象所持有的心智模型大多都是不完整的。（2）局限性：人们执行心智模型的能力受到限制。（3）不稳定：人们经常会忘记所使用的心智模型细节，尤其经过一段时间没有使用它们。（4）没有明确的边界：类似的机制经常会相互混淆。（5）不科学：人们常采取迷信的模式，即使他们知道这些模式并非必要的。（6）简约：人们会多做一些可以透过心智规划而省去的行动。

1986年AllonNewell提出的SOAR模型（状态算子和结果模型）：SOAR模型是通用的问题求解程序，以知识块理论为基础，利用基于规则的记忆，获取搜索控制知识和操作符，即能从经验中学习，能记住自己是如何解决问题的，并把这种经验和知识用于以后的问题求解过程之中，实现通用问题求解。SOAR模型与人类的认知系统更加接近，是目前首屈一指的认知模型。

因此，以用户为中心的设计需要考虑用户的心智模型（图3-1），为了顺利地为产品和用户设定一个任务，并有效检验任务的完成效果，需要对用户心智模型的精确判断和观察。

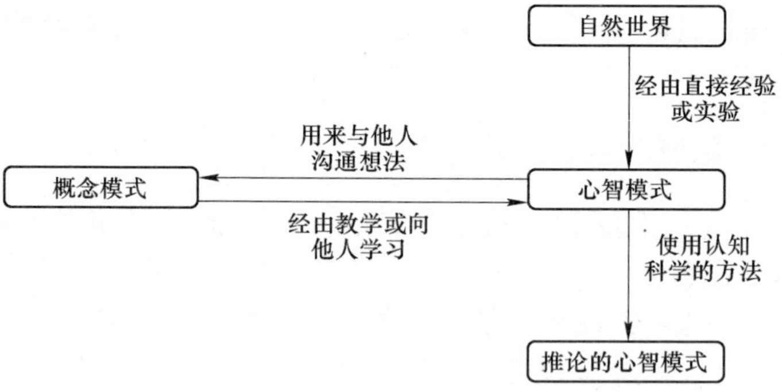

图3-1 心智模式的形成

3.1.4 现实场景

A公司有两个同事犯了错误，一个垂头丧气，你去问他为什么，他说：“我犯错了，意味我很愚蠢。”而另一个却依然斗志昂扬地继续工作，你问他，他却说，“我是犯了错，但这是个学习机会，我知道了，下次就不会再犯类似的错误了。”第二个例子是两个新入职的销售员，两个销售员一天都各自拜访了6个客户，结果都没有一个成交。其中一个销售员第二天就打退堂鼓准备换工作了，因为对于他而言，遭到客户拒绝就意味着他失败了。而另一个新人第二天又开始了新的拜访，因为他觉得：成功，意味着我比其他人遭到更多的拒绝。

以上两个例子就是两种心智模式的体现，具有不同心智模式的人在面对同一事物时，往往有不同的思维模式，结果造成了不同结果。心智模式能够决定人的成败，成功者的身上往往具有正确的积极、开放、乐观的心智模式。

相比成功者，失败者则往往是自我设限的心智模式，他们的思维模式是消极、封闭、破坏性的。很多人的一生都是失败的，或者一辈子平庸，究其原因，就是他们的心智模式是消极的。

组织学习的发明者、理论和实践结合大师阿基里斯说：“如果我们希望团队和团队领导有效行事，他们必须超越工具和技巧并改变他们的心智模式”。引导领域大师 Roger Schwarz 也说到：“决定绩效的是行为，决定结果的是行为，决定行为的是人的心智模式”。心智模式极其重要，心智模式不仅影响着人们的行为，还影响着组织的结果。个人、团队和组织要突破，首先是要重塑心智模式，其次才可能带来行为上的改变。在企业中应大力进行心智模式的学习，转变员工心智模式可以提升企业核心竞争力。

心智模式为人们提供了观察世界的认知框架，是一种思维定势，它如同一个“过滤镜”，会影响你我所“看见”的事物。具有不同心智模式的人在观察同一事物时，往往会有不同的感受或得出迥然不同的结论。

每个人都具有心智模式，具有普遍性；心智模式存在于人们的潜意识中，是一张隐藏的心灵地图，极少有人能意识到它的存在；一个人过去的体验、经历，受到的教育和社会环境，这些来源决定了他的心智模式；很多根深蒂固的心智模式起源于我们的童年，比如一个人童年时被狗咬过，长大就可能会对狗产生恐惧；再比如父母关系不和，如果父亲总是欺负母亲，女孩在长大后对婚姻和男人容易产生戒心；心智模式让假设和推论视为事实，个人看到、听到的、想到的其实都是个人以为的。心智模式决定了人们观察事物的视角和做出的相关结论，它指导人们思考和行为的方式；心智模式深刻地影响着人们的信息获取方式，以及对于信息的反应方式。

心智模式的形成是个人先在真实世界里受到信息刺激，然后经由个人观察得到进一步的信息回馈。如果自己主观认为是好的回馈就会保留下来成为自己的心智模式，而对不符合自己“口味”的信息却视而不见或排斥，从而本能地强化了自己原有的心智模式。

想要改善心智模式，那就意味着否定和抛弃旧有的心智模式，建立新的心智模式。这个过程实际上是实现心灵的痛苦转变，不可能一蹴而就。因为一些根深蒂固的观念或习惯仍然自觉、不自觉地左右着你。改变信念虽然比改变一时的行为举止要更困难，但会更加有效。因此，必须锲而不舍，持之以恒。

决定绩效的是行为，决定结果的是行为，决定行为的是人的心智模式。心智模式是我们对一件事的看法和视角，是一个根深蒂固的自我假设，它影响着我们对世界的理解和我们的行为方式。与其费力改变自己或他人行为，不如从改变你我的心智模式开始。

3.2　心理定势

俗话说得好："一朝被蛇咬十年怕井绳。"绝大多数人在解决问题时也是如此，也只是在"防咬"的范围内动心思，打主意。碰到新问题时往往用过去的老经验、老知识去解决。换言之，在很大程度上依赖于心理学上的"心理定势"（mind set）——即心理障碍或预置。心理定势妨碍人们解决种种问题即使答案很明显，很容易，由于心理定势的作用往往也找不到。

每一个问题都会带给你一份礼物。很早以前，有些人苦于自己的行动能力有限。总想以超过步行的速度到远方去旅行。这个问题促使人们驯养动物，供自己骑乘，以后又发明机动车供自己驾驶。如今，人类可以用超音速旅行，可以进入星际空间。马和汽车，以及无线电、飞机、电视等，都是"问题"送给人们的小礼品。大礼品则是对旅行和通信都无需亲自参与的重大发现。"问题会带来礼物"的观念是促进科学发现的实用性工具。

一个人在解决问题、作出决定时，常担心自己会作出错误的选择。事实上选择无所谓正确或错误，问题就看宁愿挑选哪一种结果、也就是宁愿要选择带来这种结果而不是另一种。这很难用正误好坏的标准来衡量，认识这一点对人们大有益处。因为事物复杂纷纭，任何人也难以事前觉察。由此可见，"好或坏"这一组心理定势，不仅妨碍人们进行创造性思维，而且妨碍人们从更广泛的意义上去把握生活本身。

3.3　思维模式

3.3.1　认知大脑和思维

"非淡泊无以明志，非宁静无以致远。夫学须静也，才须学也，非学无以广才，非志无以成学。"人类思维的习惯模式是什么？先从大脑说起。图 3-2 所示为人脑的一个脑细胞——神经元，它在人脑中约有 140 亿个，是人类处理各种信息，发出各种指令的核心单元。

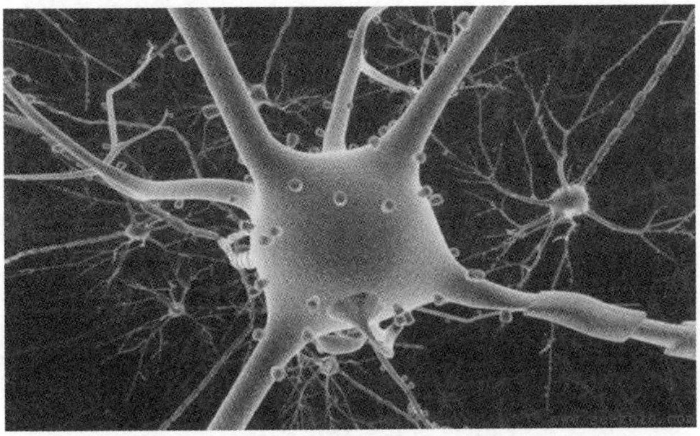

图 3-2 神经元

通常来讲，脑细胞由神经元和神经胶质细胞组成。神经元具备发电功能，神经胶质细胞起到支持作用。参与脑中信号传递，同时参与信号传递的还有神经递质。可以把人脑的信号接收、处理及传递通俗地描绘成如图 3-3 所示的人脑信号网络。

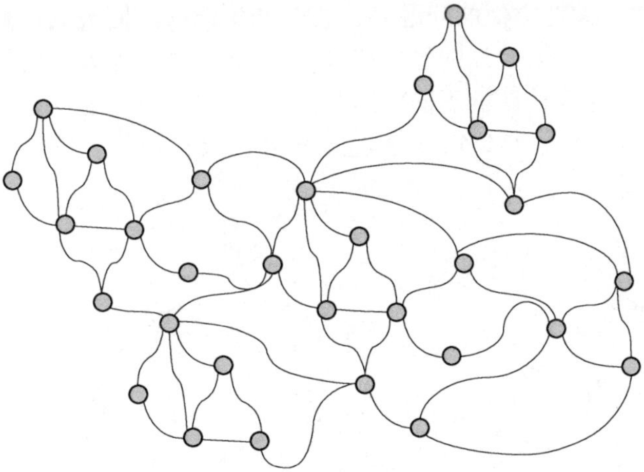

图 3-3 人脑信号网络

图 3-3 中的圆点可以理解为神经元，它负责接收、处理信息，并发出信息(放电模式)。神经元之间由神经胶质细胞+神经递质构成，负责传递信息。人脑接收、处理及传递信息的方式如图 3-4 所示。

在图 3-4 中，可以清楚看到，先天条件下，人类的信息是从神经元发出，并

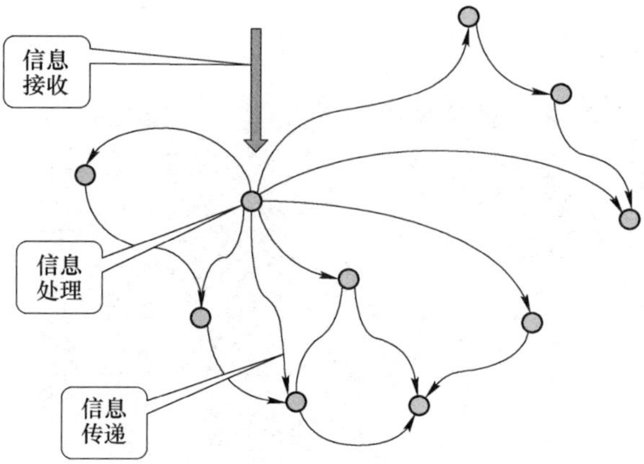

图 3-4　人脑接收和传递信息过程　　扫一扫看更清楚

向四周传递，这种先天或自然形成的思维方式就是人们经常说的发散思维。于是一定有人会提出质疑，怎么觉得成年人的思维方式不是发散呢，不是在说成年人的发散思维能力变差了吗？其实，每个人在成长的过程，都会接收各种信息或知识，当人们用这些知识去处理某类或某些问题时，随着问题的处理结果，就会有信息或知识的不断积累（转化为经验），这个过程会形成信息在脑细胞中的沉淀（记忆）。

于是，当再次面对类似的问题时，就会产生同样或同类的信息刺激（信息接收），人脑的运动会沿着曾经的经验路径走捷径（偷懒是人类的天性，思维上也是如此。）所以，如果让两群不同年龄阶段的人（3 岁和 30 岁）回答同样的问题时，无经验的孩子会这样思考，（真正的发散思维）小孩大脑接收和传递信息过程如图 3-5 所示。

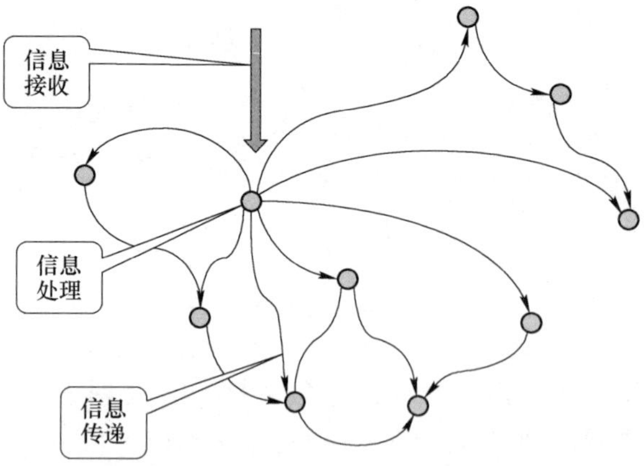

图 3-5　小孩大脑接收和传递信息过程　　扫一扫看更清楚

有经验的成年人则这样思考（思维在经验的作用下相对固化了），成年人有经验的大脑接收和传递信息过程如图 3-6 所示。

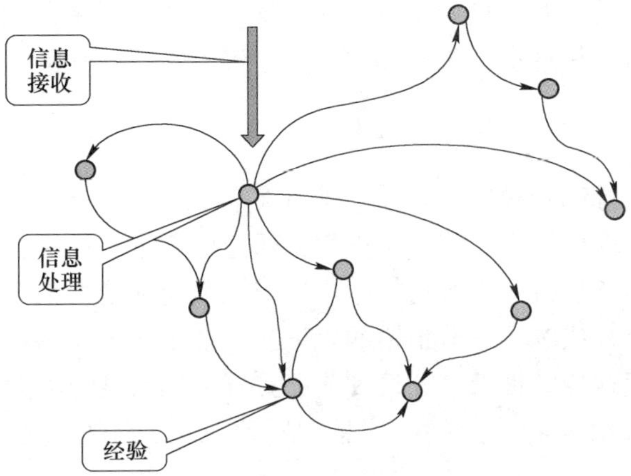

图 3-6　成年人有经验的大脑接收和传递信息过程　　扫一扫看更清楚

而当一个问题出现不同的经验时，成年人则这样思考（未经系统训练或刻意练习而呈现混乱），成年人未经训练的大脑接收和传递信息过程如图 3-7 所示。

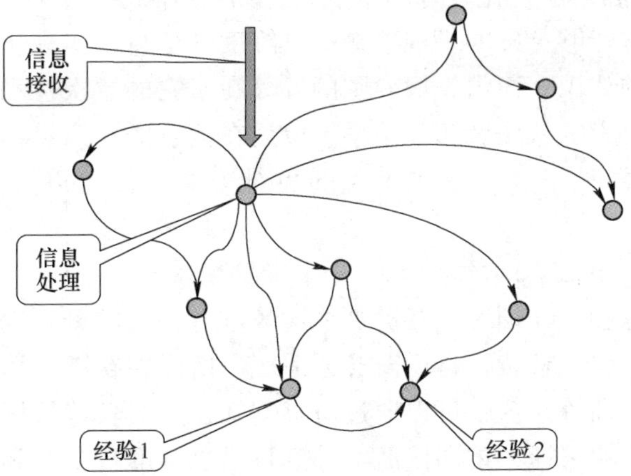

图 3-7　成年人未经训练的大脑接收和传递信息过程　　扫一扫看更清楚

人类在不同阶段的习惯型思考方式为：幼儿时代是无经验约束或少经验约束的发散思维；成年时代是被经验约束或强约束的发散思维。如果读者对发散思维对固有影响印象不深，那么请看看如下的情况，是否在你的身边经常出现：绝大多数人喜欢说“然后”“比如说”“那个”“这个”，你工作或生活中有人在和你说话时，说了半天，却听不懂他（或她）要说的是什么，在表达时，常常是“想到哪，说到哪”。

3. 3. 2 思维模式训练

思维的过程实际上就是对信息的接收，加工整合，储备和表达过程。清晰的思维模式，实际上就是将信息进行排序和规律化，进而降低受众的认知成本，让信息得到更好的传达。

3. 3. 2. 1 框架

框架的目的在于支撑和减少加工成本。当人们需要表达一定量信息的时候，如果有框架，那么人们就可以在有限信息里面，通过框架进行设定，进而降低反应的过程，提高自己的信息接收和表达效率。思维漫无边际地发散出去，没有目的框架的导向会增加认知成本。一些不错的议论文，都是尽可能将段落中心放在开头，实际上就是设定这样的框架，让读者能够更好的理解这一段落，不仅给了自己一个思维方向，也给读者一个吸收信息的框架设定，让对方在这个方向去思索。

3. 3. 2. 2 分类和排序

当进入图书馆，怎样才能够更好地找到所需要的书籍呢？可以根据索引去寻找、去提取。同样，想要让自己的思维更加清晰，也需要构建这样的“思维索引”，将信息进行分类和排序。比较好的办法是思维导图和组织框架图。思维导图的好处在于发散性，能够更好的呈现事物多个维度的信息，实现化零为整，进而对事物有更加综合的认识。而组织框架图的好处在于它的层次性和流畅性，能够更为直观获得各个要素的从属和相互关系。以后在信息的获取过程中，可以尽可能将信息整合成这两种形式，形成个人的思维方式，便可以大大降低认知成本。

3. 3. 2. 3 交替自我和互动训练

训练分为自我训练和互动训练。互动训练比较难有很大的刻意性，虽然能够增加自己的实战经验，但是较难让自己离开舒适区。所以在初期，思维深刻性的提升实际上更需要自我训练。这个可以通过对书本知识进行较好的概括和吸收获得，养成中心思想提取的习惯，把书读薄。等到自己思维的进步空间受阻时，则可以通过更多的互动训练发现自己的短板，然后继续有针对性地进行自我训练。现在能明白为什么会有专题训练（自我训练）和模拟套卷（互动训练）的类型了吗？也是这个原因——交替进行自我训练和互动训练是让自己进步较快的办法。

3. 3. 2. 4 减少无关信息

“今天我吃药的时候看了一条新闻”。如果你问她看了什么新闻而不是问她吃了什么药，那么说明你不爱她。其实，这句话实际上就有干扰信息，进而让人找不到清晰的思维方向，有的人关注到了你吃药，有的人关注到了新闻。但是如果分开，那么很多人就不会入坑。同样，想要让对方更好地会意你所要表达的信息，尽量减少无关信息。无用信息对人的影响，增加了干扰项，大大降低了思维的有效性。

3.3.2.5 储备模版

思维又分经验思维和理论思维。经验可以通过实践获取，理论可以通过学习提高。可能会遇到这样的情况：别人说了两三次的话或者英语听力的时候，自己却没有吸收到多少信息，但是又不方便让对方再复述一次。这样的思维迟缓带来的信息吸收低效，则是可以通过训练提高的，可以储备足够的反应模板，减少加工同样信息所需要的时间，进而让自己能够更加清晰地获得对方的信息。毕竟，思维的过程也是一个程序性过程，是可以通过优化程序来提高的，就像印刷术用了活字模版得到效率的提高那般。

3.4 第一性原理思维

埃隆·马斯克是非常罕见的杰出企业家，他同时跨越多个领域，并且每个领域都能做出颠覆性产品。马斯克涉足的领域之宽令人咋舌：从在线支付，到无人汽车、超级隧道、太阳能、航天技术、火星移民。Zip2，Paypal，Space X，Solar City，Hyperloop，TESLA，这一串令人头晕目眩的公司背后都有马斯克的身影。其中，Space X 是继美、俄、中三国之后，第 4 个可以发射和回收航天飞行器的组织。在 TED 的采访中，他透露自己非常推崇的思维模式是“First principle thinking”，翻译成中文就是第一性原理思维。

“第一性原理”是物理学的一个专业名词，是指某些硬性规定或者由此推演得出的结论。与之相对的则是“经验参数”，经验参数是通过大量实例得出的规律性的结论。“第一性原理”是一种演绎法思维，由 1 个或多个定律推演而来，或者它本身就是一个定律；“经验参数”是一种归纳法思维，由 N 个已知的数据或现象，推论出一个规律。

两者有何区别呢？举个例子说明下。船长观察到前方有座冰山，如图 3-8 所示。

一个善用归纳法思维的船长 A 会这么想：我上次遇到的冰山在水面下还有一个大冰山，我上上次遇到的冰山也是这样，泰坦尼克号遇到的冰山也是一样的，所以这个冰山下面一定也会有一个大冰山，看来我要小心地绕过去。

一个善用演绎法思维的船长 B 会这么想：观察到这个冰山是移动的，说明它是浮在水中。根据浮力原理，$F_{浮}=G_{排}$（即物体浮力等于物体下沉时排开液体的重力），所以水面下一定藏有一个体积足够大的冰山，看来我要小心地绕过去。

虽然殊途同归，但是很明显这是两种完全不同的思维方式。

图 3-8 冰山

人们总是更习惯于用归纳法思维来总结规律和解决问题。比如：员工 A 销售业绩突出，电话量很高；员工 B 销售业绩突出，电话量同样很高；……所以得出结论，电话量是影响销售业绩的一个重要指标，于是 KPI 加上了电话量的考核。这是工作中很常见的一种现象，这并不是中国教育和文化所带来的特有现象，而是全人类都更倾向于使用归纳法。

如果用演绎法，又会如何思考这个销量问题呢？销售是什么？是让产品与客户接触，激发出客户购买欲望，并且实现成交的一个过程。由此可见，销售分为 3 个阶段：step 1，让客户接触到产品→step 2，激发出购买欲望→step 3，成交过程。其中 step 1 又可以拆分成官网展示、电话推销、样品寄送；同样 step 2 也可以拆分为官网广告文案、电话推销术语等环节。因此，如果是以电话销售为主的产品，想要提高 step 1 和 step 2 的产出，可以增加电话量。（注意，这个时候的演绎法的结论与归纳法思维再次殊途同归。）但是，换个角度的话，还能发现，为什么一定要用电话销售的形式呢？step 1 和 step 2 是否可以变成新媒体营销，是否可以变成电商营销，是否可以变成网红营销？此时，演绎法与归纳法的区别就出现了。

看到这里，应该知道了归纳法与演绎法这两种思维的不同之处。归纳法只能对已发生的事实总结规律，常常会忽略尚未在内部发生的新生事物。而颠覆式创新却是一种未发生的事情，所以归纳法思维是很难创造出颠覆式产品的。

只要有演绎法思维就能成为埃隆·马斯克吗？当然不是！自从埃隆·马斯克提出第一性原理思维之后，互联网圈里立刻流传开来，很多人这样诠释：第一性原理思维是一种“追本溯源”的思考方式，万事都要寻找到根本性问题，也可以称为本质思考法。然后读者们马上看懂了，新瓶装旧酒嘛，工作中已经都在用了。但是很可惜，这个解释其实是不对的，误导了很多人。

第一性原理思维≠追本溯源、根因法、本质思考法。回想下之前提到的两个例子，冰山案例与销售案例。从中可发现两条重要结论：第一条，归纳法与演绎法有时会出现一致的结论（参考：冰山的结论与电话量的结论一）。这说明，同样的结论，不一定思维方式是一样的。第二条，使用演绎法出现了两个结论（参考：电话量的结论一和结论二）。这说明，同样的思维方式，不同的思考深度和角度可能会带来不同的结论。

因此，（1）据第一条而言，同样的结论，不一定思维方式是一样的。可推导出，即使第一性原理思维和追本溯源法的思考结论常常一样，也不能说明两个是同一种思维方式。（2）据第二条可见，同样的思维方式，不同的思考深度和角度可能会带来不同的结论。可推导出，同样是演绎法，第一性原理思维和追本溯源法采用的是不同的角度，因此结论可能会出现不同。第一性原理思维是演绎法思维的一种，追本溯源，根因法也是演绎法思维的一种，但两者不是同一个。并且如果两者的思考角度不同，就可能会带来不同的结论。这就是为什么跟埃隆·马斯克一样有深度有广度的商业大咖们，没能像埃隆·马斯克一样。即使他们都是善用演绎法思维的人，也是更习惯于使用“追本溯源”演绎法。第一性原理思维这种演绎法思维只有少数人知道。并不是思考角度不同都会带来结论差异。大家之所以弄混第一性原理思维和追本溯源思维，恰恰是因为这两者的结论经常相同，才会误以为两个是同一种思维。

那么，这两种演绎法有何不同呢？用鱼骨图能很直观的看出区别。追本溯源鱼骨图如图 3-9 所示。

追本溯源法是从问题出发，一步步分析问题背后的原因，直到找出最终原因（有 1 个或者 N 个）。

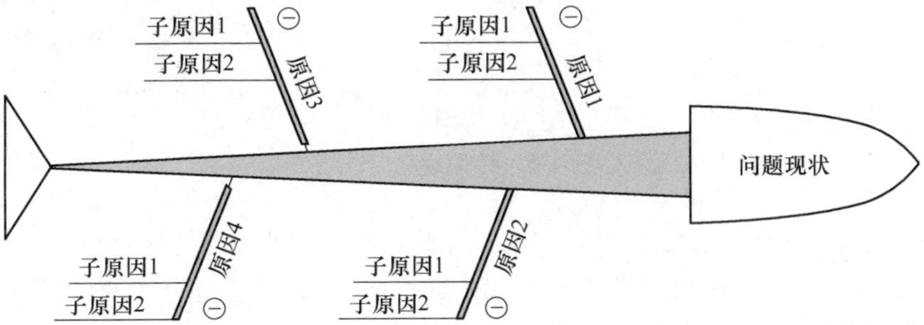

图 3-9 追本溯源鱼骨图

第一性原理思维法是从原理出发，一步步往前推演，直到找出适合该问题的解决方法（有 1 个或者 *N* 个）。

由此可见，第一性原理思维和追本溯源思维是不同的，一个是从问题出发，推演出根本原因（图 3-10）；一个是从原理出发，推演出解决方法（图 3-11）。再仔细分析下，为何出发点不同，会带来差异性的结果。

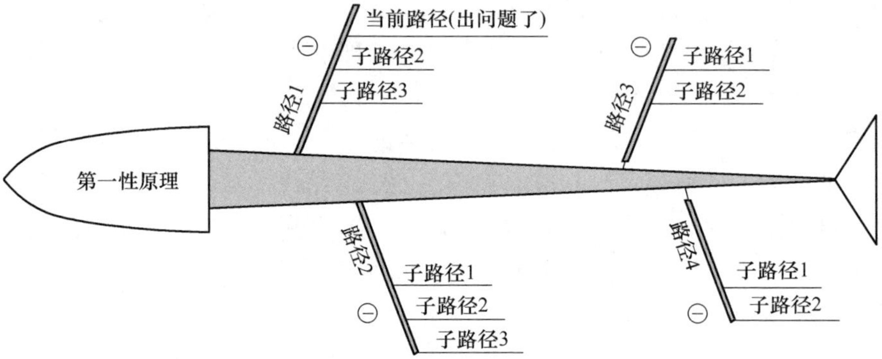

图 3-10　第一性原理鱼骨图（一）

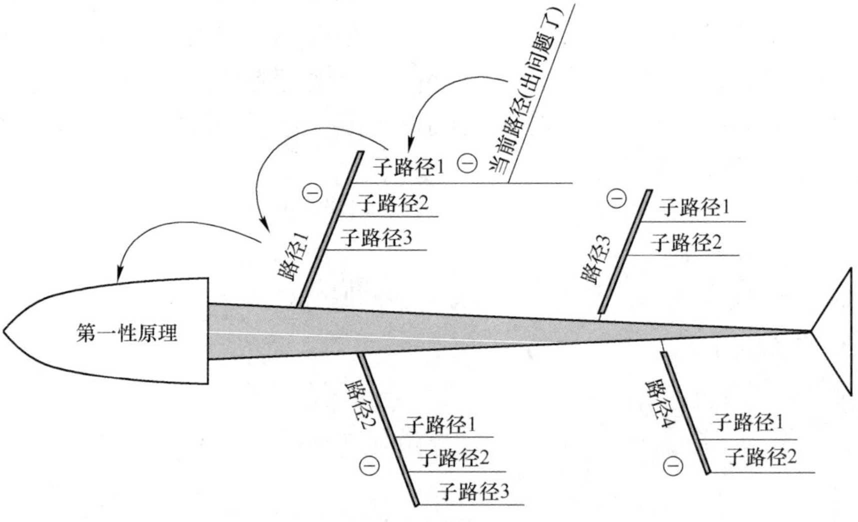

图 3-11　第一性原理鱼骨图（二）

如果用追本溯源思维，从问题出发，那么它能一步步发现子路径 1→路径 1→第一性原理；但是它很难发现路径 2、路径 3、路径 4，因为这种思维方式是要从问题开始推演的。而新路径（创新）恰恰隐藏在路径 2、路径 3、路径 4 之中。这就是用第一性原理思维常常能带来颠覆式创新的根本原因。这才是埃隆 · 马斯克极度推崇第一性原理思维的真正原因。

最后，所有关于第一性原理思维，都在这里了：

第一性定理思维是一种演绎法思维，但与追本溯源法是不同的；用第一性原理思维常常能带来颠覆式创新，而这一点，是其他思维方法很难实现的；第一性原理思维有局限性，避免这种尴尬的最佳方法就是搜集更多的第一性原理；跨学科学习是搜集第一性原理的捷径。

3.5 投资行为模式化

将投资行为模式化，让投资习惯像穿衣吃饭一样自然。如果缺乏模式，让事情随意发生，投资行为会被很多因素所左右，在相互矛盾中左冲右突。

例如，小张每天上班通勤需要搭乘 25 分钟地铁，原本他也像别人一样，一上地铁就拿出手机，看看新闻，看看微信群消息，再刷刷朋友圈。而平时他的工作又很忙，找不到时间读书。下班回来又很累，读不进书。于是他改为在地铁上读电子书。一上地铁就开始读，到目的地的时候，正好 25 分钟。不知不觉，一个月竟然读完了 4 本书。于是，他把这一模式固定下来。只要上地铁，就打开电子书来阅读。——这就是行为模式化。

投资行为模式化，是指把你想培养的投资习惯，采用固定的模式来做。在日常的生活中，有很多事情都是模式化的。比如，早上起来刷牙。一天吃三顿饭。周一到周五上班。如果没有形成模式化，每件事都是随意而为，那么生活会是多么费力？正是因为将这些行为模式化了，所以才不用动脑筋，“自动导航”，自然而然就做完了。

为什么要将投资行为模式化呢？

一是因为投资行为必须有节奏感。俄国教育心理学家乌申斯基指出：“如果你养成好的习惯，一辈子都享不尽它给你带来的利息；如果你养成坏的习惯，一辈子都在偿还无尽的债务。”将投资行为模式化，就是培养出好的投资习惯，达到不做就浑身不对劲的程度，你就形成了一种良好的投资行为的节奏感。就好比你每天 5 点起床，如果到时候没有起床，就会浑身不对劲。当人们问你是如何做到日复一日五点起床时，你轻描淡写地说：“没什么，我习惯了。”“我习惯了”这四个字看上去很简单，却蕴含了你能否获得理想生活的关键。行为科学研究表明：一个人一天的行为中，大约只有 5%是属于非习惯性的，而剩下 95%的行为是属于习惯性的。当你通过投资行为模式化来将好的投资行为养成习惯，你就形成了自己的节奏感，从而可以轻松坚持。

二是不易忘记。人类的记忆过程可分为 4 个连续性阶段，即感觉性记忆、第一级记忆、第二级记忆和第三级记忆。前两个阶段属于短时程记忆，主要是神经元生理活动的功能表现；后两个阶段是长时程记忆，神经的突触传递发生了改变。如果将行为模式化，这个行为会被存储入长时程记忆，所以不容易忘记。如果没有投资行为模式化，则该投资行为只是储存在短时程记忆中，很容易被其他信息冲掉。比如一个人每周在固定的时间上课，就记得要上课的时间，因为在固定的时间；如果跟别的老师调课了，有时会忘记。之所以出现这种情况，就是因为没有形成行为的模式化，储存在短时程记忆中，对这件事的记忆容易被其他事情覆盖掉。

三是耗费能量少。日本著名脑神经科学家菅原道仁指出："大脑偏爱固定的自动化处理模式，倾向于避开全新的挑战或不熟悉的事物。一有机会就会钻空子偷懒。"也就是说，大脑并不像人们想象的那么勤奋，而是相当懒惰的，它喜欢格式化的工作流程。为什么这样呢？成年人的大脑约重 1.4kg，只占了体重的 2%。但在能耗方面，大脑一天竟能消耗身体所需 20%的能量！一个人 1/5 的能量，都提供给了仅占人体重量 1/50 的大脑。由于耗能过高，大脑当然愿意时常保持"省电模式"了。对于生物而言，最希望避免的就是消耗能量的状态。狮子百分之八十的时间都在睡大觉，就是为了节省能量，以便猎取食物时有能量一举击中。

综上所述，由此可知，投资行为需要模式化。培养良好的投资习惯，将投资行为模式化，你的投资行为就会事半功倍。

4 行为金融

行为金融是对现代金融理论发起挑战和质疑中发展起来的，是偏向于个体行为和群体行为的研究，以人性为中心的非线性而且复杂的研究范式。现代金融理论和投资实践有着巨大差异，行为金融把人的行为和心理特征纳入金融行为过程中加以研究，建立研究框架。传统的金融理论：有效市场假说（Efficient Market Hypothesis，EMH）是对影响价格的各种信息的反应能力、程度及速度的解释，是关于市场效率问题的研究。法玛根据市场价格所反映的信息集将有效市场分为弱式有效、半强式有效、强式有效三种市场类型。

1900年，法国经济学家巴歇利埃（Louis Bachelier）在对法国商品价格的实证研究中发现，这些商品当前价格是其未来价格的无偏估计值，是一种价格呈随机波动。1953年英国统计学家肯德尔（Kendall）发表了一篇文章《经济时间序列分析》在第一篇“价格”里，主要研究了19种英国工业股票价格指数、纽约和芝加哥商品交易所的棉花、小麦的即期价格每周的变化规律，运用计量经济学知识做了大量序列相关分析后，同样发现这些序列就像在随机漫步一样，其P_{t+1}是P_t加上一个随机数构成。罗伯茨（Roberts）研究股价波动的结果，同样得到是符合普通布朗运动，价格变化是完全随机的，呈“随机游走”规律，不存在某种确定性规律。因此，市场有效是市场价格变动呈现随机游走假定，这里隐含着独立性假设和同分布假设，这意味着资产或证券价格变动的观测数量足够时，价格的概率分布应服从正态分布。美国经济学家萨缪尔森（Samuelson）指出，假如市场上信息公开透明，没有相关交易成本，那么未来价格变动应独立于市场当前的价格，通过大家实证研究随机游走理论后，揭示了EMH期望收益模型中的“公平游戏”原则。美国奥斯本（Osborne）研究得出具有稳定的均值和有效的方差。

交易者的完全理性是有效市场假说首要假设，投资者从事交易的目标就是实现收益率最大化，因此投资者根据理性原则制定投资决策，决定合理的交易数量，明确交易方式，规范交易行为，开展交易活动。理性的投资者参与证券市场时，证券市场则是理性的，那么完全竞争的市场和公平与效率统一的市场都是基于这些条件才能实现，除此之外还有些条件，比如，资本可以自由的流出流入，交易过程是在瞬间完成的，不存在资本过剩、资本短缺的问题，既不存在虚假交易也不存在时间和数量调整，这样可以形成一个均衡的市场。理性的参与者能根据内部机制和外部环境的变化做出迅速的调整，市场很快从非均衡态自动恢复到均衡态。

大家知道，现实当中这些基于大量假设前提完成的研究都是无法实现的，根本无法满足。非理性是人遇到巨大利益诱惑前都是常态，经常做出些理性时刻无法想象的投资行为。但是，作者认为有无这些假设，市场是有效的，这种有效性仅仅体现在价格上，不管价格是否有控制行为，最终都落实在价格走势里。另外层面有效性就不一定能够实现，资本市场和企业的良性互动，是否有效就不一定能真的实现。仅仅从单纯的交易，任何时候任何市场只要发生了真实交易，并落实在了价格里，就是有效。

（1）股票溢价之谜。美国人学者梅赫拉（Mehra）和普雷斯科特（Prescott）在 1985 年提出股票溢价-指股票相对债券所高出的那部分资产收益的现象。在研究了 1889 ~1978 年这 90 年相关产品后，得出短期证券（风险小）的实际收益仅为 0. 8%，而同期标准普尔综合指数的年均实际收益为 6. 98%，年均溢价为 6. 18%。英国、日本、德国、瑞典和澳大利亚等发达国家都出现股票溢价，印度等新兴国家的证券市场也存在明显的股票溢价。

（2）反应不足和反应过度。反应不足在证券价格的变动上表现为当影响价格的消息到来后，证券价格会在最初价格反应的基础上，没有调整到其应有的水平，或者需要很长的时间才调整到其应有的水平；反应过度是由于人们过于重视新的信息而忽略旧的信息，使得在市场上升时变得过于乐观，而在市场下降时变得过于悲观。

反应不足和反应过度其实是投资者自己过度自信和自我归因的偏差，从而导致这一现象的重要的心理和行为因素。过度自信导致投资者夸大自己对股票价值判断的准确性，没能建立动态的评估模型，不断修正和调整判断；自我归因偏差则低估关于股票价值的公开信息，没有建立起足够强的风险防控机制。这些心理判断没有数学模型做支撑，往往容易产生较大不确定性和误差。

4.1 预期效用

效用是经济学的名词，特别是微观经济学里非常重要的概念，研究消费者最优行为而设计。在经济学中用来表示从消费物品中得到的主观享受或满足。因为主观性，无法准确度量。偏好（preference）是人们对不同方案进行价值与效用上选择好的，偏好是建立可以观察到的选择行为之上的，可以进行排序。预期效用理论认为，在不确定性决策中，预期效用值为：

$$U(x_1p_1 + x_2p_2 + \cdots + x_np_n) = p_1u(x_1) + \cdots + p_nu(x_n)$$

人们喜欢确定的收益，不喜欢预期收益风险性期望，投资者大多数都是风险厌恶者。在预期效用理论中，风险厌恶等价于效用函数下凹的部分，其函数表现为：

$$U(x_1p_1 + x_2p_2 + \cdots + x_np_n) > p_1u(x_1) + \cdots + p_nu(x_n)$$

预期效用模型建立在决策主体偏好理性的一系列严格的公理化假定体系基础之上。经过大量实验，证明现实中大范围存在此类现象。

冯·纽曼和摩根斯坦以及萨维奇等人创造了著名的理论模型——“预期效用模型”。该模型是，在风险情境下，最终效用水平是由决策主体对各种可能出现的结果加权估价后获得，以期望获得预期效用的最大化。

4.1.1 偏好反转

现实中人们的偏好并不连续和稳定，而是可变的；这违背了传统经济学认为经济人的偏好是连续的、稳定的以及不变的。决策理论的一个标准假设为：选择之间的偏好独立于诱导这些偏好的方法，但这假设受到偏好反转现象的挑战。偏好反转（preference reversals）是指决策者在两个相同评价条件但不同的引导模式下，对方案的选择偏好出现差异，甚至逆转的现象。结果效应及同比率效应等实验的发现是对预期效用模型的挑战，而预期效用理论的真正打击来自偏好诱导基础上的偏好反转。

美国人格雷瑟（Grether）和普洛特（Plott）进行了实验后悲观地宣称：偏好反转现象让人觉得，哪怕是最简单的人类选择行为，都不存在任何种类的最优化法则。偏好反转的现象说明，人们并不拥有事先定义好的、连续稳定的偏好，偏好是在判断和选择的过程中体现出来的，并受判断和选择的背景、程序的影响。

偏好反转现象通常是人们在处理信息时运用的策略不同从而引起偏好反转。当人们在几个决策当中进行选择时，他们更注重收益概率的分布，因为人们认为收益分布比概率分布更为次要，这其实就是绝大部分人会选择机会赌注而不是金钱赌注。人们更看重收益分布从而赋予金钱赌注更高的价格。人们会用不同的效用函数来评价不同风险性收益。诱导性的风险偏好在人类偏好反转中具有很大的影响，通过诱导风险厌恶和风险偏好可以显著降低反转率，诱导风险厌恶将使主体偏好机会赌注，诱导风险偏好将使主体偏好金钱赌注，当主体对两个赌注处于中立时，容易造成决策上的失误从而产生噪声并形成偏好反转。

4.1.2 隔离效应

确定性原理：不确定性条件下理性决策的一个基本公理，它是美国学者 Savage 在 1954 创建的，是指在事件 A 发生的情况下，期望 x 优先偏好于期望 y，并且在 A 不发生的情况下，x 也优先偏好，于是不管 A 是否发生，x 都应该优先偏好于 y。然而，美国学者 Tversky 和 Shafir 发现了隔离效应现象，在一个两阶段赌博中发现人们的决策当中往往背离了这个公理。指即使某一信息对决策并不重要，或即使人们不考虑所披露信息也能做出同样的决策，但人们依然倾向于愿意等待直到信息披露以后再做出决策，这就是隔离效应（disjunction effect）。隔离效应有利于解释在信息公布时，为什么投机性资产的价格和交易量出现波动。

大量的心理学实验研究表明，人们在财富选择过程中，系统性地违背了传统的金融理论中的前提假设，传统金融理论中假定人们的不确定条件下会按照预期效用理论的原则进行决策。后来研究者从认知与心理学的角度才能对这些实验结果及行为规律做出解释，并从认知与心理的角度对预期效用理论进行修正。

4.2 心理偏差

4.2.1 过度自信

过度自信：心理学家通过实验观察和实证研究发现，人们常常过于相信自己的判断能力，高估自己成功是自己的能力体现，往往低估运气、机遇和外部力量的作用，从而产生认知偏差。

过度自信是非常典型而普遍存在的一种心理偏差，且经常不自觉地在投资决策过程中发挥作用。作者接触了大量投资者过程中，发现投资者对他们的交易水平常常是自信满满，理由讲得头头是道，表现出过度自信。人们认为自己是很精明的，能把握股市的大大小小级别的机会，而且股票市场的繁荣往往导致人们更加过度自信。过长的牛市，促使投资者把风险丢到脑后，极大概率可能会引起赌场资金效应，即表现出来就是投资者获得收益时，会不断提高赌注意愿。人们的心理会有三种活动：一是对已经获得收益的投资者来说，在未来的决策中会倾向于更加过度自信；二是对已经获得收益的投资者在损失时痛苦较小时，由于目前投资的钱来自以前的盈利，不是自己的本金，因此在接下来的投资中即使输了，心里也会认为这些钱本来就不是他的，他的痛苦就比较小，另外这种痛苦极易被已有收益的愉悦感缓冲；三是投资者在实现了收益后，人们的心理更加自信，往往进行更大的投资活动，风险不再是他此时最需要考虑的事情了。

过度自信与“自我归因”是相辅相成，互相激励。随着时间的推移，随着失败的次数增加，人们对理性的思考，会逐渐消除过度自信，这是因为通过学习和自我提高可以改善自我归因倾向。事后聪明偏差也往往是过度自信导致的。“事后聪明偏差”是指，人们往往把已经发生的事情视为相对必然和明显的，而往往忽略事前风险评估，因而没有意识到结果的回顾会影响人们的判断，但人们往往说出具体事由，这也是因为没有科学的研究方法导致，也无法说出是什么样的信息导致了结果的产生，于是就把过度自信看成导致事后聪明偏差的心理因素。

4.2.2 心理账户

如赌场赢得的赌注、股票市场产生的收益、政府对所得税的返还等都会被人们估价得比常规的收入低，人们常常错误地将这些资金的价值估计的比另一些低，也倾向于随意地使用这些被低估的资金。于是，人们根据资金的来源、资金的所在和资金的用途等因素对资金进行归类的现象称为“心理账户”。

心理账户是经济金融领域中人们普遍存在的一种心理特征，并且对人的决策行为有十分重要的影响，并且可以解释金融市场中的很多现象：由于心理账户的存在，个人投资者自然地认为在他们的投资组合中有一个受最低风险保护的安全部分和一个设计投资致富的风险部分，资产在不同的心理账户中，风险承受能力自然不一样。也即是说投资者都会考虑一些安全边界，但是在现实中，特别在亏损巨大或者盈利巨大时，这种边界往往就丢失了。

4.2.3 证实偏差

证实偏差：一个信念较强的假设或设想根植于人们大脑时，人们有时会把一些附加证据错误地解释为对他们有利，不再关注那些否定该设想的新信息，人们在投资领域经常有一种寻找支持某个假设的证据的倾向。

证实偏差的心理基础就是信念坚持导致的，投资者会坚持相信他们的假设，即使这个假设和新数据相矛盾，他们还是一如既往地死扛。总之，这种偏差是对新数据没有产生足够重视。当某个时段市场形成一种“股市将持续上涨”的信念时，投资者往往只对有利的信息或证据特别容易接受，而对不利的信息或证据视而不见，从而继续买进并进一步推高股市；相反，当市场形成下跌恐慌时，人们就往往只看到不利于市场的信息，以致进一步推动股市下跌。从数学思维上讲，人们没有建立数学框架，预判趋势拐点问题。

在股市里，以往的经历和历史的高低点都成为投资者参考依据。因此锚定往往也是导致证实偏差的心理因素之一。心理学证据揭示了这样的现象：人们倾向于把证据理解为支持初始假设的附加证据。证据的模糊性被认为是证实偏差和过度自信的重要媒介因素，很多投资者谈到买卖的理由都是模糊的、粗线条的。证实趋势依赖于对问题的概括和界定程度而不是简单的视觉任务，它是需要严格严谨的定理、定律、定义等等一套标准进行界定。定式思维使人们根据先前的定型模式来解释模糊的信息。人们根据自己经验、自己的知识禀赋，通过估计不同现象间的相互关系来解释求证问题，人们经常假想出事件的相互关系。这其实就是缺乏科学研究方法的典型案例。通常幻想的相互关系在证实偏差中扮演了重要角色。对资料的选择性收集或审查，证实偏差的一种形式是“基于审查”和“基于假说”的过滤。根据当前假设能合理解释模糊数据时，人们倾向于“过滤处理”后续资料，不恰当地用它们做进一步证明的证据。

4.2.4 羊群行为

羊群行为也就是“从众行为”，是指行为上的模仿性和一致性。

从众心理在现实中大面积存在，特别是在金融投资决策中，其发生的原因可以归纳为以下几个方面：（1）投资者信息不对称、不完全。模仿他人的行为是节俭搜寻信息成本的最佳方式。现实中越是缺少信息，越是容易听从有经验的人的意见、“专家”的意见。（2）心理层面讲，具有推卸责任的需要。后悔厌恶心理使决策者为了避免个人决策失误可能带来的后悔和痛苦，而选择与其他人相同的策略，或听从他人的建议，因为这样的话，即使决策失误，决策者也能从心理上把责任推卸给别人，而减轻自己的后悔。（3）减少恐惧的需要。人类属于群体动物，独立孤行往往会产生一种孤单和恐惧感。其实也是不自信的表现。（4）缺乏相关知识经验，没有实战性经验，及其他一些个性方面的特征，如知识水平、智力水平、接收信息的能力、思维的灵活性、自信心等都是产生羊群行为的影响因素。另外，一般高级管理层、高学历或者较高社会赞誉的人，往往比较重视他人评价，希望得到这些人的赞许，也容易表现出从众倾向；投资者当中具有高焦虑心态的人从众性也比较强，女性比男性更具有从众心理与行为。

4.2.5 损失厌恶

人们并非总是厌恶风险，当时机合适的时候，会选择赌上一把，这是卡尼曼和特沃斯基两位学者通过心理学实验得到的结论。人们的主要动机是躲避损失，并不总是厌恶不确定性；要知道人们厌恶的是损失，不喜欢损失，喜好收益，因此人们对损失的感受比收益更敏感。人们在面对收益和损失的决策时表现出不对称性，得到的函数图形一个是向下凸一个是向上凸，截然相反的，这已经有大量实验给出证明。损失厌恶：人们面对同样数量的收益和损失时，损失会使他们产生更大的情绪波动。损失厌恶反映了人们的风险偏好并不是一致的，当涉及的是收益时，人们表现为风险厌恶；当涉及的是损失时，人们则表现为风险寻求，往往会赌上一把，把亏损赢回来，很多人往往越陷越深，甚至丢掉生命。因此由于损失厌恶的存在，导致在决策中形成禀赋效应和短视偏差。

4.2.6 损失厌恶与禀赋效应

人要放弃他所拥有东西带来的痛苦，要大于得到一个原本不属于他的东西所带来的喜悦；因而在定价方面，同一种物品在这种情况下的卖价高于买价，这种现象称为“禀赋效应”。

这种禀赋效应促使个人产生“安于现状的偏差”，即投资者在做决定时愿意维持原有的状态，不愿意随着环境改变而改变，人是有惰性的，因而不太愿意将其财富做新的改变。

由于各种交易成本和交易流程，或者是选择恐惧症等因素，人们往往具有不愿意放弃当下的资产倾向，因为损失一项资产的痛苦程度大于得到一项资产的喜悦程度。这种禀赋效应导致买价与卖价的价差，如果要让人们对某种经济利益进行定价，则他们就想尽可能获取这种经济利益的最大值，会远远小于其放弃这种经济利益的最小补偿值。禀赋效应其实会导致交易惰性，交易惰性的产生，其原因是很复杂的；由于其禀赋效应的存在，投资者当然是希望市场更高的出价，否则是不愿意进行交易的。

4.2.7 模糊厌恶

由于不确定性大量存在实际事物当中，人们在熟悉的和不熟悉的事情之间更喜欢熟悉的，而回避选择不熟悉的事情去做，这就是模糊厌恶。绝大部分人都厌恶主观的或模糊的不确定性，甚至讨厌客观的不确定性，特别是当这种模糊性会对未来带来巨大损失时，人们对这种模糊性的厌恶和回避心理就更加强烈。模糊厌恶在资本市场表现为对未知的恐惧，心理会在一些条件刺激下加速崩溃。

4.3 行为偏差

4.3.1 处置效应

处置效应是指投资人在处置股票时，倾向卖出赚钱的股票，继续持有赔钱的股票。其实这就是前面谈起的几种心理行为的叠加所致。这也其实真实反映了投资者对待亏损和盈利两种决然不同的反应，体现在数学函数上是上凸或者下凸两种形态。因此，投资者处于盈利状态时是风险回避者，而处于亏损状态时是风险偏好者。投资者盈利时，面对确定的收益和不确定的未来走势时，为了避免价格下跌而带来的后悔，倾向于风险回避而做出获利了结的行为；当投资者出现亏损时，面对确定的损失和不确定的未来走势，为避免立即兑现亏损而带来的后悔，倾向于风险寻求而继续持有股票。这种判断是缺乏数学模型的典型表现，缺乏模式化交易。也正是基于这种心理导致了参与市场的投资者大部分长时间地持有赔钱的股票，而不是赚钱的股票。绝大部分投资者都有类似的处置效应表现，就是管理巨额资金的专业投资者也无法避免人性的这一弱点，克服不了贪、嗔、痴。

大量学者进行了研究处置效应，其中从参考点（成本价）的角度出发解释，算是有说服力的一个视角。一般来说，投资者购买股票以后，其购买价格就成为决策的重要参考点。投资者来决定是否继续持有或卖出股票，会以买价或心理价位作为参考点。例如，假设一个投资人购买股票，他认为该股票的预期报酬高得足以让他承担风险，他会把买价作为参考点，股价上涨会产生盈利，价值函数是凹函数，行为函数方程表现为风险回避；假如投资人认为股票的预期报酬会下降，他将会倾向卖出该股票，股票下跌产生损失，价值函数为凸函数，行为函数方程表现为风险寻求。

4.3.2 恶性增资

人性似乎存在赌的一面，投资者在面对进退两难困境时，往往会调集资源继续投入，而且随着投入资源的增加，投资者会表现出越来越强的“自我坚持”顽固的行为倾向，从而导致越陷越深。对沉没成本的眷顾导致经理人在投资决策失误时产生“恶性增资”。

不甘心失败，是投资者持续深入的重要心理特征。特别是对于已经投入了一定的资金，对于风险越来越大的项目，人们不是立刻终止项目而是继续追加投资，企图用这种方式博取最后的成功，持续自己错误行为。因为项目已经上马，投资已不可逆转，终止项目意味着承认决策的错误，并且需要承担损失，而继续投资下去则存在一线成功的希望。这样的结果就是风险越积越大，亏空越来越大，越来越需要决策者用更大的努力去填补亏空，以至于除了赌一把而别无他法，因而形成了一种“恶性增资”的现象。研究还表明，“聪明”的决策者总想证明其决策是正确性冲动，并期望从对目前看似失败项目的追加投资中得到挽回，这就是所谓的“承诺升级”。事实证明，人们对他们负责的失败项目比成功项目投入了更多的资金。勇于承认失败也是一种高尚品质。

导致恶性增资的主要心理因素是“损失厌恶”。损失厌恶心理表明，人们在面对确定的收益时不愿意冒风险，而面对确定的损失时会愿意冒风险。“过度自信”也是恶性增资的心理动因之一。过于相信自己的判断能力，高估自己成功的概率，低估运气、机遇和外部力量在其中的作用。“证实偏差”也是推动恶性增资的一个重要的心理因素。证实偏差是指当人们确立了某一个信念时，便有一种寻找支持这个信念的证据的倾向，也就是说人们会很容易接受支持这个信念的信息，而忽略否定这个信念的信息。当各种迹象表明继续投资将会越来越扩大风险的范围和程度时，人们需要更多的信息来帮助自己对未来做出判断与决策，然而，证实偏差的心理特征会阻碍他们去关注并接受那些否定自己信念的信息，从而对项目的未来趋势预测得过于乐观。

第 2 篇

投资理论篇

5 宇宙时空

近300年里人类在物理方面取得了非常卓越的成就。19世纪末，牛顿力学、热力学、统计物理、电磁学和波动光学取得了长足进步。虽然取得伟大成就，但开尔文谈到，天空上还有两朵乌云，一朵和黑体辐射相关，另外一朵和迈克尔逊实验相关。人类智慧伟大，1901年，从第一朵乌云中诞生了量子论；1905年，从第二朵乌云中诞生了相对论。经典物理学大厦被彻底动摇，人类走向了新天地。

在20世纪的100年里，量子论和相对论获得极大成功。从波尔的量子论到薛定谔、海森伯的量子力学，从二次量子化重正化到规范场论的建立，量子论已走向成熟，获得广泛性运用。这里不得不提起一位最伟大的物理学家——爱因斯坦。1905年创立狭义相对论；1915年创立广义相对论。

狭义相对论是研究宏观高速运动的理论，它把时间和空间联系为一个不可分割的整体（四维时空），把能量和动量也联系为一个不可分割的整体（四维动量）。广义相对论认为物质（能量、动量）与时空也不可分割，物质的存在和运动会造成时空的弯曲，时空的弯曲又反过来影响物质的运动。因此，万有引力不是真正的力，而是时空弯曲的表现，行星绕日运动是沿弯曲的时空中“直线”的惯性运动。从中能体会到，物质和时空是一个整体，相互作用影响。彭若斯和霍金证明了时间是有限性，并非无限性的，认为奇点是时间开始或终结的地方。

关于相对性原理，爱因斯坦不太认可，相对性原理和伽利略变化并不等价。麦克斯韦电磁理论、相对性原理和伽利略变换存在矛盾，不可能都正确。因此，爱因斯坦放弃了伽利略变换，从麦克斯韦电磁理论和相对性原理出发，同样推导出了结果。爱因斯坦认为相对性原理成立，是两个惯性系之间的变换，相对速度，不是相对于绝对空间的绝对速度。爱因斯坦也得出了洛伦兹收缩，但是他认为这种缩短不是实质性的缩短，而是一种时空效应。

$$l = l_0\sqrt{1 - v^2/c^2}$$

上式洛伦兹收缩，l为长度缩短。

5.1 相对论时空观

在两个惯性系S和S'之间的洛伦兹变换如下：

$$x' = \frac{x - vt}{\sqrt{1 - v^2/c^2}}$$

$$y' = y,\ z' = z$$

$$t' = \frac{t - \dfrac{v}{c^2}x}{\sqrt{1 - v^2/c^2}}$$

对上式变换系的时间方程进行微分，如下：

$$\mathrm{d}t' = \frac{\mathrm{d}t - \dfrac{v}{c^2}\mathrm{d}x}{\sqrt{1 - v^2/c^2}}$$

在两个惯性系 S 和 S'之间的时间关系如下：

$$\mathrm{d}t = \mathrm{d}t' / \sqrt{1 - v^2/c^2}$$

相对论研究表明，一个物体静止时的质量与运动时的质量不同。静止质量为 m_0物体在以速度 v 运动时，其质量变成：

$$m = m_0 / \sqrt{1 - v^2/c^2}$$

质能方程：$E = m_0c^2$，因此，运动物体的动能：

$$T = mc^2 - m_0c^2 = m_0c^2(1/\sqrt{1 - v^2/c^2} - 1) = \frac{1}{2}m_0v^2 + \frac{3}{8}m_0\frac{v^4}{c^2} + \cdots$$

闵可夫斯基时空：

$$E^2 = P^2c^2 + m_0^2c^4,\ P = m_0v/\sqrt{1 - v^2/c^2}$$

闵可夫斯基把相对论写成四维时空的形式，把时间看作第四维空间，从而把时空看作一个整体。基于上述描述，大体能判断：时间与空间、能量与动量之间的关系。

时空：运动带来了时间和空间，这两者结合起来，即空间三维加上时间一维，总共四维构成时空。

5.2　弯曲的时空

5.2.1　惯性系引起的困难

在牛顿理论中，惯性系被定义为相对于绝对空间静止和做匀速直线运动的参考系。惯性定律：一个不受外力的物体将保持静止或匀速直线的状态不变。这种定义方法形成了一个无法解脱的自我循环，定义惯性系要用到惯性定律，定义惯性定律又要用到惯性系。通常定义地球参考系近似于一个惯性系，太阳参考系比地球参考系更近似于惯性系，银河参考系又比太阳参考系更近似于惯性系，终究找不到严格的惯性系。因而，惯性系的定义问题就成了狭义相对论的一个基本难题。

5.2.2 万有引力所引起的困难

狭义相对论无法把电磁力和万有引力都纳进相对论框架。因此，广义相对性原理得以诞生。放弃惯性系在相对论中的特殊地位，采用“任意参考系”——“一切参考系都是平权的，即物理规律在任何坐标系下形式都不变，广义协变性。”

马赫认为：加速度运动是相对的。一切物体的惯性效应来自宇宙中物质相对做加速运动时的引力作用。

牛顿的引力质量：$F = G\frac{Mm}{r^2}$，惯性质量：$F=ma$。

后经科学家进一步验证，引力质量和惯性质量是同一个东西，即引力场和惯性场等效，称为等效原理。

爱因斯坦把等效原理、广义相对性原理和光速不变原理作为新的理论基础。于是，他猜测新理论是一个几何理论，引力随时空的弯曲。由于引力的根源是质量，因此推测质量的存在会造成时空弯曲；反过来，时空的弯曲又会影响质量的运动。因而，描述质量如何使时空弯曲：质量项=曲率项；另一个描述弯曲时空中质量的运动。

广义相对论就是一个关于时间、空间和引力的理论。

5.3 黎曼几何张量

欧氏几何第五公设：“过直线外的一点，可以引一条，并且只能引一条直线与原直线平行（不相交）”。在历史上这条公设引发“血案”，诞生了其他几何。

几何的几个分支为：欧氏几何、罗氏几何、黎氏几何描述的是不同曲率的空间。欧氏几何描述零曲率空间；黎氏几何描述正曲率空间；罗氏几何描述负曲率空间。1845 年，黎曼从更高的角度把这三种几何统一起来，成为黎曼几何，用来描述弯曲和扭曲的几何客体。黎曼几何为爱因斯坦发展他的相对论提供了数学基础。

如何把时空几何与运动物质联系起来呢？

爱因斯坦创建的广义相对论就很好地把时空几何和运动物质联系在一起，把时间和空间变成一体。广义相对论实际上就是一个时间、空间和引力的理论。狭义相对论认为时间、空间是一个整体（四维空间），能量、动量是一个整体（四维动量），但没有指出时间与空间与能量与动量的存在（既是物质的存在），会使四维时空发生弯曲。万有引力并不是真正的力，而是时空弯曲的表现。如果物质消失，时空就回到平直状态。

广义相对论认为，质点在万有引力作用下的运动，是弯曲时空中的自由运动——惯性运动。它们在时空中绘出的曲线，虽不是直线，却是直线在弯曲时空中的推广——测地线。在三维空间中，测地线是短程线，即两点间的最短线。而在思维时空中，质点做惯性运动的测地线却是长程线，即两点间的最长线。当时空恢复平直时，测地线就成为通常的直线。

5.4 时间与空间

坐标钟：对于弯曲时空的任意坐标系 $x^{\mu}(\mu = 0, 1, 2, 3)$，如果视 x^0 为时间坐标，则所谓坐标钟即以速率 $t = \frac{x^0}{c}$ 运行的钟。在狭义相对论中，称固定于一个惯性系中的真实的钟为标准钟，也即是惯性系的固有时间。

$$ds^2 = -c^2 dT^2 + dX^2 + dY^2 + dZ^2 = -c^2 dT^2$$

可得惯性系的固有时间为 $dT = \frac{i ds}{c}$。

在广义相对论中，依据等效原理，可对时空中的任意观测者 A 引入相对于他瞬时静止的局部惯性系 B，并仿照狭义相对论，定义静止于 B 系中的“真实钟”为标准钟，它所记录的时间为惯性系 B 的固有时间。设 L_A 为任意观测者 A 的世界线（时间和空间合称为四维时空，在四维时空中的运动轨迹即为世界线。）当 A 在 P 点时，相对于他瞬时静止的惯性系的世界线为 L_B，L_B 与 L_A 在 P 点相切。根据狭义相对论，惯性系 B 的固有时间为：$d\tau_B = \frac{i ds}{c}$。

依据微分几何可知，在一点的领域，曲线 L_A 的线元 ds_A 与其切线的线元 ds_B 相等。所以，观测者 A 的固有时间为 $d\tau_A = \frac{i ds_A}{c} = \frac{i ds_B}{c} = d\tau_B$。因此，“随着观测者 A 一起运动的钟”和“A 的瞬时静止局部惯性系的钟”，都可以作为 A 的标准钟，记录他的固有时间。只是前者是一个单一的钟，后者是无穷多个钟组成：

（1）坐标钟是虚构的，仅在计算中有用；标准钟才是真实的钟。

（2）任何做周期性振动的物体都可以作为标准钟。

（3）任何观测者的固有时间可以等阶地用两种钟计算：携带的标准钟；相对于他瞬时静止的自由下落钟。

相对论中用来测量距离的工具是钟而不是尺。

5.5 引力波

在爱因斯坦的《广义相对论》中，时空弯曲的一种效应是由引力引发的，这种弯曲是因为质量的存在而导致的。一般而言，在一个给定的体积内，包含的质量越大，那么在这个体积边界处所导致的时空曲率越大。当一个有质量的物体在时空当中运动的时候，曲率变化反映了这些物体的位置变化。在某些特定环境之下，加速物体能够对这个曲率产生变化，并且能够以波的形式向外以光速传播。这种传播现象被称为引力波。

《广义相对论》告诉人们：时空告诉物质如何运动，物质告诉时空如何弯曲。一方面，物质（有质量的东西，可能是能量，因为能量也有质量）如何在它的时空里运动，取决于它所处的时空性质。另一方面，只要有物质存在的时空，就会弯曲。弯曲程度、怎么弯曲，取决于物质质量大小以及分布。

黑洞是质量很大的天体，它周围的时空会弯曲得很厉害。时空不弯曲的时候就像平静的湖水，在上面轻轻放上一个皮球，皮球下面的水面是一个弧形，这和黑洞存在、附近时空弯曲一个道理。仅有一个皮球停在水面上，水面还是很平静；但是如果有两个皮球像两个黑洞那样彼此环绕运动着，水平面会泛起阵阵涟漪。

如果把水面比作时空的话，那么水波就是引力波。但是，同时千万不要把引力波理解成引力的波，引力波的本质是时空的涟漪，是时空的波动。引力波产生的前提就是物质的运动。物质质量越大，运动得越剧烈，对时空的扰动就越大，引力波就越强。

38 亿年前，一个密度温度极高的质点爆炸了，不仅诞生了时间和空间，还产生了人类。大爆炸的那一刻，宇宙诞生了。大爆炸之后的整个宇宙还是一片漆黑。随着宇宙越来越大，温度迅速降低，直到 38 亿年后，温度终于降低到一定程度，光子开始退耦。宇宙的第一缕光诞生了，这便是宇宙微波背景辐射（CMB）。

在距今约 5.3 亿年前，在 2000 多万年时间内地球上突然涌现出各种各样的动物，它们不约而同地迅速起源，形成了多种门类动物同时存在的繁荣景象。寒武纪生命大爆发是古生物学和地质学上的一大悬案，目前，对为什么生物种类集体出现甚至爆发还没有一个统一的解释。总之，那个时候生物疯狂地进化着，不适应环境的迅速被淘汰，更强的生物取而代之。在这段时间里，有些生物的眼睛进化出来了。简言之，138 亿年前——第一缕光；45 亿年前——地球诞生；36 亿年前——地球生命诞生；5.3 亿年前——有眼睛的奇虾终于可以看到存在了一百亿年的光。

引力波用粒子的角度去理解就是引力子，和光子的理解方式类似。但是不同于光子在宇宙 38 亿年诞生后才产生，引力子早在宇宙大爆炸之后仅仅 10^{-35} 秒就先退耦了，（宇宙极早期温度很高，然后随着体积越来越大，温度慢慢降低，低到一定程度就会有粒子从一开始的那股纯能中释放出来！引力子是最先释放的，光子是最后释放的）存在于这个宇宙中，这也被称为原初引力波。之后的 100 多亿年的时间里，除了那些原初引力波，宇宙中任何物体只要运动，都会辐射引力波。两个黑洞共舞会释放引力波，超新星爆发会释放引力波，月亮绕着地球会释放引力波。

引力波就是另一种光，这种“光”的本质是时空的波动，但是还是可以把它理解成了电磁波（光）之外的另一种光。

6 物质结构

6.1 物质与场

人类对物质结构的科学理论的建立，那还是在近代自然科学兴起以后才开始的。18世纪化学在新原子论的基础上建立，是物质结构科学理论的开端，然而在古代，无论是东方的中国和印度，还是西方古希腊对物质结构都曾提出了一些臆想和假说。尽管由于当时生产水平和科学水平低下，人们对物质结构的探索还停留在直观和推测的方法，而缺乏科学的证明。然而作为人类探索物质结构的最初阶段，仍然是值得后人回顾的。因为那个时代留下了许多精辟见解和思想精华，有的可以说是一些“天才的猜测”，这些见解、精华、猜测一直影响着后人。

在大自然界和茫茫宇宙当中，物质以各式各样的形态存在着：动物植物、花虫鸟兽、山河湖海、不同肤色的人种、各种美丽的建筑大到星球宇宙，小到分子、原子、电子等极微小的粒子。大自然经历长达亿万年的发展，造就了现实物质世界绚丽多彩的宏伟场面。经过漫长的物理学家的研究，千姿百态的物质从某种角度上都可以初步归纳为两种基本的存在形态：“实物”和“场”。“实物”具有的共同特点是：质量集中在某一空间，有比较确定的界面（气体的界面虽然模糊，但它又是由一个个实物粒子构成）；“场”是看不见摸不着的物质，充满全部空间，是实物之间进行相互作用的物质形态。

物质结构的根本因素，是以实体为依据的实虚统一体。这个表述，既明确了物质结构的根本因素是实虚统一体，而不是单纯的实体、虚体；同时又特别强调了这种实虚统一体，是以其中的实体为依据的。强调以实体为依据，既不是把实体和虚体并列起来，等量齐观；也不是把两者作为一般的主次关系来看待的。这就从实体依据上表明了根本因素的物质性质。

物质结构的根本因素，既是以实体为依据的实虚统一体，又是矛盾着的实虚统一体或实虚趋向。物质结构的根本因素中的矛盾，首先是指实体与虚体之间的矛盾和相互作用，同时也是与实虚统一体之间的矛盾和相互作用紧紧地联系在一起的，是已经包含着全面性的矛盾。以实体为依据的矛盾着的实虚统一体或实虚趋向，既是物质结构的根本因素，也是物质结构变动和发展的根本因素。

在物质结构各个层次的各种结构系统中，物质结构的根本因素，体现为各种以单位实体为依据的矛盾着的外向变动性实虚统一体，即体现为各种以单位实体为依据的在结构系统中变动的矛盾着的实虚趋向。把体现在各个结构层次的各种结构系统中的这种根本因素，称为各种物质结构变动系统的因子。总体说，各种结构因子的单位实体是确定性的，具有大体上明确的界限；各种结构因子的虚体是对应性的，没有明确的界限；各种结构因子的单位实体与虚体，总是结合在相对于各种结构系统变动的统一趋向之中的，而各种实虚趋向，又总是不能脱离其结构系统而存在的。例如，各种基本粒子、原子和分子与相应的场的统一，是各个微观层次的各种物理的和化学的物质系统的因子。

因子的趋向性，以因子自身的绝对性实虚矛盾或实虚趋向为根基，主要取决于因子的外向变动性实虚矛盾或实虚趋向。因子自身的绝对性实虚趋向，相对于各种不同的结构系统，具体地表现为各种不同的相对性变动趋向。也就是说，因子的绝对趋向，实际上只能存在于它的各种相对趋向之中，即实际上只能通过它在各种相对的结构系统中的变动趋向表现出来。

一方面，物质结构的根本因素和因子，与物质结构变动的根本原理相联系，具有极其深刻的辩证性质，这也是各种结构系统、各个结构层次及其变动和发展过程的辩证性质的根基。另一方面，因子的实际本质是系统性的，各种因子总是不能脱离各种物质结构变动系统及其层次系列而存在的，它们的辩证性质，只有通过它们的系统联结、系统质变和系列发展，才能得到实际的体现和展现。

6.2 因子和因子系

自然科学关于物质结构问题的研究，已经提供了两个基本的事实：一是自然界数以百万计的各种有机和无机物质，都是由100多种化学元素的原子构成的。各种原子，都是由电子、质子和中子等基本粒子构成的。而各种基本粒子，包括重子、介子、轻子、光子等，一方面都具有复杂的性质，仍然不是什么“物质的始原”；另一方面又都可以在一定的条件下，直接或间接地相互转化。二是各个不同层次的结构系统，都具有特殊的整体性质。原子整体的性质，不同于组成它的基本粒子的性质。分子整体的性质，又不同于组成它的原有的性质。特别是，一个由蛋白质和核酸等有机高分子组合成为蛋白体的时候，就出现了自然界物质系统发展上的崭新质态-生命现象，再由单细胞生物发展成为多细胞生物尤其是多细胞动物以后，又出现了生物进化上的各种新质态。在天体系列中，星球、星团、星系、星系团等各个层次的结构系统，也都具有自身的特殊性质。

如前面所说的，物质结构的根本因素，是以实体为依据的矛盾着的实虚统一体或实虚趋向。这种根本因素，在各个层次的各种结构系统中，体现为各种以单位实体为依据的在结构系统中变动的矛盾着的实虚趋向，即体现为各种物质结构变动系统的单位性实虚趋向——因子。这种结构因子，具有极其深刻的辩证性质，其主要的辩证性质，在于它是矛盾着的实虚趋向。由这种结构因子形成的各种结构系统，必是存在着各种因子自身和因子之间的矛盾和相互作用，必然会导致因子实体在系统连接中的各种形式的阻触和质变，也就必然会形成各种结构系统的整体性新质。

因子系也自然不能脱离因子而存在，自然只能是因子的系统。把一切结构系统都看成是作为各种单位性实虚趋向的因子的系统，这是辩证地看待一切结构系统的基本出发点。只有从这一点出发，才能理解结构系统的其他辩证性质。正是因子的单位性和趋向性，为各种对立的实虚趋向的存在，为各种因子之间的矛盾和相互作用的存在，为各种因子系统的存在，打下了根基。懂得了因子和因子之间的趋向性，就可以从根本上理解各种结构单位之间的内在联系。

正是各种因子对立趋向的矛盾运动和矛盾斗争过程，形成了各种结构系统的量变和质变过程。各种结构系统的根基，是处于相互作用中的各种结构因子的存在。而各种结构因子，又是以各种相对稳定的单位实体为依据的。在物质结构的层次系列中，单位实体具有相对性，即各个层次都有相对于本层次结构系统的单位实体。

世界的统一性在于它的物质性，而物质世界的统一是具有无穷的质的多样性的统一。从物质结构上看，具体的结构系统也具有无穷的质的多样性，而具体的结构系统之所以具有无穷的质的多样性，主要就是因为各种具体的结构系统都是复杂因子系，复杂因子系的实体阻触质变整体效应，有着无穷多样的具体形式及其综合特性。也可以说，各种具体的结构系统的整体特性，主要是取决于它们的实体阻触质变整体效应的综合特性，这种整体效应的综合特性的无穷多样性，也就是物质世界的无穷的质的多样性的主要结构根据。

物质结构具有无穷的复杂性和质的多样性。虽然物质结构的各种具体性质，必是会有一定的量的基础或基本的量的规定性，但是各种具体结构的量的基础或规定性，总是代替不了它们各自的整体特性的。研究各种具体的物质结构，不仅要做定量分析，并且要做定性分析。对于各种具体结构的定性分析，不仅要分析其共性，并且要分析其个性，把握其具体的整体特性。

由简单到复杂、由低级到高级的发展过程，是因子系变动过程的辩证性质的重要表现，也是物质结构中根本性的东西，在其全面发展和总体发展中的重要表现，在其作为各种物质结构的系统和系列中普遍性的东西而存在时的重要表现。这就是当人们看到处于物质结构的总体联系和总体发展中的根本性的东西，作为各种复杂因子系中的普遍性的东西而存在时，不仅要看到在各种特殊性质的复杂因子系中，普通地存在着以单位实体为依据的实虚趋向即因子，存在着因子之间的矛盾斗争和因子系的矛盾运动，并且要看到在普遍存在的因子之间的矛盾斗争和因子系的矛盾运动过程中，必然会发生具有发展性质的因子实体的阻触质变，以及形成这种实体阻触质变的系统性整体效应；对于具有这种实体阻触质变及其系统性整体效应的发展过程，不仅要看到其具有向广度扩展的性质，而且要看到其中还包含着向高度发展的性质。

关于物质结构的根本分析、辩证分析和科学研究都说明，一切实体、物体都是变体；一切物质结构，都是变动结构；一切结构系统都是变构系统，即变动结构系统或物质结构变动系统。人的认识物质，就是认识物质的运动形式，因为除了运动的物质以外，世界上什么也没有，而物质的运动则必取一定的形式。从物质结构上看，情况也正是这样。各种不同性质的结构系统，其不同的性质，就是从其不同的变动形式得出来的。要认识各种结构系统，就必须分析结构系统的变动形式。

复杂因子系的变动能力，由复杂因子系的全部因子在复杂的系统联系中变动的作用量综合而成，是一种系统性质的变动作用量。复杂因子系的变动能力的能量基础，是某种与因子系的特定性质相对应的作用能量，包括多种适度的作用能量的总和。

在物质结构的无限的层次系列中，因子系及其变动能力都具有层次性。各个层次的每个复杂因子系，其复杂因子所具有的全部能量，都可以分为因子内能量和因子外向能量两个部分。从物质结构变动系统的量变形式上看，若干作为单位性实虚趋向的因子，在它们的结构系统中相互作用，构成各种相对的位置变动（不只是机械位移）和动力学关系，其基本的形式就是局部的或全局的聚集和离散。

复杂因子系的变动能力，是一种具有特定的系统性质和复杂程度的变动作用量。复杂因子系的变动能力的强弱，既取决于与系统性质相对应的变动作用量的大小，还取决于这种变动作用量所具有的复杂程度的高低。复杂因子系的联结方式，就是因子系的全部因子在复杂的系统性变动过程中相互连接起来的综合方式。这种联结方式的核心，是复杂因子系的因子之间进行实质性矛盾斗争的综合方式。

总之，物质结构的变动和转化过程，包括量变过程和质变过程，量变过程是质变过程的前提，质变过程又引起新的量变过程。物质结构的量变过程与质变过程交互作用，还可以在一定的条件下，通过具有发展性质的、复杂程度逐步提高的实体阻触质变，形成物质结构由简单到复杂、由低级到高级的发展过程。

聚合和发散是复杂因子系变动的基本形式，也是复杂因子系变动过程的两个基本的方面，或两种基本的趋势。在复杂因子系的变动过程中，这两个方面或两种趋势，总是相互联系并在一定的条件下相互转化着的。在相当复杂的因子系的变动过程中，两者更是会错综复杂地结合起来，形成相当复杂的变化和发展过程。这种聚合和发散，不同于单纯机械性的聚散变化，因为它们是同具有发展性质的实体阻触质变过程相联系的。

在复杂因子系的变动过程中，聚合和发散是对立的统一，两者既相互联系、相互结合，又相互区别、相互分离。两者的结合，既有上升性的，又有非上升性的。上升性的结合，是两者在原有的主要结构基础上的结合，是包含着上述的聚合—发散—再聚合过程的结合。在复杂因子系变动的任何阶段，都可能是既有上升的趋势，又有下降的趋势。

复杂因子系的衰亡阶段，就是具有特定变动形式的复杂因子系从衰退到灭亡的阶段，也就是从复杂因子系的下降趋势转化为主要方面开始，到因子系的特定变动形式发生总的质变，即灭亡这个阶段。

因子系列的变化和发展过程，主要是以各种因子系的变动过程、尤其是质变过程为基础，通过各种因子系之间的矛盾关系和系列性时空形式的变更体现出来的。

聚发和散合，是物质结构层次系列变动的基本形式。在层次系列中，不仅存在着各种相互对应的聚发系和散合系之间的相互作用，并且存在着各种聚发系之间、各种散合系之间直接和间接的相互作用。

结构系统层次的大小和等级的高低，是既有联系又有区别的。物质结构系统的层次性已经被相当充分地揭示出来，关于结构系统的层次概念已经被广泛地使用，存在着由低级到高级逐步地上升的特殊的层次系列。从理论生物学和理论物理学、物理化学等的角度上，提出了系统具有等级结构或层次结构的观点，其中所说的等级结构，既是指一般的层次结构，又是指像生命有机体中的细胞、组织、器官等这样的高级结构。

从较为严格的意义上说，结构系统的一般大小层次和高低等级的基本区别是，形成一般大小层次的基础，是各种不同量级和不同范围的结构系统；而形成高低等级的基础，则是各种不同复杂程度的结构系统。例如，各种微观系统—宏观系统—宇观系统这个序列，就是主要表明物质系统由小到大的一般层次差别的；而各种基本的物理系统—化学物质的系统—生物的系统这个序列，则是主要表明物质系统由低到高的等级差别的。

生命有机体作为高级递进因子系或高级变动结构，也是一种高度复杂的自组织系统和高度有序的动态平衡结构。而有机体的自组织过程和动态平衡结构的形成和发展，又是同其中高度复杂的实体与虚体的有序相对性和相对虚体的积极对应性（包括高度复杂的反馈控制机制）相联系的。生物进化的主要过程，是有机体的结构和生命活动形式的复杂程度不断提高的过程。

7 自然界级别

7.1 宇宙级别演化

太阳不属于宇宙中的第一代恒星，因而才会有碳、氮及其他 92 种元素存在。按照专家的推测，在宇宙诞生之初，即在所谓“创世大爆炸”时，宇宙中只形成了氢和氦。因此在第一代形成的恒星中缺少作为碳氮循环所需的催化元素，第一代恒星必须靠质子-质子链的氢核聚变而生存。仅在此以后，当恒星内部的氢聚变生成碳时，才为以后的各代恒星提供了碳氮循环所需要的催化元素。

这正如老子的名言：“道生一，一生二，二生三，三生万物。”道生一，可以解释成宇宙的创生，即最早的氢原子，或者是氢原于和氦原子共存的世界；而“一生二，二生三，三生万物”则代表了创生以后物质的演化，氢燃料生成氦，氢燃料生成铁和碳，而碳在一定的条件下又会转化为更重的原子核……所有这些热核反应，都是在一定的时空平台上，或者说引力势能的约束条件下进行的，物质自身在演化而产生新的元素，与此同时总有些微的物质湮灭而转化成巨大的能量，老子所说的“生”本身是自发地进行的，是概率事件，但又是本身要付出代价的必然事件。

太阳在宇宙中并非第一代恒星，而是前一代或前几代恒星演化的产物。每一代恒星都在演化中生成新的物质，同时将少许物质转化成能量（核能），这些能量最终会转化成物质的动能和辐射能。这动能形成恒星内部的压力，以抗衡引力的势能，一旦释放的核能过多，远远大于引力势能时，就会发生恒星的爆发，在这一过程中会形成各种重元素。而同时动能又转化成迅速扩展于空间的引力势能，从而改变了恒星原来的时空平台。从核能转化为电磁能，这就是当今的太阳对太阳系所起的主导作用。核电站也是将核能转化成电能，而所燃烧的核燃料，是前几代恒星留下的产物，有些是没有烧完的重氢（H_2），有些是存储了更多核能的重元素，如铀、镭，这也说明了热核反应是一种概率反应，是或然律的体现。

7.2 生物级别演化

人类的聪颖不只是表现在利用天天见面的太阳能，而且会利用太阳系的祖先遗留下来的核燃料，在地球上的核反应中进行燃烧，释放核能，进而转变成可被利用的电能。核燃料的燃烧是逐渐降级的，由氢到氮，由氦到碳，再由碳生成其他元素，而核能的释放到铁就终止了。

而生命有机体的结构特征，正是在于有机体内具有相当多的逐步递进的层次，形成了具有生命功能的多层次统一结构。并且，生物由低级到高级的发展，主要也不是指的由生物个体、群体、群落到生物圈的一般层次的扩展，而是指的由简单的原始生命到复杂的高等植物、高等动物的进化，这又是生物体统一的递进层次逐步完善和增多的过程。人类社会的出现，就是在这种发展过程的最高点上发生的一次大飞跃。可见，物质系统的等级高低，并不等同于一般的层次大小，这里的等级不是一般的层次。物质系统的复杂程度和等级的提高，主要是与特殊的层次，即共同决定物质系统特定本质的递进层次的完善和增多相联系的。

从大体上看，在已知的物质层次的大系列中，存在着一个基础系列和两个突出的分支。基础系列就是：基本粒子—原子—分子—物体—星球—星团—星系—星系团—超星系团。两个突出的分支：一是在基础系列的物体层次，分出了生物系列，即：生物个体—群体—群落—生物圈；二是在生物系列的群体层次，又分出了人类社会。按照上述关于结构系统的层次和等级的基本观点，这两个突出的分支，正是物质系统向高度发展的两个显著的大梯级，如图 7-1 所示。

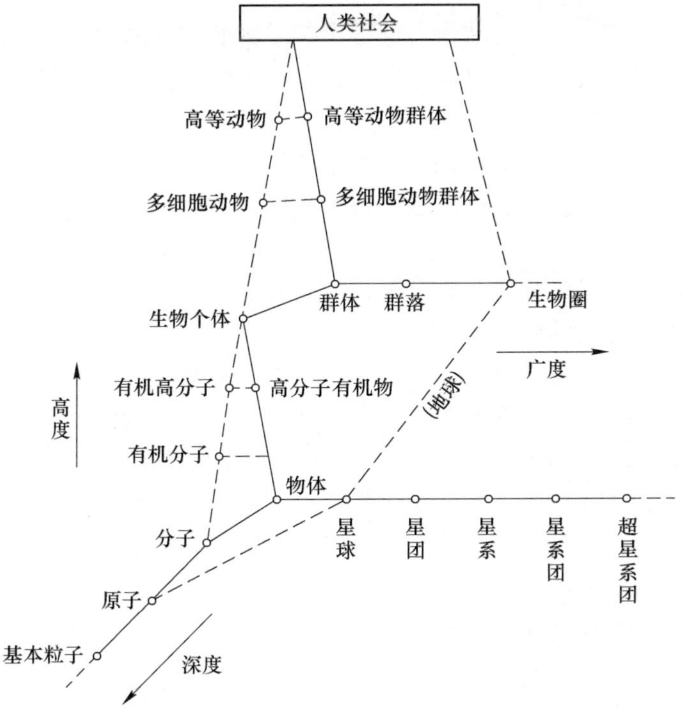

图 7-1　宇宙层级图

在简单的有机体中，已经包含着基本粒子、原子核、原子、低分子、高分子等微观领域里的多个递进层次。在这些递进层次之间，主要是由于存在着各层次因子和因子系中相对稳定的实体与相应的虚体，存在着实体阻触质变形式的递进性发展过程，既形成了相当多的比较明显的层次界限，又形成了相互连贯的逐步递进的层次关系，即形成了多层次递进统一的高度复杂的有序结构。这种结构，必是包含着相当多的递进层次中高度复杂的矛盾关系和相互作用，即包含着相当多的递进层次中相对的因子系之间、相对的因子之间、相对的实体与虚体之间等错综复杂的递进性的矛盾和相互作用。有机体的生命活动，就是有机体内这种高度复杂的矛盾运动和相互作用过程的整体效应；一种高度复杂的递进因子系的变动形式。这种变动形式，也是高级因子系的基本的递进性变动形式。现在，物理化学、有机化学、生物化学、分子生物学、生物物理学、量子化学、量子生物学和古生物学学科的研究，已经从不同深度和不同角度上，描述了有机体的多层次递进结构，描述了生命活动的深层机理和原始生命的形成过程。在多层次递进结构中，虽然每个较低层次因子系的基本变动形式是形成较高层次因子系的递进性变动形式的必要基础，在较高层次因子系的变动形式中，必然地包含着较低层次因子系的变动形式，但是由于其中的实体阻触质变过程，具有逐层次递进的飞跃式发展的性质，每个较高层次因子系的变动形式，都具有为其所含的较低层次因子系的变动形式以及它们的简单总和所不能包括的递进性新质，所以不能把其中的高层次因子系的变动形式归结为低层次因子系的变动形式。

明显的递进层次，是在最为稳定的基本粒子的基础上发展起来的，随着递进层次的逐步增多，即逐步地形成原子核、原子、低分子、高分子等，递进因子系的稳定性逐步减小，而变动性逐步增大。这一种趋势，自然会使递进层次继续发展的难度越来越大，会出现递进因子系的等级越高越是显得下降容易而上升难的情况。然而，当递进层次发展到了有机高分子时，又出现了另一种趋势，即出现了像蛋白质催化有机分子的合成和核酸的复制那样，高层次递进因子系明显地促使低层次因子系进化的趋势。

随着生物在特定的环境条件下的进化，生物体高层次因子系的促进作用越来越显著，生物的生长、发育和繁殖的过程越来越完善。地球上从无生命物质演变到原始生命的出现，经历了许多亿年的时间，而在生命出现之后，生物的生长和繁殖就快得多了。现在的大多数动植物细胞，包括生长阶段和分裂阶段在内的细胞繁殖的全过程，即整个繁殖周期，可以在一天内完成。生物的进化过程，也是作为高级递进因子系的生物体的递进层次逐步完善和增多，与高层次因子系的作用密切相关的生物体整体功能逐步增强的过程。

8 K线及K线组合

8.1 K线含义

K线的起源地是日本，属古老的技术分析方法。公元1750年，日本人就已经开始利用阴阳烛来分析大米期货，因此，K线又被称为日本线。随着时间的发展，K线才被慢慢应用到股票市场上。事实上，经过上百年的应用和变更，目前已形成了一套完整的股票K线分析理论。

K线（图8-1）的形成取决开盘价、最高价、最低价、收盘价。当开盘价低于收盘价时，K线为阳线；当开盘价高于收盘价时，K线为阴线。当K线为阳线时，最高价与收盘价之间的细线部分称为上影线，最低价与开盘价之间的细线部分称为下影线，开盘价与收盘价之间的柱状称为实体。

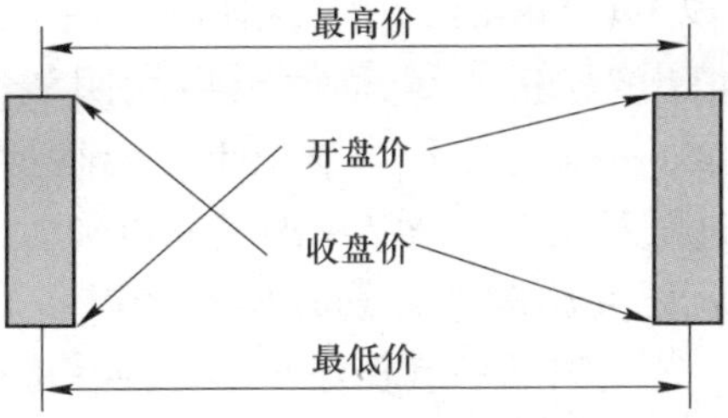

图8-1 K线图

K线按时间划分：可分为日线、周K线、月K线、年K线，以及一个交易日分成若干等份，形成5分钟K线、15分钟K线、30分钟K线、60分钟K线等，这些K线都有不同的作用。

K线分析是投资中的基础技术，也是核心技术。它的双重身份作用既展示了它在金融市场中的显赫地位，也反映出它在技术分析中是无可替代的地位。K线技术是基础技术，是因为股市技术分析中绝大部分的技术指标都是源于K线，都是以K线为基础进行设计的。K线技术是核心技术，是因为如果投资者懂得K线技术的实战精髓，就意味着已经进入技术分析的高层次境界，已经可以做到运用K线技术于空战交易中轻松获利。

8.2 K 线形态

本书只介绍几种常见的、典型的 K 线。

8.2.1 大阳线、大阴线

所谓大阳线，通常指涨幅在 5%以上的 K 线，表示多头战胜空头，获得压倒性优势，后市继续上涨可能性很大。大阳线就是一根具有低开高收格局的阳线，这个名称就有向好的意味。如果股价刚开始上涨时出现大阳线，则表明股票有加速上扬的意味，投资者可买入。如果大阳线出现在股价上涨途中，则表明股价可能继续上涨，投资者可继续做多。如果大阳线出现在股价连续上涨过程中，则表明是股价见项信号，投资者此时应考虑出。如果在连续下跌过程中出现大阳线，反映了多方不甘心失败，发起了反攻，股价可能见底回升，此时投资者可逢低适量买入。

所谓大阴线，如果股价当日的跌幅大于 5%，就可以确定此 K 线为大阴线，但有时也把跌幅超过 3. 6%以上的 K 线称为大阴线，大阴线又称为长阴线。大阴线典型类别有：顶部大阴线——预示着行情反转，突破大阴线——伴随着跳空现象，也是“标志性阴 K 线”（图 8-2），加速大阴线——一般出现在下跌趋势过程中，底部大阴线——行情出现超跌，也称“最后大阴线”。大阴线在涨势中出现，不过在它之前已经拉了一根十字线。这根十字线暗示这轮升势已到了尽头，后面出现的大阴线只不过是对这轮行情结束的进一步确认而已，股价由升转跌即将开始。此时，投资者就要实施减仓计划或做离场准备。大阴线是在跌势中出现。投资者见此大阴线，还是离远一点较好，不要轻易参与操作。大阴线在跌势后期出现，如果大阴线出现在较大跌幅之后，预示着做空能量已经释放得差不多了，根据物极必反的道理，这时短线投资者要考虑做多，逢低买进一些股票。事实上，虽然不能在连续下跌情况下出现一根大阴线后，就判断行情会逆转，但投资者至少应该看到跌势已到末期，这是再继续懒空，此时卖出股票是不理智的。相反，投资者应该结合其他技术指标，分析一下股价是否见底，考虑如何买进一些股票。

8.2.2 小阳线、小阴线

所谓小阳线是指阳线实体较短，带有短上下影线的 K 线。而是，上下影线可以有不同的变化，如上长下短，上短下长等。转势之初，如果小阳线出现在底部并且成交量放大且呈现密集状态时，投资者最好借回调，低位适时建仓。上升途中出现小阳线，若在回调中，获利区筹码仍然因守未动，此时是投资者介入的好

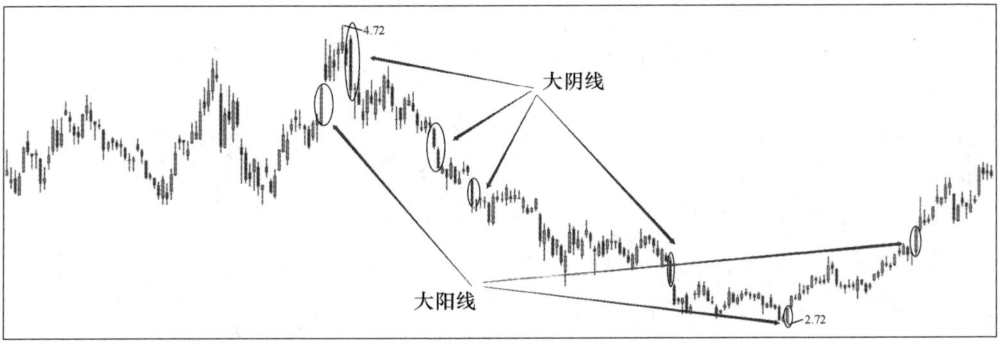

图 8-2 标志性大阴线

时机。大幅上升行情末端，股价远离底峰，携量大阳之后若出现巨量小阳线，投资者应顺势而为，离场观望。下跌行情末端，连续大阴之后若出现带星小阳线，有见底的含义，可在第二日观察是否延续上涨趋势。

所谓小阴线是指开盘价与收盘价波动范围较小若有也比较短。小阴线在盘整行情中出现较多，也可在下跌和上涨行情中出现。多空双方小心接触，但空方略占上风，呈打压态势，但力度不大。

8.2.3 十字星

所谓十字星是一种只有上下影线，没有实体的K线图（图8-3）。开盘价即是收盘价，表示不在交易中，股价出现高于或低于开盘价成交，但收盘价与开盘价相等：（1）小十字星，指十字星的线体振幅极其短小的十字星，常出现在盘整行情中，表示盘整格局依旧；出现在上涨或下跌的初期中造，表示暂时的休整，原有的升跌趋势未改；出现在大幅持续上升或下跌之末，往往意味着趋势的逆转。（2）大十字星，出现在大幅持续上升或跌势之末的概率较大，盘整区间出现的概率不大，往往意味着行情的转势。（3）长十字星，其上下影线均较长，最高价或最低价与收盘价的距离均大于3%。虽然从外表看，长十字星似乎与普通十字星极为相似，都是上下影线几乎相等，也都是多空双方表现出势均力敌，但是，长十字星的巨大振幅显示出市场格局将发生新的变化，市场趋势将得以改变，特别是在高价位或低价值时出现长十字星，则意味着反转随时有可能出现。

8.2.4 上吊线、倒锤子线

上吊线具有镇长的下影线，实体较小，多出现在上涨行情末期，代表市场上冲运动也许已经结束。市场在屡屡做多后，买卖双方力量达到平衡，在一个交易日内，多方努力将价格上推，可能创出当天高点，但并无心维持高位。其后，卖

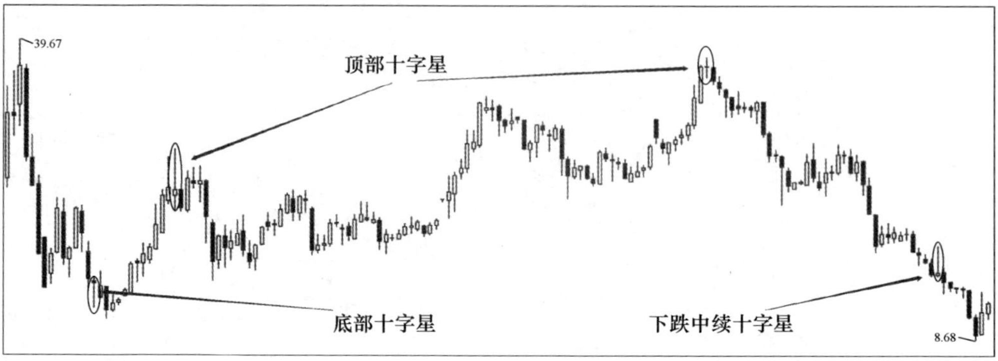

图 8-3 十字星 K 线图

方力量势不可当，多日来卖方被压制的能量瞬间释放，价格大力下挫。但当天收盘价仍处于较高位置，接近最高价，形成的实体部分相当小。

所谓倒锤子线是指具有比较长的上影线，较小的实体后于整个价格范围下端的一种 K 线形态。此前存在一个明显的下降趋势，在股价下降过程中出现一根带上影线的小实体，上影线的长度一般达到实体的两倍以上，下影线短到可以忽略不计。一般而言，倒锤子线的上影线很长，实体部分很短。当实体部分消失时，倒锤子线就变成倒 T 字线。因此，倒 T 字线在很大程度上和倒锤子线的意义是相同的。

8.3 K 线组合形态

本书只介绍一些重要的实用的形态。

8.3.1 楔形形态

上升楔形态（图 8-4）出现在股价经过一段比较急促的跌势后，股价开始反弹，当股价反弹至一定高度后开始掉头回落，但回落点比前期低点高，然后又升至新的高点，再回落，再上升，如此反复，在总体上形成短暂的一浪高于一浪的势头。如果把这些短期高点相连则形成一条向上倾斜的直线，把低点连接也形成一条向上倾斜的直线，而且两者呈收敛之势，这就是上升楔形。高点连成的直线为楔形的压力线，低点连接而成的直线为楔形的支撑线。

下降楔形也是整理形态，一般出现在长期升势的中造。通常情况下，股价经过一段大幅上升后，出现技术性回调，股价从高点回落，跌至某一低点即掉头回升，但回升高点较前次为低，随后的回落创出新低点，即比上次回落低点低，形成后浪低于前浪之势。把短期高点和短期低点分别相连，形成两条同时向下倾斜直线，组成了一个下倾的楔形，这就是所谓的下降楔形形态。

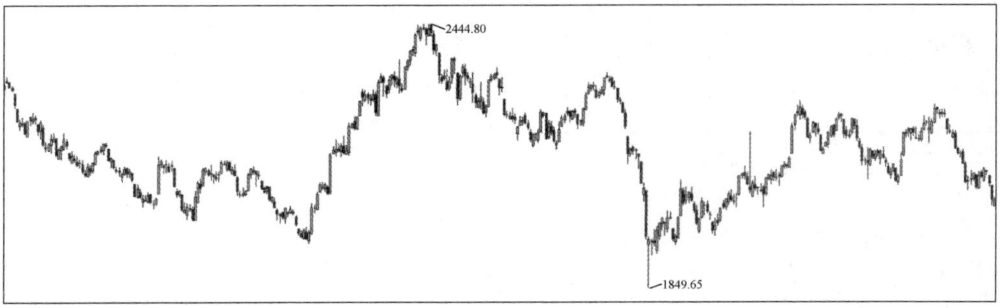

图 8-4 锲形 K 线组合

8.3.2 头肩形态

8.3.2.1 头肩顶形态

头肩顶形态（图 8-5）一般通过连续的起落构成该形态的三个部分，出现的三个局部高点中，中间的高点比另外两个都高称为头，左右两个相对较低的高点称为肩。左肩与右肩高点大致相等，有时右肩较左肩低，即颈线向右下方倾斜。就成交量而言，左肩最大，头部次之，而右肩成交量最小，即呈梯状递减。突破颈线不一定需要大成交量配合，但日后继续下跌时，成交量会放大。当颈线被突破，反转确认以后，大势将下跌。下跌的深度可以借助头肩顶形态的测算功能进行。通常从突破点算起，股价将至少要跌到与形态高度相等的距离。

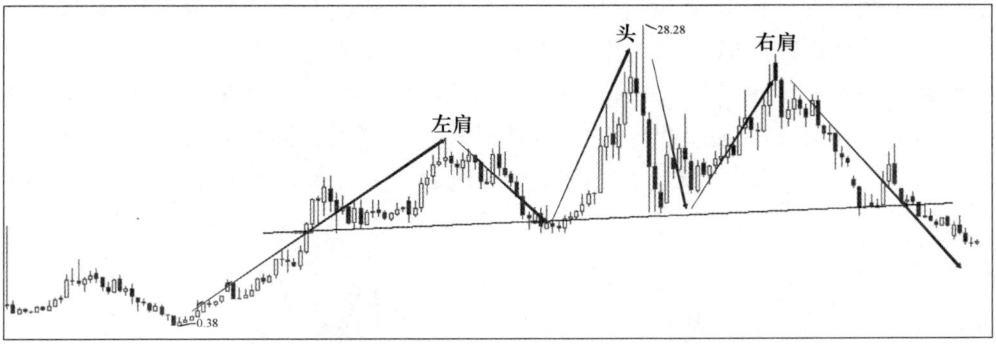

图 8-5 头肩顶 K 线组合

8.3.2.2 头肩底形态

在图形上以左肩、头、右肩及颈线组成（图 8-6）。三个连续的谷底以中谷底（头）最深，第一及最后谷底（分别为左、石肩）较浅且接近对称，因而形成头肩底形态。多发生于空头行情的末跌段；头肩底形态必须有三个低峰点，并且头部的低点要明显低于双肩，左肩和右肩低点位置大致相等；一般的，右肩低点略高于左肩，但右肩低点一定低于左肩反弹高点；成交量呈 V 形或呈头肩顶状态分布，有时三部分大致相当，但颈线突破时一定需要大的成交量配合。

图 8-6 头肩底 K 线组合

8.3.3 双重形态

双重形态在股市反转中是较为常见的形态，一般来说，双重形态可以分为双重顶形态和双重底形态。

8.3.3.1 双重顶形态

当股价上升到某一价格水平时，在其最高价附近常有较大的成交量，然后股价出现下跌，此时成交量随之减少。之后股价又再上升到前期顶点附近，成交量也再度随之增加，但并未超过前一个顶点附近的成交量，其后股价再次出现下跌，并跌破前面的回跌低点，此为双重顶形态（图 8-7），也称 M 头。双顶的两个最高点并不一定在同一水平线，两者相差少于 3%是可接受的。通常来说，第二个顶可能较第一个顶高出一些。形成第一个顶部后，回落的幅度约是最高点 10%~20%。双顶跌破颈线时，无须成交量配合的上升也较为可靠。

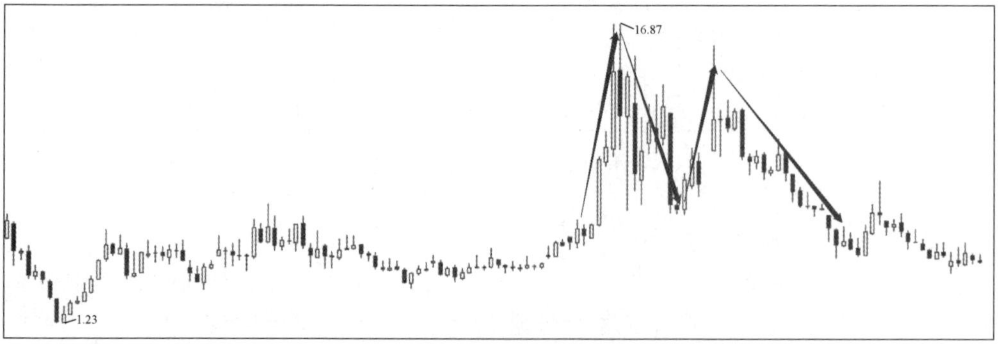

图 8-7 双重顶 K 线组合

8.3.3.2 双重底形态

一只股票持续下跌到某一水平后出现技术性反弹，但回升幅度不大，时间也不长，股价再次下跌，当跌至上次低点时获得支持，再一次回升，这次回升时成交量要大于前次反弹时成交量。股价在这段时间的移动轨迹就像字母W，这就是双重底形态（图8-8），又称W底走势。双底的第二个低点都较第一个低点稍高，原因是先知先觉的投资者在第二次回落时已开始买入，令股价设法再次跌回上次的低点。同时也意味着市场做多的力量占据上风，否则就表明当前走势是弱势的，即这种双底是很弱的。成交明显放大，不仅是上涨过程中有成交配合，并且在下跌缩量中与前期相比也是明显放大的，表明有新资金介入，成交越大越好。当然，如果是缩量直接涨停则是更强的表现。

图8-8 双重底K线组合

9 结构时空理论

市场经济也称自由市场经济，即产品和服务的生产及销售完全由自由市场的自由价格机制引导；同时市场也是血腥的，都是由资本的虚拟化所决定。一套好的技术体系是最可信赖的朋友，这里必须强调的是任何理论都必须经过实践检验，实践是检验真理的唯一标准。交易最终实践为价格轨迹，任何参与市场的人以某种价格、某个时间的交易，这是交易的客观存在。至于交易后面各种理念、模型、思想等因素，无论这因素是来自于基本面、心理面、技术面、政治面，都已经反馈在当下价格中。交易是有时间顺序的，这是不可逆的，这是交易最大的特征。参与市场，交易了，就有价格烙印了，就无从更改了，这是客观存在性的直接体现。归纳上述就是：交易以时间的不可逆为前提完全等价地反映在价格轨迹上。

虽然很多机构打着各种价值口号，各种数学模型理念，但最终都必须通过技术体系来分析买卖时机把握，因此，技术分析是每位参与市场的交易者都必须认真、仔细研究的，也是交易的基础。技术分析最核心的思想就是分类。技术指标不过是把市场所有可能的走势类型进行一个完全的分类，然后根据走势类型判断资金参与度、时间长短等。各类投资标的处于哪种状态，然后进行最基本的风险状态测算，评估风险，合理安排投资计划。任何技术指标，只是把市场进行完全分类后指出在这个技术指标的视角下，什么可以投资，什么是不能投资的。任何技术指标、系统，其本质上都是一个评价系统，也就是说在这个系统的标准下，评价对象的强弱、上涨下跌的概率，最终还是要根据实际走势进行当下选择，这个过程是动态的。技术体系分为预测技术和确认性技术，真正买卖是根据确认性技术。确认性技术必须是多角度综合达到的最大概率。任何技术指标系统的应用，首要的选择标准都和应用的资金量和操作时间有关，脱离了这个，任何的讨论都没有意义。

有人认为只要对冲失败率高的投资者就肯定获利。其实不然，市场的预测、观察、参与者，恰好又是市场走势的构成者，这才是市场预测的最基本起点。市场的走势模式，归根结底就是市场预测、观察、参与者行为模式的同构，这意味着，唯一并绝对可以预测的，就是市场走势的基本形态。所谓的点位只是基本形态演化的一个结果，是当下走势中形成的，形态是“不患”的，点位是“不患”之“患”，只要把握了这“不患”，其“患”自然就在当下走势把握中。正因为点位都是在基本形态的演变中当下形成的“不患”，才有点位的“不患”之“患”。

每个人都是“缘”聚之人，知识的禀赋、行为的禀赋都会影响人的观念和人的行为。所有的市场都必然是在当下观察、操作中的市场，而如果离开当下的观察、操作，市场对于你来说并不存在，因为那不是你的市场，是别人的，你必须参与其中，否则毫无意义。不管你的学历、学识等如何，但你的观察、操作，必须有一个“不患”的前提，就是你的操作级别。其实很多人经常变动自己的操作级别，总认为自己是万能的，虽然不同级别的走势是可以同类技术分解，但是操作的资金和时间都有着巨大差异，因此确定自己投资级别很重要，使其适应自己的生物钟，适应自己的各种禀赋。不同级别之间的基本模式是同构的，这是市场的一个基本特征。注意，这个特征之所以存在，归根结底，就是市场参与者有着基本相同的结构，这结构就是人性。

市场的基本形态，就是以结构和级别为基础的趋势与盘整以及结构和时间在各个级别里的转换关系。股市风险是“不患”的，是无位次的，任何妄求在投资中的绝对无风险都是痴心妄想。唯一的办法就是设置一个系统，使得无位次、“不患”的风险在该系统中成为有位次、“不患”的系统，这是长期战胜市场的唯一方法。对于市场走势的客观存在性，有一个是“不患”的，就是：上涨、下跌、盘整。因此，构造出一个体系，分类方法，把这种“患”变成有序，就能遵循这种“序”游刃有余地进行各类投资。

技术是级别性的，这就好比战斗机分为几代机一样，技术本身也是层级的。结构时空理论的级别是很高的，如果能看懂结构时空理论，就一定能体会，如果没体会到就说明还没悟透本理论。结构时空理论诞生的基础就是大自然法则，因而认真感悟和学习第 5 章、第 6 章和第 7 章这三章的内容就显得格外重要，才能真正体会到本理论的牢固基础。本理论把大自然对应的结构、级别、时空等思想运用到股市里，构建一个理论，这个构建是作者花费 13 年时间的艰苦创造过程。

9.1 结　　构

9.1.1 结构的定义

某级别走势类型中，被至少三个连续次级别走势类型所触及的范围，称为结构。如图 9-1 所示，次级别的连续三个走势类型 A、B、C，分别的高 \ 低点是 1 \ 2，2 \ 3，3 \ 4。结构区间就是［min(2，4)，max(1，3)］。但是这里也要说明的是，所有的 1，2，3，4 高低点都是非常重要的，但是 1，2，3，4 高低点必须满足顶分型和底分型概念。1，2，3，4 高低点是对后面的结构时空转换关系非常重要的点，是结构时空转换关系模型重要影响因素。上涨走势如此，下跌的走势亦然。这里要特别说明一点，在结构时空转换关系里，结构的最高点和最低点是必须要进行这种转换的，大多数的时候次高点和次低点也是要进行这种转换的。这需要实战经验累积会感悟到。

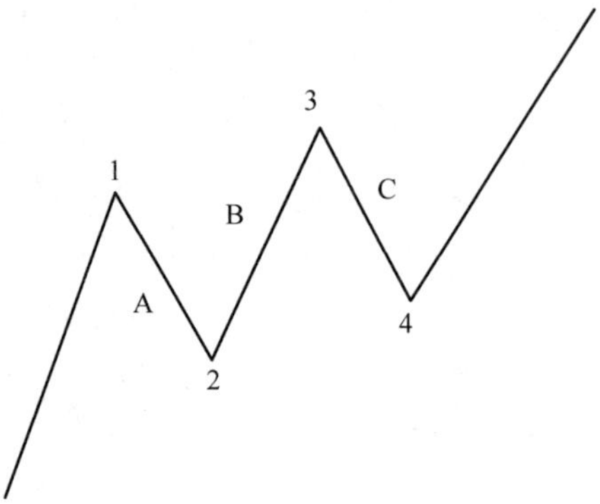

图 9-1　结构图

图 9-2 所示为实际走势图，本走势图稍微复杂点，但是通过结构进行划分就会变得简单明了。这走势图呈现出上涨走势结构，和图 9-1 是一致的。那么它的结构就是［min（2，4，6，8），max（1，3，5，7）］。

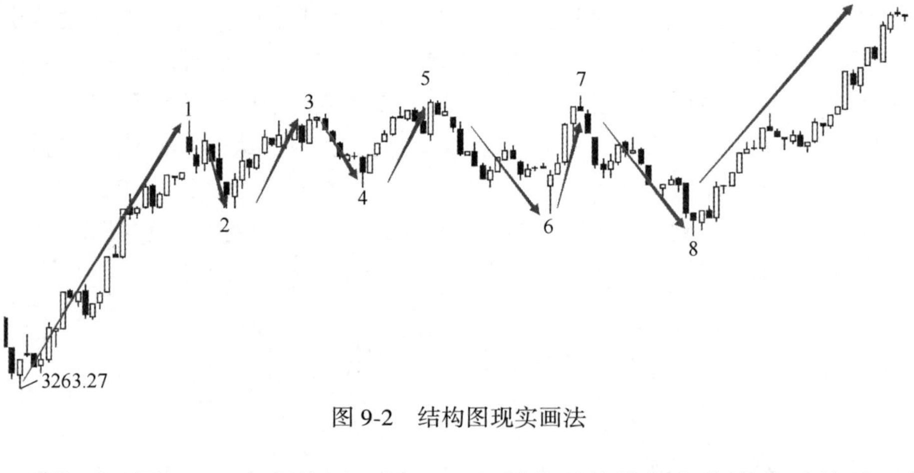

图 9-2　结构图现实画法

顶分型（图 9-3）和底分型（图 9-4），顶分型的最高点称该分型的顶，底分型的最低点称该分型的底，由于顶分型的底和底分型的顶是没有意义的，所以顶分型的顶和底分型的底就可以简称为顶和底（图 9-5）。

图 9-6 所示为实际走势图中的顶底分型。大家可以按照定义多在现实 K 线走势图中去寻找，熟能生巧。

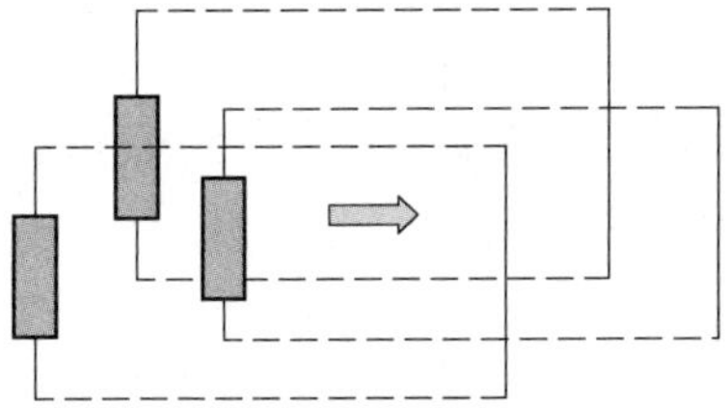

图 9-3 顶分型

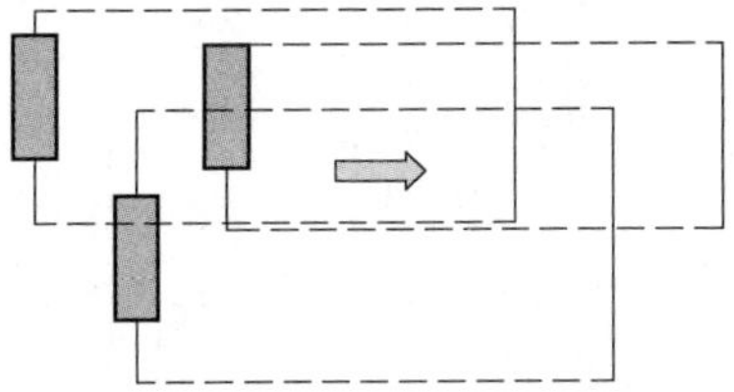

图 9-4 底分型

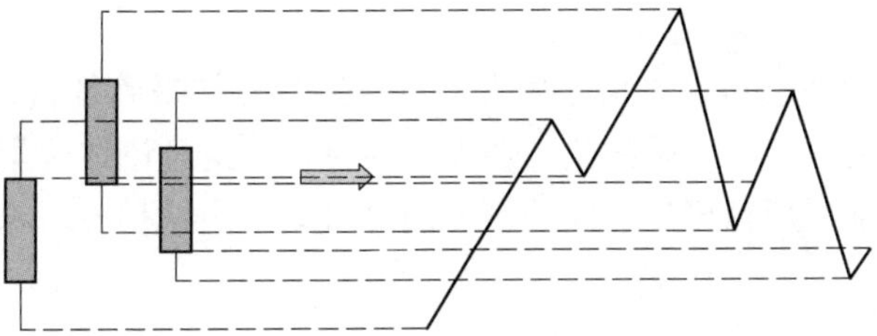

图 9-5 顶底分型

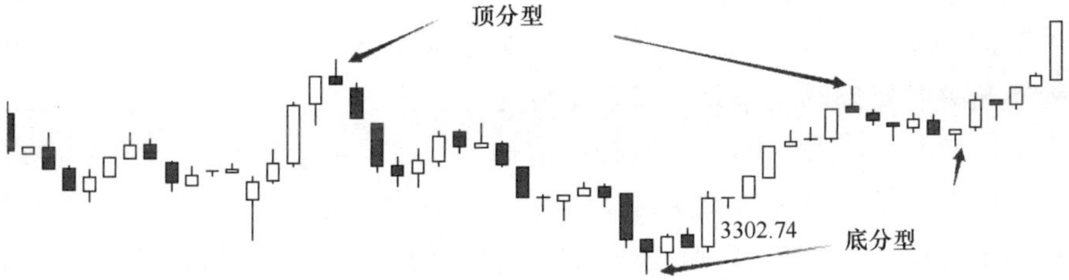

图 9-6 顶底分型现实画法

当然还有些特殊图形出现，属于包含关系，可以合并成一根 K 线。如图 9-7~图 9-9 所示。

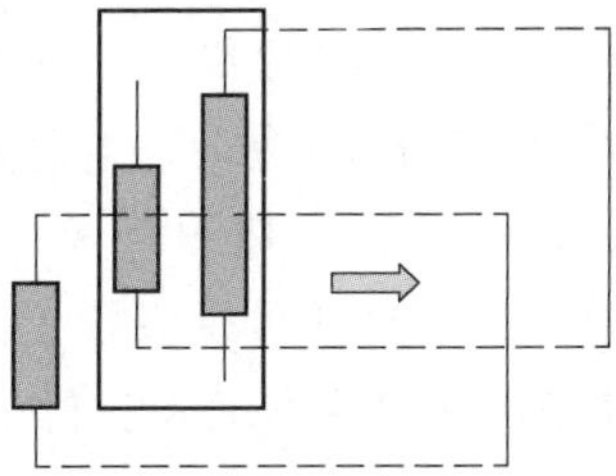

图 9-7 上升趋势中 K 线的包含关系

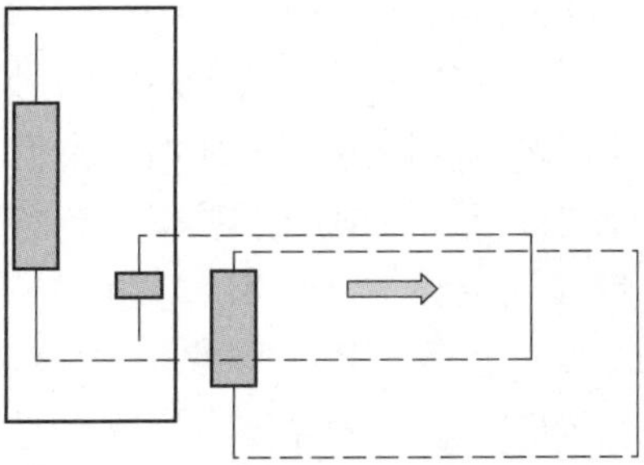

图 9-8 下降趋势中 K 线的包含关系

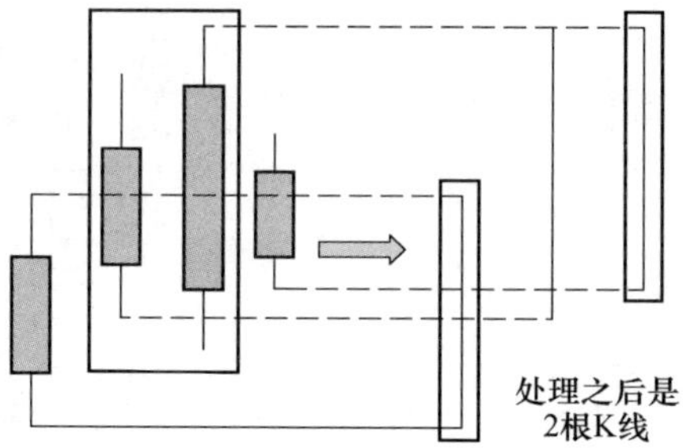

图 9-9　包含后的再包含关系

顶分型、底分型、包含关系这些概念，大家打开交易软件具体可参看 K 线图，很容易就能搞清楚。包含关系稍微复杂点，在结构时空理论体系里，包含关系不太重要。但是要逐渐习惯顶分型、底分型，越是大级别，这种分型越是有用。

9.1.2　结构级别

某级别形成的结构，股票有三种情况：（1）当下在该结构之中。（2）当下在该结构之下。（3）当下在该结构之上。对于第一种情况，不操作，因为处于可上可下的博弈过程中，在大级别（月或者季线级别）里可以考虑适度参与；第二种情况关键要判断是不是对应于结构时空买点；第三种情况关键要判断是不是对应于结构时空卖点。通过结构把股票做了三种分类。

下面用上证指数日线级别走势图做个实例说明，图 9-11 是图 9-10 对应的 30 分钟级别走势图。在图 9-10 中，属于日线级别走势，能看到明显的结构上升和下降过程，比如结构 1、结构 2、结构 3、结构 4 就是典型的上涨过程，结构 7、结构 8 属于下跌过程。但这里要注意的是，结构 1 和结构 2 的级别严格来说是低于结构 3 级别的，可以返回去认真看看结构的定义。但在结构时空理论里，不太在意这种级别的不同，但是需要你能够正确画出结构来就行，当然，要能判断结构的级别就最好。结构 5、结构 6、结构 7 虽然这里画的是日线级别，但是三个组合在一起却构成了周线级别，因为看周线走势图时就能明显发现。这就形成了不同级别之间的嵌套，高级别是由低级别演绎出来的。图 9-11 是图 9-10 的 30 分钟走势图，可以对应起来看，会有更加不一样的体会，会发现日线级别走势就是 30 分钟级别走势演绎出来的。也能更加明确体会到 30 分钟级别走势演绎过程。

股票的“生生死死”就在这种次第之间演化，结构的“生生死死”在不断蝶变过程中。这和世界万事万物都是一样的，千万不要以为一只股票会一直涨下去或者会一直跌下去，都会有转化过程，除非彻底去死（退市）。投资股票不要一根筋思维，而是要看其有没有形成结构时空买点和结构时空卖点。要花时间去掌握和理解结构，首先要逐渐习惯“结构”思维方式，这大概需要一两年的努力，把“结构”思维融入你的血液，变成你的习惯。

单纯“结构”本身也可以构建出一套买卖法则，如图 9-10、图 9-11 所示。

图 9-10　上证指数日线走势

扫一扫看更清楚

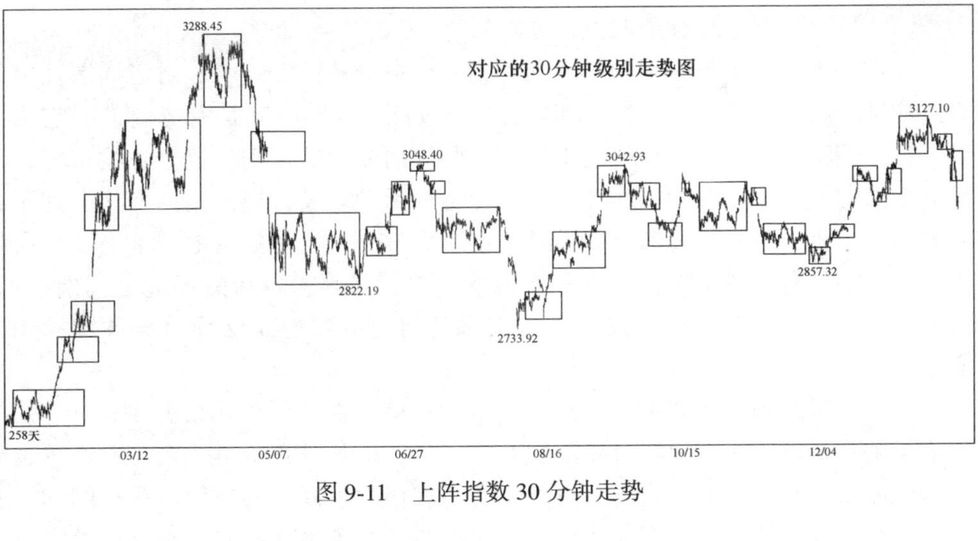

图 9-11　上阵指数 30 分钟走势

9.2　时　　空

时空就是三维立体加上时间一维建立起四维空间，它们是一体，是统一的关系。

时空在宇宙大爆炸那一瞬间，就已经诞生了，因而它是力学、物理学、天文学和哲学的基本概念。在力学和物理学中，这些概念是从对物体及其运动和相互作用的测量和描述中抽象出来的，涉及物体及运动和相互作用的广延性和持续性。哲学上，空间和时间的依存关系表达着事物的演化秩序。“时间”是抽象概念，表达事物的生灭排列。其内涵是无尽永前，其外延是一切事件过程长短和发生顺序的度量。“空间”是抽象概念，表达事物的生灭范围。其内涵是无界永在，其外延是一切物件占位大小和相对位置的度量。

只有在人类社会对时间和空间不仅有着共同的感受和经验，而且形成了共同语言的条件下，人们才能对周围的事物及其变化形成一致的印象和记忆，从而构造了人类彼此间可以相互理解、认可和交流的思维模式。从这个意义上说，事件记忆是人类理性思维的起点。人类所观察的一切事物以及每个人的亲身经历都是在时空这个大舞台上表演的。人类早期对时空的共同认识和语言表示标志着人类进化到智人阶段。“子在川上曰：逝者如斯夫!”体现了将时间和空间结合在一起富有哲理的思维。牛顿发现了万有引力，建立了在绝对时间和绝对空间背景中的牛顿力学；爱因斯坦发现了光速不变原理，建立了相对时间和相对空间的理论和四维时空舞台上的“引力场方程”。人类经过前庭器官和视觉系统把对重力和光的感受转换成空间和时间的概念，是一种理性的抽象。正是因为有这种抽象的共识，才构成了人类特有的事件记忆的能力，从而能对各种事件进行观察、记录和推测，这就是理性思维的起点。

人类是唯一意识到时间和空间的动物。生命的特征之一就是对于周围环境的自适应性。时间是什么？“光阴似箭，日月如梭。”即时间是有方向的，它像射箭一样一去不复返，而日月则是来回穿梭的周而复始的运动，这个比喻很好，正是大自然的周期变化造就了地球上的一切生命活动。没有周期性的变化，就不会有时间的感受，时间是周期性变化的度量，而日、月、年就是地球上一切生命周期性活动的固有参考基准，但不是不变的。也就是因为生活的环境是周期性的，我们的世界，我们的身体，我们创造出来的事物其实也是必须符合这种周期性变化。

不能把时间和空间割裂开来，它们本为一体。在股票市场研究中，99%的技术体系基本是把价格空间和时间割裂开来，要么单独研究价格体系，要么单独研究时间体系，并没有建立起价格空间和时间直接的关系，没有把价格空间和时间融为一体，二者是共生共灭的关系。本书介绍的关于物理现实宏观世界的时空关系，就是其中的奥秘。时间和空间是密不可分的联合体，不可人为地把这两者割裂，其实两者存在着某种转换关系，爱因斯坦的广义相对论做了很好的阐述；其实天体和人文经济社会等学科同理，宇宙法则都是相通的，只是表达的形式上不同而已。“本”为一，“相”为多；大多数的重大突破就是通过“相”的多逐渐认知到“本”为一。资本市场里的时间和价格时空上的转换关系处处存在着，只是现实的理论界和实战派都没能悟道。在理论界有“久期”的概念，是或多或少地把时间纳入定价过程中，但是实时动态性、使用的范围都是有较大的局限。下面用个实例说明结构时空理论的结构时空关系。

2018 年初，上证指数从 3578 一路下跌，直到 2440。下跌过程中形成了多个日线级别结构，如图 9-12 所示，并且标出了高低点。进入 2019 年，特别是春节以后，行情出现反转，一路上涨到 3288 点。其结构也在图中标出，包括高低点。所有的这些结构本身会制约 3288 点空间的形成过程，同样这些高点也会制约 3288 点形成对应时间过程。也就是说结构可以和时间进行换算，建立模型进行测算。这种测算过程相应来说还是需要一定时间的。3288. 45 是被 4567 形成的结构和 8910 形成的结构形成了结构时空约束，从而产生了下跌。

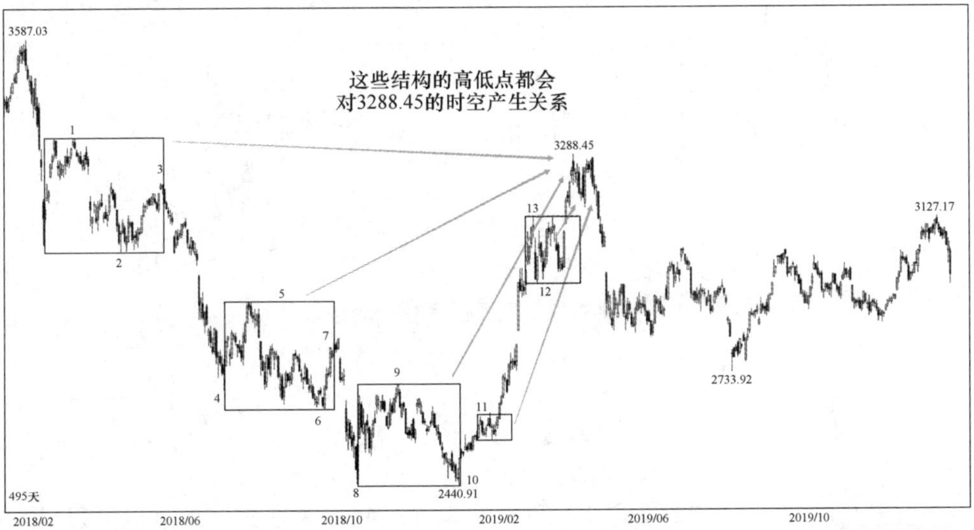

图 9-12 2018 年初~2019 年上证指数日线走势

扫一扫看更清楚

这里要特别做些说明和解释。单纯看图 9-12 来测算 3288 对应的结构时空点似乎有很多种可能性，例如图 9-12 中 1、2、3 高低点构成的结构可以对应一个结构时空，4、5、6、7 高低点构成的结构同样也可以对应一个结构时空，因此就是产生了到底哪个结构时空是实际走势过程中最后的一个？如果再加上结构通过转化后的几何对应高低点，那又增加些可能性，这似乎对投资没什么意义。其实不然，一个级别的多种可能性，但是要明白，不同级别相互之间是有关系的，低级别演绎出高级别，越是高级别结构越少，对应的可能性就越少，把 3 个级别立体起来综合分析，这种可能性大大降低，低到有时候就 2~3 种，甚至 1 种。但是不要忘记，仅仅就结构本身就可以形成一套买卖体系，加之结构时间关系的判断，这就相当于两条腿走路，从两个不同的侧面加以确认，最终极大概率就是 1~2 种可能性了，得到 1 种确认性结果概率极高。因此，不要有这种担心，只管大胆地去研究。这也印证了偶然中有必然哲学观点的正确性，事物矛盾性推进了事物的发展，就是如此。

图 9-13 是月线结构走势图，1、2、3、4 形成一个结构，这个结构则通过结构时空转换关系可以测算出 5 的大致结构时空点，一般来说，误差在正负一根 K 线。这种对应关系，作者通过国内外海量的走势图中验证过的。

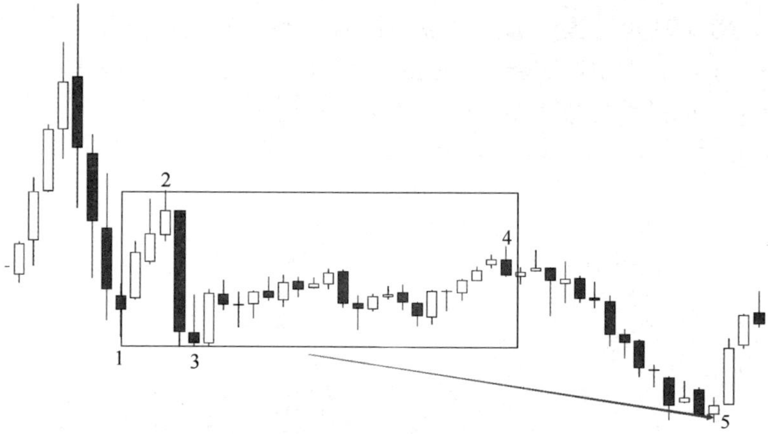

图 9-13　上证指数月线走势

9.3　级　　别

关于级别，一定要下个定义，即一个量在时间上的累积。不过也可以当成用不同倍数的显微镜观察一滴水，会看到不同的精细度，得到不一样的景象。其实，级别概念类似于高级低级、大小、规模等等概念，这是顺应股市里的叫法，沿用级别这一词。

所谓的最低级别，并不是无止境的细分，要根据实际问题需要进行合理划分。就如量子力学的量子概念，物理界不是想当然地认为无限连续的，其实严格起来应该是离散式的，只是大多数的时候人为的设计为连续函数，股票市场的交易同样如此。股票市场里，用最严格去定义，每笔的交易是最低级别的，连续三笔相同价位的交易，就构成最低级别的结构。因此，构建起始观测单位非常重要，因为这决定你后面所有逻辑推演过程，定理、定律制定过程，才会有整个交易体系或者技术体系的出现。如果有了最低级别走势结构，就有最低级别的盘整走势类型。如果有两个最低级别走势结构，就有最低级别的趋势走势类型。如果第二个结构比第一个结构高，那就是上涨走势类型，反之就是下跌走势类型。一般来说，假设依次存在着 $N(N>2)$ 个结构，只要依次保持着第 N 个结构比 $N-1$ 个高的状态，那么就是上涨走势类型的延续；依次保持着第 N 个结构比 $N-1$ 个低的状态，就是下跌走势类型的延续。显然，根据上面的定义，在最低级别的上涨里，只要也只有出现依次第 N 个结构不再高于，即等于或低于第 $N-1$ 个的状态，才可说这最低级别的上涨结束。最低级别下跌的情况与此相反。

上面用最低级别的结构把走势在最低级别上进行完全分类，而 3 个连续的最低级别走势类型之间，如果发生重叠关系，也就是 3 个最低级别走势类型所分别经过的价格区间有交集，那么就形成了高一级别的结构。这是数学上的严密递推关系推演，大自然界和人类创造的所有知识其实都是这种逻辑推演，随着时间推移，数量多了之后就逐渐走向复杂。有了结构定义，依照在上面的分类方法，同样可以在高级别上把走势进行完全的分类，而这个过程可以逐级上推。最终可以严格定义各级别的结构与走势类型而不涉及任何循环定义的问题。但如果按严格定义操作，必须从最低级别开始逐步确认其级别，太麻烦也没多大意义，所以可以直接采用 1 分钟、5 分钟、15 分钟、30 分钟、60 分钟，日、周、月、季、年的级别分类。

这里提供一套各个级别大体时间跨度，5 分钟级别时间跨度 1~3 天，30 分钟级别 1~2 周，小时级别 3~4 周，日线级别大体时间跨度是 1~2 个月，周线级别跨度至 6~12 个月，月线级别 1~3 年，季线级别 3~5，半年线级别 5~10 年。这里必须强调的是，这种时间跨度还是要结合具体结构级别，以及结构时空点级别综合判断，千万不要一根筋思维。

就像前面讲的，很多人经常频繁跨越不同级别进行大跨度操作，从纯理论的角度，操作级别越低，相应的效率越高，但实际操作级别是不可能随意低的，太低级别的基础上进行交易，人脑根本适应不了。投资者究竟按什么级别来分析、操作，和资金、投资理念、精力等都有关系。往往很多人不太习惯大级别操作，耐不住寂寞，手痒得不行，每天不交易一下，就感觉没干什么事情一样。但我还是建议你可以相应定好自己的操作级别，这样就可以按照相应的级别分析、操作，思维不容易混乱，也容易形成适合生物钟的交易习惯。

结构时空买卖点级别定理：大级别的结构时空买卖点必然是次级别及以下某一级别的结构时空买卖点。

图 9-14 和图 9-15 是上证指数 2018 年 12 月底~2019 年 1 月春节前的 5 分钟走势图进行案例说明。大级别是 2857 点开始的行情，是日线结构触发的日级别行情走势，图 9-14 中的 5 分钟结构行情是结构 1 触发，单单看截图得不到更多的信息。结构 2 和结构 3 可以组合成更大级别（比如 30 分钟级别）的结

构，其实从 30 分钟级别观察，结构 2 到结构 3 的上涨其实是 30 分钟级别走势，如图 9-16 的方框部分。结构 2 和结构 3 构成 30 分钟级别结构，约束了结构 4 持续上涨，形成较大回调 5 点位。从图 9-16 可以观察到这种结果，结构 4 同时也可以在图 9-16 3039 那个点位形成的结构约束；结合结构 4 到结构 5 的回调，其实就已经构成了日线结构，如图 9-17 中的结构 0。结构 6 扩展得比较久，形成了 30 分钟级别结构，就是为了积蓄能量冲破结构 0 的高点 3039。冲破之后持续往上涨，结构 7 一直到结构 30 其实受到了周线结构和日线结构双重制约，从图 9-17 和图 9-18 可以观察到。后续无法冲破这种大级别结构，出现较大幅度下跌，从 2020 年 1 月 29 日观察，后续调整幅度至少是日线级别，也可能演绎成周线级别调整。

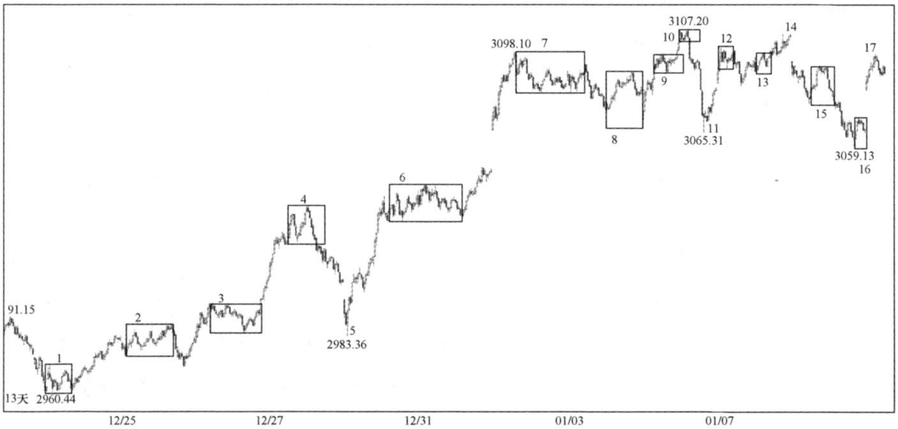

图 9-14　上证指数 5 分钟级别走势（一）

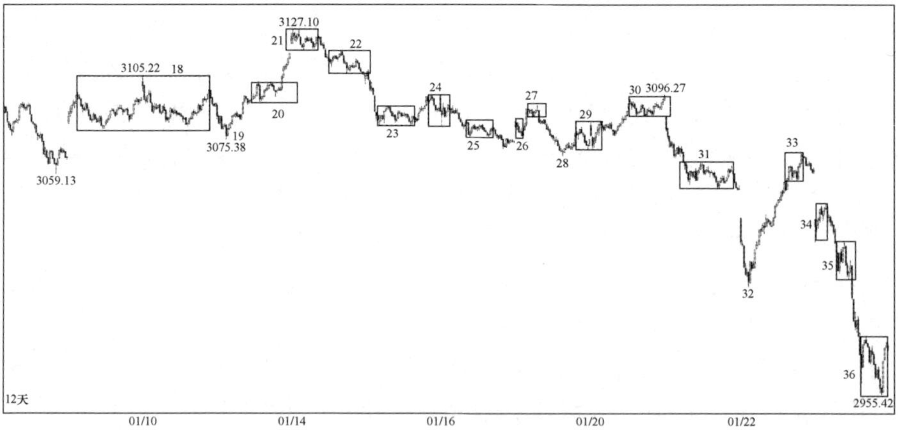

图 9-15　上证指数 5 分钟级别走势（二）

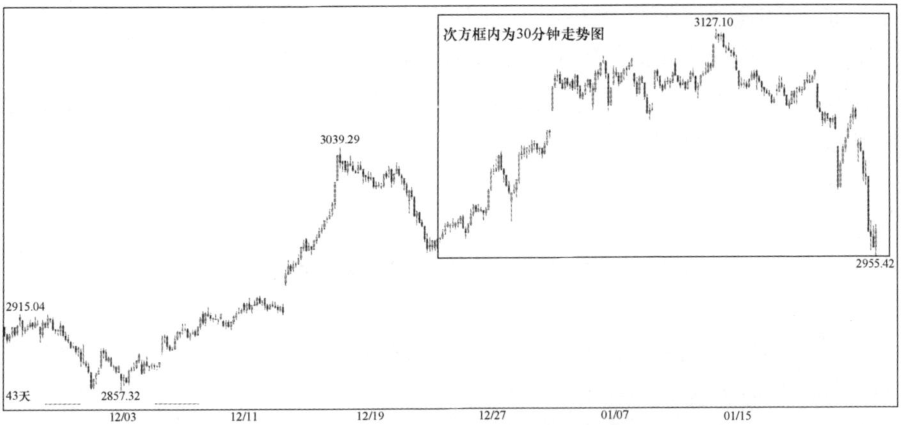

图 9-16 上证指数 30 分钟级别走势

图 9-17 上证指数日线级别走势

图 9-18 上证指数周线级别走势

通过上面案例实证性分析，会发现股指运行是有其内在自己规律的。即使在美国历史上遇到了1987年大崩溃的股灾，后面还是持续多年的上涨，就是因为美股股市从1982年开始上涨级别是年线级别。从未来几十年角度看，中国股市就相当于美股1982年前大级别盘整时期。当然，这有待于未来进行验证。

9.4 结构时空级别

结构时空理论三要素：结构、时空、级别。

结构时空理论数学思想：$P^e=f(P_{t-i},\ P_{t-i-1},\ P_{t-i-2},\ \cdots,\ P_{t-i-k})$，$(i\geqslant 0,\ k\geqslant 0)$。然后通过结构、时空和级别三要素对“$f$”进行系统构建，具体的体系如以下部分内容。这种思路过程已经完全不同于高校的研究路径，也不同于实操层面的指标体系或者一些所谓的技术。这种思路是基于交易价格“真实客观存在性”，不是虚无缥缈的一些纯粹概念、虚妄的人为捏造。同时把时间 t 引入，共同构建整个理论体系，这是到目前为止独特的理论重构，把结构时空理论看成类似“广义相对论”式的理论变革，其主因就是设计出了结构和时空之间的转换关系，并且很好地解释了资本市场的走势。

9.4.1 走势：上涨，下跌，盘整以及它们的组合

上涨：最近一个高点比前一高点高，且最近一个低点比前一低点高。

下跌：最近一个高点比前一高点低，且最近一个低点比前一低点低。

盘整：最近一个高点比前一高点高，且最近一个低点比前一低点低；或者最近一个高点比前一高点低，且最近一个低点比前一低点高。

其中的困难在于如何去把握高点和低点，因为高点、低点是有其级别的。上涨、下跌、盘整三种基本走势，有六种组合可能代表着三类不同的走势：

陷阱式：上涨+下跌；下跌+上涨。

反转式：上涨+盘整+下跌；下跌+盘整+上涨。

中继式：上涨+盘整+上涨；下跌+盘整+下跌。

其实这就是分类方法，把市场走势类型进行完全分类，直面当下走势结构，可以从中选取愿意操作的分类，就不会盲目买卖。比如上面六种最基本走势中，有买入价值的是：下跌+上涨、下跌+盘整+上涨、上涨+盘整+上涨三种。没有买入价值的是：上涨+下跌；上涨+盘整+下跌；下跌+盘整+下跌。这里比较关键的就是，要对走势的判断必须准确无误。比如下跌，必须判断下跌基本结束，否则买在下跌中续阶段，就会被套住。当然这是最粗浅的分类，但总比没有分类稀里糊涂地买卖要强得多。

9.4.2 走势级别：某级别形成的走势

走势级别就是指某级别的走势，比如日线级别走势，周线级别走势等。图 9-19 中结构 1、结构 2 就是一个日线级别下跌结构，也即是日线走势级别；只是结构 2，结构 3，结构 4 有重叠，这期就是前面说的已经拓展成更大级别结构，也即是图 9-20 结构 8 属于周线结构级别。图 9-20 中结构 8 和结构 9 的重叠，再次构建出更大级别——月线结构级别；只是这个月线级别结构相对较弱。图 9-20 中的结构 7、结构 8 构成周线结构级别下跌，也即是周线级别走势。这种层层嵌套式分析模式，可以把股票走势复杂性解析的一清二楚。

图 9-19 上证指数日线走势（一）

图 9-20 上证指数日线走势（二）

9.4.3 级别嵌套：不同级别相互关联的关系

级别嵌套是指不同级别之间的关系，日线级别与周线级别，周线级别与月线级别，月线级别与季线级别，季线级别与年线级别；当然也可以出现跨级别之间的关系。一般来说大级别制约小级别，小级别演绎出大级别。大小级别之间相互促进和制约，也会产生共振，带来的力度会很大。如图9-21结构1，一直到结构8的上涨周线级别走势，特别是其中的结构5扩展成了图9-22月线级别结构9，结构7也同样扩展成了月线级别结构11和图9-23季线级别结构13。

图9-21 上证指数周线走势

扫一扫看更清楚

图9-22 上证指数月线走势

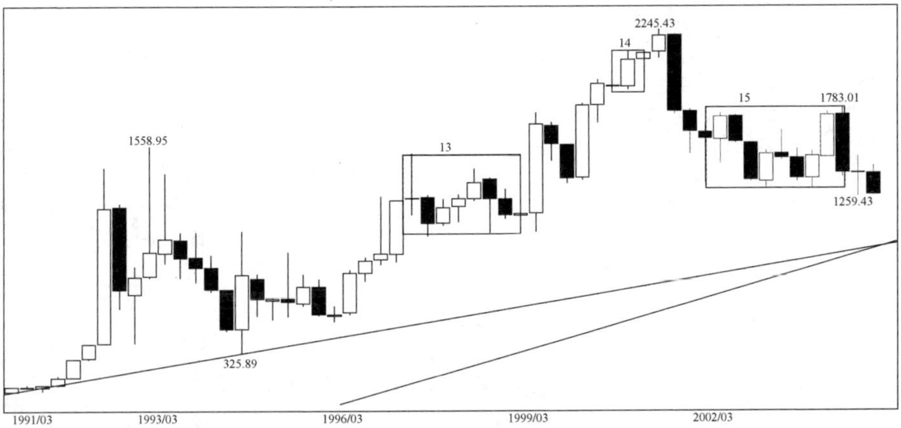

图 9-23 上证指数季线走势

9.4.4 结构时空转换关系：结构和时空之间的映射法则

结构时空转换关系是指结构与时空之间的数学模型，通过结构本身以及结构进行的几何刻画与时空之间产生的极值点的对应关系，这种关系体系多样性，但是通过多级别立体考察大幅度减少多样性，最终获得比较确认的对应关系，同时配合结构理论，可以达到最终的结构时空点。结构与时空之所以呈现出这种映射关系，一是人性行为本身的反应，二是大量参与者都是根据自身利益原则进行交易，这样可以形成一种稳定的结构或者趋势结构的关系。其实不管是天体还是人类经济社会现实，很多底层技术是相通的。

案例：图 9-24 中结构 1、结构 2、结构 3 的高低点和它们的对应的几何刻画都会对顶点 4 对应的时空产生映射关系，通过这种关系可以测算顶点 4 出现的大致时间。结构 1、结构 2、结构 3 都可以通过映射法则测算出动态的顶点 4，那么最终实际行情会是结构 1、结构 2、结构 3 对应的结构时空点中的哪个呢？可以通过不同级别结构的结构时空对应关系进行多样性排除，找到最佳的确定性结构时空关系。图 9-24 是周线级别，那么你还可以看日线级别和月线级别走势图，以及结构关系辅助给予判断，寻找到确定的结构时空点 4。

9.4.5 结构时空点：某级别的结构与时空对应起来的点

结构时空点是指结构与时空之间的对应关系，对应的就是极值点或者说是走势发生了转折点。这种对应关系既可以是结构与时空的对应关系，也可以是对结构进行几何刻画后与时空的对应关系。这个结构时空点在各个不同级别里的一个合理区域范围内。通过大级别结构时空点逐步往小级别结构时空点找到精准的区

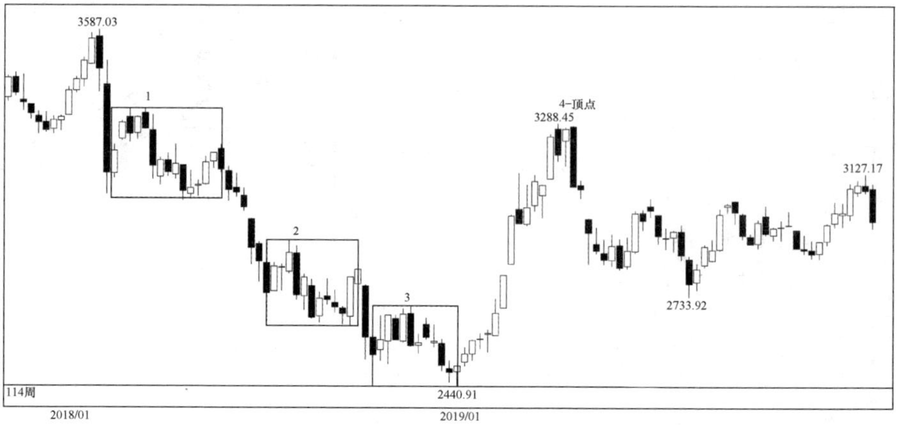

图 9-24 上证指数周线走势

间定位。还是运用图 9-24 加以说明，就是顶点 4 就是一个结构时空点，只是这是周线级别结构时空点。对应月线级别结构有月线级别的结构时空点，这里就不展开论述。

9.4.6 结构时空点级别：结构和时空对应起来之后级别性

结构时空点可以是日线、周线、月线、季线等级别结构与时空或者结构进行几何刻画后时空的对应关系，如果是日线结构上的，就是日线级别结构时空点；如果是周线结构上的，就是周线级别结构时空点；如果是月线结构上的，就是月线级别结构时空点；如果是季线结构上的，就是季线级别结构时空点。一般来说结构时空点级别对应的买（卖）关系，其后未来演绎过程对应的结构时空点卖（买）级别应该是同等级别。只有比较少的情况级别不是同级别的，如果出现，大多数是遇到了特别重大突发事件。也就说一出生它的级别就定好了，是由于前期结构的级别产生对应的结构时空点的级别。

9.4.7 结构时空理论相关概念介绍

（1）结构时空盘整：在任何级别的任何走势中，某级别完成的走势类型只包含一个结构，就称为该级别的盘整。

（2）结构时空趋势：在任何级别的任何走势中，某级别完成的走势类型至少包含两个以上依次同向的结构，就称为该级别的趋势。该方向向上就称为上涨，向下就称为下跌。

盘整和趋势的走势类型是所有标的现实客观存在，如果用 K 线来刻画事物发展，都可以通过盘整和趋势对所有事物进行分类刻画。图 9-25 就是一个典型的结构时空趋势，属于下跌趋势。结构 1 和结构 2 没有重叠，结构 2 和结构 3 有重叠，按日线级别属于下跌，结构 3 低点更低，高点没有超过结构 2 的高点。结构 1、结构 2、结构 3 等都可以单独地看成一个盘整，可以用 30 分钟级别对这盘整走势进行分解。其实打开一个指数走势图，就能立刻分辨结构时空趋势和盘整。根本不需要去画结构和顶底分型，但是对于初学者还是画画更好，能比较快地熟练本理论体系。

图 9-25 上证指数日线级别走势

扫一扫看更清楚

（3）结构时空走势分解定理一：任何级别的任何走势，都可以分解成同级别“盘整”“下跌”与“上涨”三种走势类型的连接。

（4）结构时空走势分解定理二：任何级别的任何走势类型，都至少由三段以上次级别走势类型构成。

通过图 9-26 做些实例说明。比如图 9-26 中的结构 8—结构 14 都在一个周线级别结构里，你可以看成周线级别结构时空盘整。结构时空趋势：结构 1—结构 7 就属于上涨趋势，也即是日线级别结构时空上升趋势。走势完美就是结构 1—结构 7 属于日线级别结构时空上涨趋势，结构 8—结构 16 都属于周线级别结构时空盘整，也许在未来会体现出周线级别下跌趋势，至少目前还没出现。

在图 9-26 里的 0 方框里，可以看到部分日线级别上涨趋势和下跌趋势，在图 9-27 对应的 A 方框里就是一个盘整，而且盘整还在延续拓展。这就体现了高级别的走势类型都可以分解成三段以上次级别的走势类型链接。虽然这是一个结论，但真正在结构时空理论里，并不在意这种关系，只注重本级别结构和不同级别结构的嵌套，以及所有结构的高低点对应的结构时空点及结构时空点的级别。

结构时空理论其实有点大智若愚的感觉，只注重某级别结构本身，并不在意结构形成过程和过细的细节。很多初学者对形成结构思维和分解走势是比较困难，需要一个替代思维方式的过程，建议花一两年时间坚持画画结构。从 5 分钟、30 分钟、日线、周线、月线、季线等级别逐级画画结构，先把结构思维打好基础，再去研究结构时空的对应关系和数学模型。从分钟级别开始画，就是体会股票走势怎么衍生出来的，可以清晰的看到演变过程，知道事物随着时间的迭代会变得越来越复杂，但是随着时间积累到一定程度又会发现事物的规律非常简单，而且非常完美。

图 9-26 上证指数日线级别走势

扫一扫看更清楚

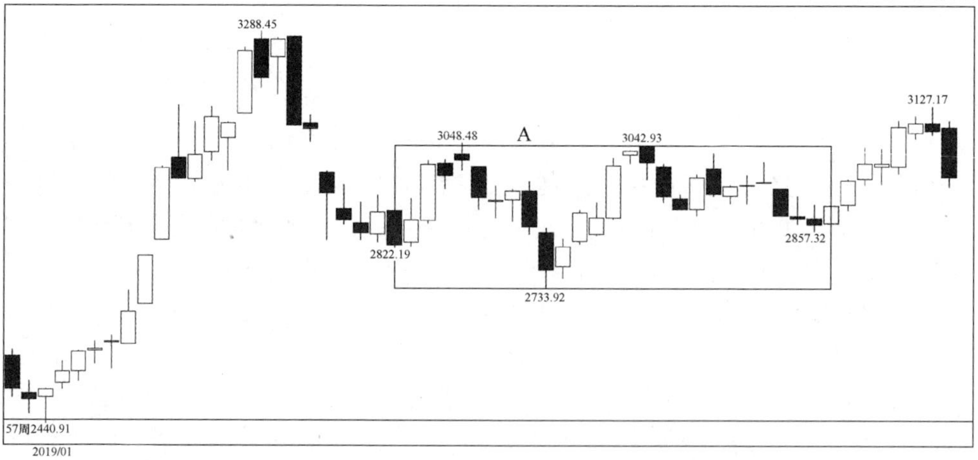

图 9-27 上证指数周线级别走势

只要经历过严谨的科学思维范式训练，就能由上面的原理和定理，按照一定方式方法严格地给出具体操作模式，因为这原理和定理是可以依赖的最重要的基础。任何类型的走势完成都会转化为其他类型的走势；比如下跌的走势来说，一旦完成，其后就只能转化为上涨或者盘整；因此，只要把握下跌走势转化的关键节点，就可以顺顺利利进行买入操作，这样就在市场中占据了一个非常有利的位置，这个买入点就是某级别的结构时空点。股市运动的最真实客观基础就是无论趋势还是盘整，在图形上终究都要完成。由于上涨和盘整必然要在实际走势中完成，那么上涨和盘整在实际走势中的要求，就是必须包含 3 个及以上的次级别实际走势，故此后面必须还至少有一个向上的次级别实际走势运动，因此这里的买点是绝对安全的，其安全性由走势的“不患”而保证。这是走势里客观存在的是必须发生的。就像人的呼吸，客观实在，只是自己平时都没在意。买点的情况说了，卖点的情况反之亦然。

原理一“任何级别的任何走势类型终要完成”，看似这最简单的话，结构时空理论哲学和灵魂都在此，也是包含着技术分析最基本的东西。但这里存在一个最基本问题，就是一个走势类型是否完成还是延续，这是技术分析里最核心的问题之一也是最大的难点。假如知道“下跌”即将结束，就必然知道随后要面对的是“盘整”与“上涨”。但这里最大的也是唯一的难点在于“走势类型的延伸”，它可以连绵不断，很多人在大熊市里往往买在半山腰，或者在大牛市里卖在半山坡上，都是源于这个走势类型的延伸。例如一个盘整，按照技术最低标准 3 个重叠的连续次级别走势类型后，盘整就可以随时完成；也就是说，只要 3 个重叠的连续次级别走势类型走出来后，盘整走势类型随时结束都是完美的，但难点在于它也可以不结束，连绵不断地延伸下去，震荡个 2~3 年也是存在的。这种不断围绕结构上上下下地延伸下去直到无穷都是可以的，这非常折磨人的性子。同理，面对趋势走势类型，形成两个依次同向的走势结构，任何趋势都可以随时结束而完美，但也可以不断地延伸下去，形成更多的结构。

（5）结构定理一：在趋势中，连接两个同级别结构的必然是次级别及以下级别的走势类型；维持结构的一个充分必要条件就是任何一个离开该结构的走势类型都必须是次级别及以下的并以次级别及以下的走势类型返回。

（6）结构定理二：在盘整中，无论是离开还是返回结构的走势类型必然是次级别及以下的。

某级别结构的破坏，当且仅当一个次级别走势离开该结构后，其后的次级别回抽走势不重新回到该结构内。而站在实操层面，其中走势类型最具破坏力的就是趋势+盘整。例如在上涨中，如果一个次级别走势向上突破后以一个盘整走势进行整理回抽，那其后的上涨往往比较有力，假使这种突破是发生在底部区间，那你就介入到了最佳机会。

图 9-28 所示为 30 分钟级别走势图，图 9-29 所示为 5 分钟级别走势图。链接

30 分钟级别结构 18 和结构 19 的次级别走势类型就是结构 1 和结构 2 更低级别下跌以及结构 2（盘整）到结构 3 更低级别走势，或者说是结构 1、结构 2、结构 3、构成 5 分钟级别下跌走势链接了 30 分钟级别的结构 18 和结构 19。另外在 30 分钟级别盘整结构 19 里，离开这个结构 19，是次级别的结构 8、结构 9、结构 10 构成的 5 分钟级别下跌走势，而返回 30 分钟级别的结构 19，则是顶点 11、结构 12、结构 13 和结构 14 构成 5 分钟级别上涨趋势完成的，只是最终还是没能站稳结构 19 里面罢了。

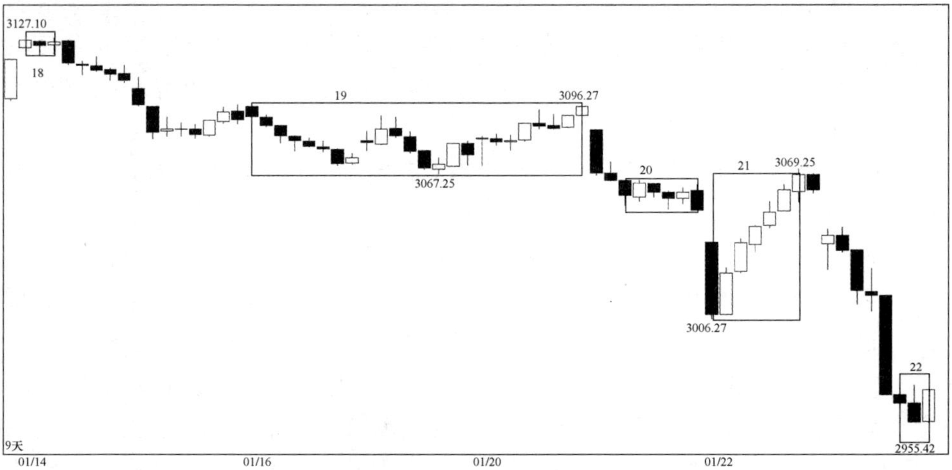

图 9-28 上证指数 30 分钟级别走势

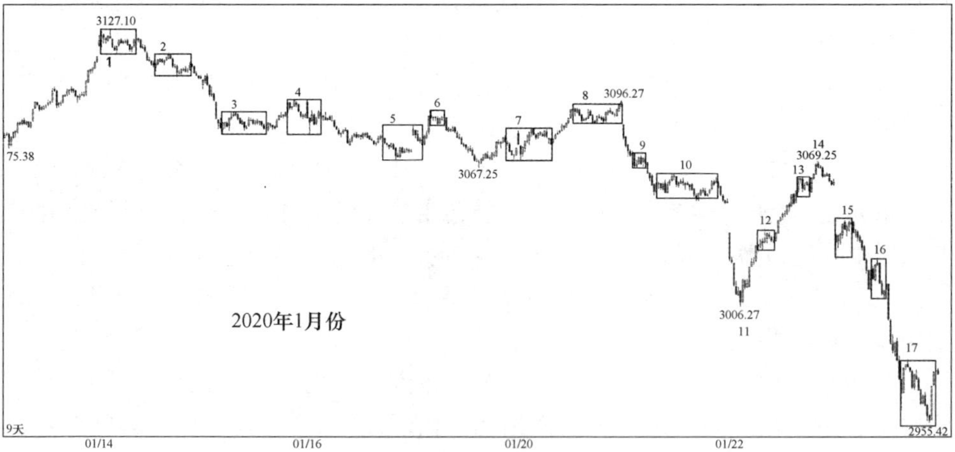

图 9-29 上证指数 5 分钟级别走势

这其实就是对结构与结构之间细分解，这个方面在《缠论》里讲解的非常仔细，建议大家去找本《缠论》看看，但要说明的是，结构时空理论不太在乎这个，这个在分析的时候根本不看，只是为了把理论体系做的更加完整。

其实投资有时候大智若愚点最好，不要太纠结于细节。比如有些人想买入某只股票，就是纠结在一两分钱价格上，不用如此在意那几分钱的价格差异。卖也是如此。真要是大灾难来了，能卖出去就是高手，2015 年许多投资者应该体会到了流动性带来的巨大风险。因此，在技术体系把握周线级别的价格趋势方向就可以了，当然如果精力旺盛，能做到日线级别的买卖，那是特别高效的。但是作者认为，那是消耗自己的生命去博弈一些日线级别短差益，是不值得追求的。生命是用来享受的，而不是用来消耗的。这决定了投资者的修为和禅定功力。

（7）走势级别延续定理一：在更大级别结构产生前，该级别走势类型将延续。

（8）走势级别延续定理二：更大级别结构产生，当且仅当围绕连续两个同级别结构产生重叠（图 9-30）。

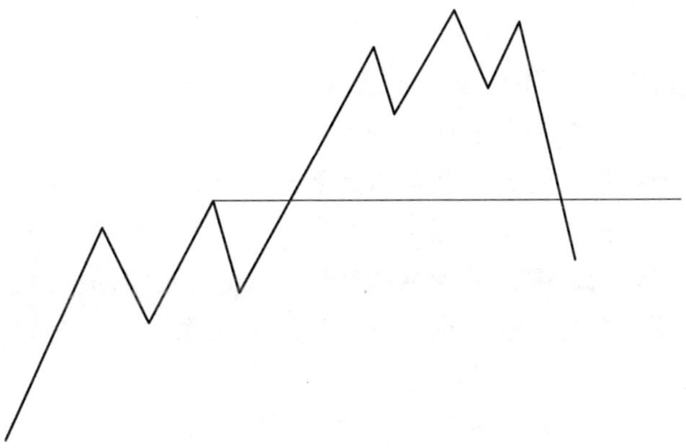

图 9-30 走势级别扩展

这两个定理对大多数初学者是非常难理解的，没有几年工夫根本理解不透彻，下面还是运用实例辅助说明，方便大家理解。在图 9-31 中，在更大级别结构产生之前，从顶点 4 到结构 5 至结构 7 的过程中，一直都是 5 分钟级别走势过程，但是随着底点 9 出现，才发了结构级别扩展 30 分钟级别的结构。这种扩展随着后市行情不断演化，时间长了以后，就会让人头皮发麻，根本没足够的精力分析；因此就必须利用 30 分钟级别观察市场走势，随着 30 分钟级别演变成日线级别就要换成日线级别观察股市，以此类推。

在实际走势中的任何一个点，都必然面临两种可能的方向选择：实际走势类型的延续或转折。对于第一种延续的情况，那么实际走势就只能产生的是在一个上升的过程中，否则就不是所谓的延续了；而对于实际走势上升的延续中产生的买点，则必然在前面存在着一个结构。对于第二种转折情况，则被转折的前一段

图 9-31 上证指数 5 分钟级别走势

实际走势类型就只能是下跌与盘整走势类型，然而无论的下跌还是盘整走势类型，买点之前都必然存在一个走势结构。综上所述，无论前面的走势类型是什么情况，都唯一存在着对应的一个结构后走势的延续或转折，这种实际走势分析过程对卖点同样有效。所有买卖点都必然对应着与该级别最靠近的一个各个级别的结构有关系。对于买点来说，某级别结构下产生的必然对应着转折，结构上产生的必然对应着延续。因此走势结构有三种情况：延续、扩张与新生。这是多么现实的写照。

(9) 结构时空买卖点定律：任何级别的结构时空点都由某级别相应走势的结构时空点对应。

(10) 结构时空趋势转折定律：任何级别的上涨转折都是由某级别的结构时空点产生；任何的下跌转折都是由某级别的结构时空点产生。

要特别注意这里的某级别不一定是次级别，不一定是连续级别之间，也可能是跨级别的情况，一般而言就是不同级别同时出现结构时空点，大概率出现不同级别的同步共振，所以这里只说是某级别，这种情况出现带来的力度是很大的。本理论的结构时空点就是买卖点，在脱离大级别的结构的结构时空点，往往会产生较大跌幅。这里通常建议选取 3 个不同级别同时进行分析股指走势，不同的级别会产生本级别的结构时空点，通过 3 个级别的结构时空点，综合立体观察股指运行规律。比如选取日线周线月线 3 个级别，或者想快速点的话，可以考虑选取 5 分钟、30 分钟和日线三个级别。如果参与投资级别是周线和月线级别，但同时观察日线、周线、月线和季线 4 个级别。一般来说，分钟级别的调整甚至日线级别的调整都会不进行任何操作。

下面对上面两个定理进行实例说明。结构时空买卖点定律就如图 9-32 中的结构 1、顶点 2、结构 3 等通过结构时空转换关系发现结构 4 低点结构时空点，这个结构时空点属于周线级别，从而进行买入策略。同理结构 4，结构 5，结构 5-1、结构 6 等通过结构时空转换关系发现顶点 7 的结构时空点，同样属于周线级别结构时空点；其实它也会属于月线级别的结构时空点，这个必须通过月线级别结构进行换算。第三依据结构 4、结构 5-1、结构 8、结构 9 等通过结构时空转换关系发现结构 10 的结构时空点，该结构时空点的级别属于周线，当然，结构 10 的结构时空点的级别也属于月线级别结构时空点。所以，能看到 2019 年上半年的行情是火爆的。结构 9 和结构 10 可以通过结构时空转换关系发现结构时空点，即顶点 11，此结构时空点的级别是周线级别。

通过上面分析，同理也可以发现，结构 4 到顶点 7 的上涨趋势同样是被周线级别的结构时空点发生了趋势转折，顶点 7 到结构 10 的周线级别下跌趋势的转折，同样也是被周线级别结构和月线级别结构共同对应的结构时空点后发生了转折。同理，顶点 11 也如此，就不一一表述了。

要侧重理解结构与极值点（高低点）相互约束的动态转化过程，而且还要注意级别嵌套带来的不同级别的极值点的制约问题。这将有利于理解结构时空之间的关系。

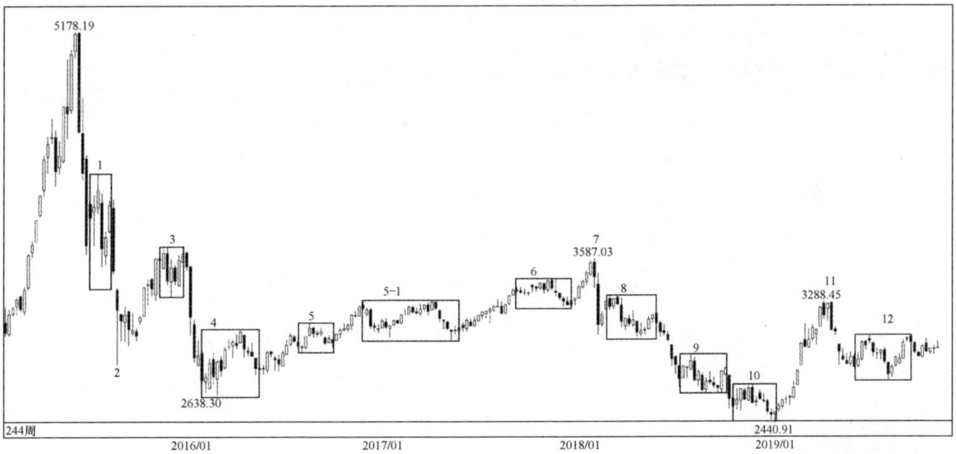

图 9-32 上证指数周线级别走势

扫一扫看更清楚

（11）背驰—买卖点定理：任一级别背驰都必然制造某级别的结构时空点，任一级别的结构时空点都必然源自某级别走势的背驰。背驰的力度和级别有很大关系及它们之间的判定，后面会着重介绍 MACD 方法。在一个结构时空盘整走势里产生的背驰，那不会是真正意义上的背驰，只能算是盘整背驰。盘整背驰最好出现在大级别结构里，至少是周线级别及以上，才有现实操作意义。

（12）大转折点寻找程序定理：某大级别的转折点，可以通过不同级别背驰段的逐级收缩范围确定。这个理解有相当难度，需要极强的实战经验，才能比较准确的把握。简言之，某大级别的转折点，先找到其背驰段，然后在次级别图里找出相应背驰段在次级别里的背驰段，将该过程反复进行下去，直到最低级别，相应的转折点就在该级别背驰段确定的范围内。这其实就是不同级别嵌套的使用。但这里要注意的是，必须先定好自己的操作级别。

（13）背驰—转折定理：某级别趋势的背驰将导致该趋势最后一个结构的级别扩展、该级别更大级别的盘整或该级别以上级别的反趋势。这包括三种现实走势分类：一是该趋势最后一个结构的级别扩展，二是该级别更大级别的盘整，三是该级别以上级别的反趋势；这完全分类了某级别背驰后的级别与力度。这种转折通常会对应着某个级别的结构时空点或者多个级别的结构时空点。

（14）小背驰—大转折定理：小级别顶背驰引发大级别向下的必要条件是该级别走势的最后一个次级别结构出现结构时空点；小级别底背驰引发大级别向上的必要条件是该级别走势的最后一个次级别结构出现结构时空点。

其实这部分内容可以与后面的MACD结合起来学习和研究。MACD是很好的一种判断背驰的辅助工具。结构时空理论不涉及转折力度大小，只是级别大小含有力度大小。因此一般参考MACD和级别共同进行研判转折力度，大部分是依靠级别大小进行判定。在图9-33中3288点属于典型背驰然后引发的转折，可以参考后面的MACD部分内容。重点讲解图9-34，A趋势、B趋势和C趋势一次比一次力度弱，产生连续背驰段，最终转折发生在C趋势的末端。要注意的既是背驰段的对比必须是结构的前后两段趋势进行对比，否则就没太大意义。趋势D、趋势E和趋势F也类似连续的背驰段，只是E和F是一个盘整背驰，看MACD绿柱即可。像C趋势产生的背驰属于周线级别，确发生了月线级别下跌，这就是小级别引发的大级别转折。甚至有时候会出现日线级别的背驰，引发月线级别转折情况出现。这种机会的把握要充分利用结构的思维，不断积累经验，命中率会大大提升。

（15）结构时空技术分析基本原理一：任何级别的任何走势类型终要完成。简而言之就是“走势终完美”，结构时空对应的走势必须完成；结构完美，走势就完美，趋势就完美。

（16）结构时空技术分析基本原理二：任何级别任何完成的走势类型，必然包含一个以上的结构。

这两个技术分析基本原理特别重要，是深刻理解结构时空理论非常重要的一个方面。本原理反映了非常深刻的哲学观和“客观存在”的方法论基础。也即是任何投资标的都必须拥有走势类型，根本不存在没有走势类型的投资标

图 9-33　上证指数日线级别走势

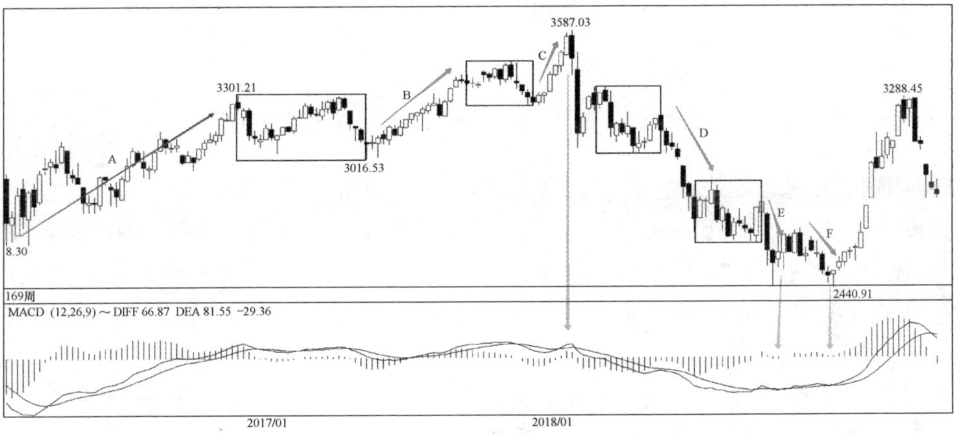

图 9-34　上证指数周线级别走势

的，这就像人要活着就必须吃饭这种习以为常的现实。也像世界万事万物都有生老病死的过程，这是宇宙规律、大自然的法则。因此说，这个原理就是客观事实。

图 9-35 中的顶点 1 到结构 4 过程，是一个季线级别下跌走势，结构 2 属于月线级别盘整，周线级别盘整的延伸。结构 4 对应结构时空点属于季线级别，从 1783 点下跌开始经历下跌趋势 B、结构 3（属于月线级别结构）和下跌趋势 C，随后形成了结构 4，这个结构 4 的结构时空点对应结构是结构 2，从而构建非常完美的走势类型。结构完美，走势就完美，趋势也完美。在结构 4 之后开启了 6124 顶点的超级大牛市，就是因为结构 4 的结构时空点属于季线级别，带来的上

涨力度属于季线级别，力度是空前的。另外，对于顶点 1，也是属于季线级别的结构时空点，因此，顶点 1 之后的下跌也是季线级别，带来灾难也是空前绝后的，产生的调整时间长达 4 年之久，这段时间里也发生了历史上有名的股改——“G 改”。

图 9-35 上证指数周线级别走势

扫一扫看更清楚

任何级别的走势都可以进行实际性分解，都能分解成趋势与盘整走势类型，而趋势又分为上涨与下跌两类走势。这个分解是从无数图形的分析实践中总结出来的，并不是凭空瞎想、随意猜测的。这个原理是非常重要的，它根植于实践，并从实践中总结出来的。把很难实用的、静态的“所有级别的走势都能分解成趋势与盘整走势类型”，转化成可以实用的、动态的“走势类型终要完成”。这其实就是说：“所有级别的走势都能分解成趋势与盘整走势类型”是“不患”的，是无位次的，而“走势类型终要完成”的“走势终完美”以“所有级别的走势都能分解成趋势与盘整走势类型”的无位次而位次之，而“患”之，并且每个转折点都对应着某级别的结构时空点。

“走势终完美”是高度哲学的一句话，寓意非常深远，也是对现实最佳写照。在股市中，这句话有两个不可分割的方面：一方面，任何走势，无论是趋势还是盘整走势类型，在图形上最终都要完成。另一方面，一旦某种类型的走势完成以后，就会转化为其他类型的走势，这就是“不患”而有其位次。这两点非常清晰地表述了这句话背后的哲学含义。在技术分析里，不同的位次构成不同的走势类型，各种位次以无位次而位次。而如何在不同位次之间灵活运动，是实际操作中最困难的部分，因为所有的事物发展都是动态的，这也是技术分析最核心的问题之一。要观察盘整或者趋势是否结束，关键看各个级别时空对应点的协调性，综合判断。

9.5 异同移动平均线（MACD）

这里首先要强调的是 MACD 不是技术，只是指标。只是简单把 K 线图做了简单数学计算，DIF：EMA（CLOSE，SHORT）-EMA（CLOSE，LONG）；DEA：EMA（DIF，MID）；MACD：（DIF-DEA）×2，COLORSTICK；其中 SHORT，LONG，MID 是参数值，一般系统自带设置为（12，26，9）。这是本书作者唯一参考的一个指标，觉得有良好的辅助作用。这里详细讲解下它的用法。

背驰—买卖点定理：任一背驰都必然制造某级别的结构时空点，任一级别的结构时空点都必然源自某级别走势的背驰。用 MACD 判断背驰，首先要有两段同向的趋势走势。同向趋势走势之间一定有一个盘整或反向趋势连接，把这三段分别称为 A、B、C 段，如图 9-36 所示。这里要注意，B 的结构级别比 A、C 里的结构级别都要大，否则 A、B、C 就连成一个大的趋势或大的结构了。用 MACD 判断背驰的前提是，A、B、C 段在一个大的趋势里，其中 A 之前已经有一个结构，而 B 是这个大趋势的另一个结构，这个结构一般而言会把 MACD 的黄白线（也就是 DIFF 和 DEA）回拉到 0 轴附近。而 C 段的走势类型完成时对应的 MACD 柱子面积（向上的看红柱子，向下看绿柱子）比 A 段对应的面积要小，这时候就构成标准的背驰。必须说明的是，由于 MACD 本身的局限性，要精确地判断背驰与盘整背驰，还是要从结构本身出发。从图 9-36 结构 B 是周线级别结构，结构 D 也是周线级别结构。C 部分比 A 部分下跌动力还要大，其实看对应的绿柱子就能大体知道。直到 F 部分绿柱子才明显减少，进入底部区域。

图 9-36 上证指数日线级别走势

9.5.1　零轴上第一个金叉

条件：放量、K 线突破前高、金叉位置离零轴不能太远。对金叉的选择（当 DIF 线上穿 DEA 线时，这种技术形态称为 MACD 金叉，通常为买入信号），放量突破箱体，贴近零轴更好，符合热点为佳品。其实有时候通过盘整把 DIFF 和 DEA 拉近零轴附近，再次产生金叉也是可以的，如图 9-37 所示，这次行情有两次 MACD 发出信号的交易机会，把握好 MACD 战法同样可以获得很好的交易策略。只不过需要投资者熟练这里的买卖模式和积累经验，以增加判断的准确性。

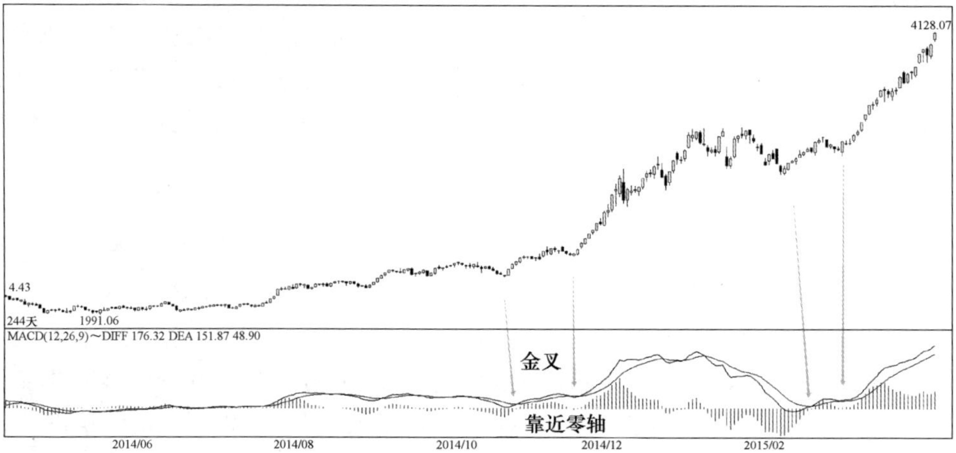

图 9-37　上证指数日线级别走势

9.5.2　MACD 和均线系统

MACD 其实是对均线系统进行再次数学建模，挖掘更深的信号，也就是改良了的均线系统。DIF 可以近似认为是 12 日线，DEA 可以近似认为是 26 日线，零轴可以近似认为是 60 日线。零轴在 MACD 中很重要，占有很重要的地位，是多空分界线。相对应的，60 日线在 K 线图上也是短线牛熊分界线，图 9-38 和图 9-39中一目了然。投资股票要建立起这种大的格局观。因而，在选择股票的时候，要尽量选择 60 日线已经走平或者翘头向上的股票下，所有均线呈多头排列。越是贴近零轴，越是有爆发力。在几千个指标里，作者唯独看重 MACD，可见对它的重视。当然，MACD 可能也更适合作者的操作模式和操作级别。

9.5.3　零轴的威力

零轴是股市走势的多空分界线，这个原则在 MACD 系统中显得很重要，在操

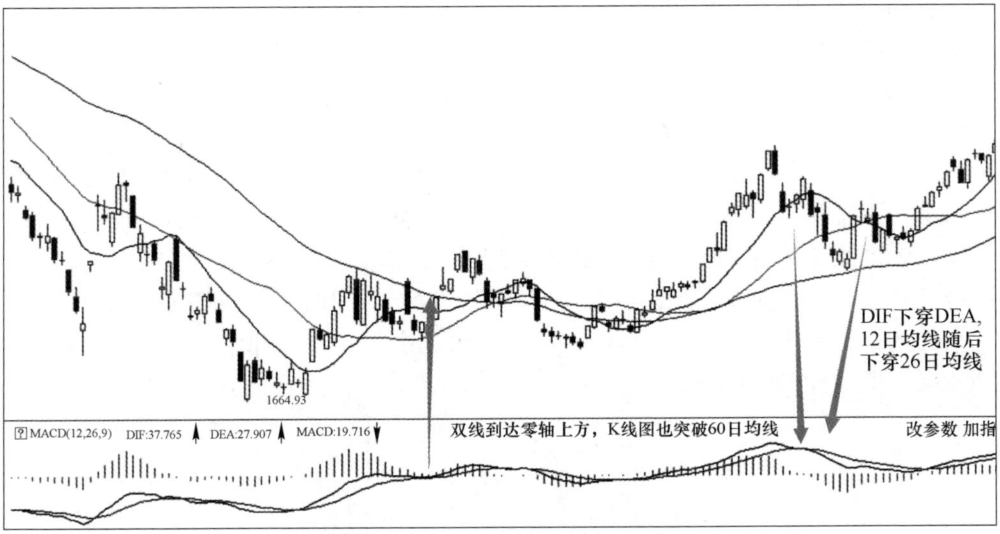

图 9-38 上证指数日线级别走势

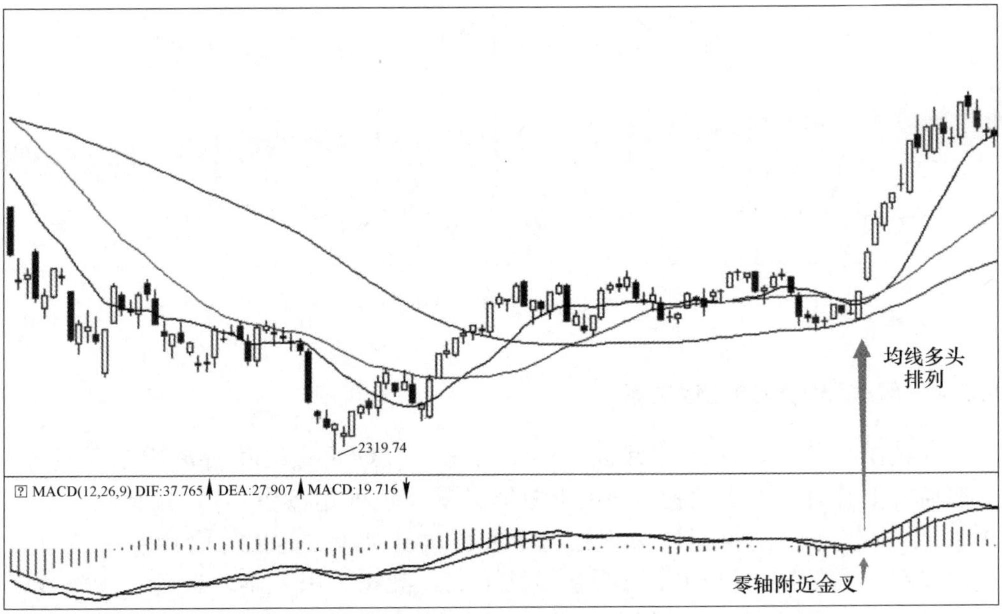

图 9-39 上证指数日线级别走势

作级别里，一旦进入了牛熊区域，就要启动相对应的操作程序。一般可以认为：如果 DIF 和 DEA 双线在零轴上基本可以认为是多头行情，反之则空头。因此，零轴也即是大盘变盘点的一个重要参考依据。现实的经验是：不管是上涨还是下跌，不管是哪个级别（即大小周期），5 分钟、30 分钟、日线、周线、月线、季线等级别，大的行情的爆发基本都是从零轴附近开始。DIF 和 DEA 双线在零轴附近最容易爆发行情，当然零轴上下都可以，但是越贴近零轴越好，如果有成交量配合最佳，务必记住这大行情爆发的特征。就理论上而言，MACD 的 DIF 和 DEA 双线可以无限升高或无限拉低，由于 MACD 计算的方法限制，事实上是不可能无限升高和拉低的，DIF 和 DEA 两条线总是围绕着零轴上下波动。但是每次变盘位置都是在零轴附近发生，往往力度非常大，这点必须要引起高度重视。在均线系统里，体现出来的就是 *K* 线上穿 60 日线或下穿 60 日线，也就是在零轴上方第一次金叉就是股价突破 60 日线后回踩 60 日线时刻，同时配合回踩途中成交量缩小，大的机遇就来了，如图 9-40 所示。放量的那天产生的股价最低点基本上就是未来一段时间的支撑点。

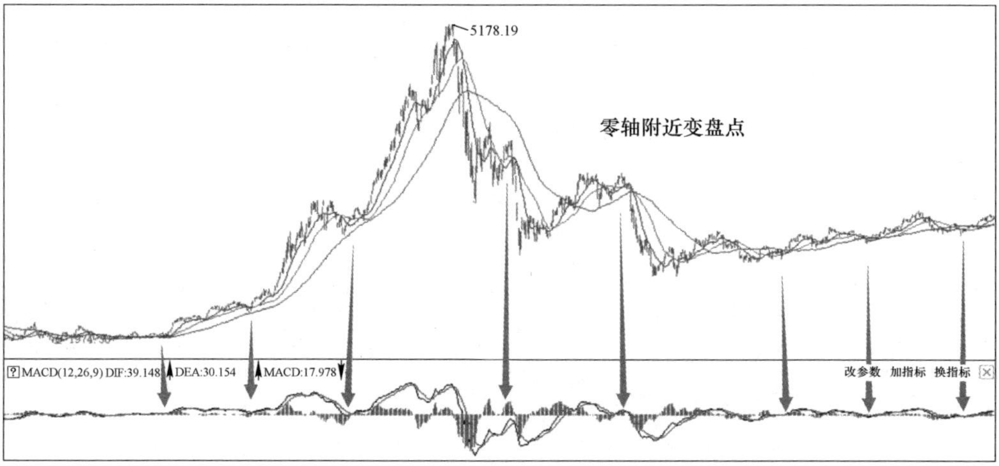

图 9-40　上证指数日线级别走势

9.5.4　双线和零轴的远近关系

MACD 的 DIF 和 DEA 双线在零轴下方金叉，如果金叉位置离零轴比较远，一般而言上升力度基本没有，会走出矩形震荡（也即是盘整了）。只有当 DIF 和 DEA 双线在零轴下，并且距离很近的地方再次金叉上，这时才会产生一波有力度的涨幅。然后 DIF 和 DEA 双线在零轴上高位死叉，离零轴比较远，下跌力度基本没有，也成矩形震荡。等 DIF 和 DEA 双线到了零轴再次金叉，一般来说力度比较大。幅度多大则需要跟踪观察。同样前面可以看到 DIF 和 DEA 双线在零轴附近死叉下跌，力度比较大。

需要说明的是：MACD 和 DIF 和 DEA 双线等指标不是万能的，不是对每一只股都适用的！如果一个指标能有 80%成功率，那是非常高的概率了。当一个股票 MACD 的 DIF 和 DEA 双线从 0 轴下二次金叉往上攻，突破 0 轴后回抽 0 轴，放量突破可跟。然后K线形态最好在回抽阶段是横盘整理。回抽有两种方式：一是横盘整理，二是股价和指标同步，都下跌。这里要关心的核心问题就是：爆发力横盘的股票比较大，要找就找此类票。指标是死的，人是活的。变则通，通则变。大家需要多加练习，勤于练习，熟能生巧（图9-41）。

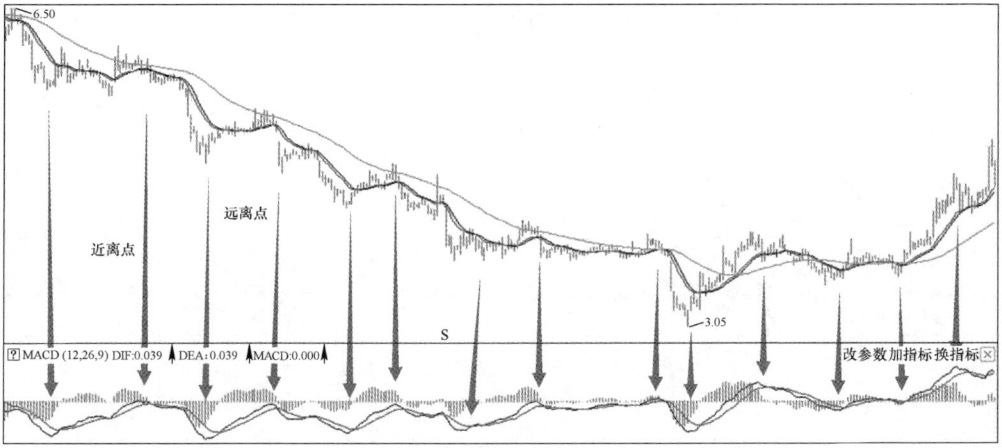

图9-41 上证指数日线级别走势

当MACD的DIF和DEA双线从远离零轴的高位死叉下来，一般来说，当产生第4~5根绿柱的时候，同时K线走出下跌抵抗性的K线，那么就是抢反弹的好时机，这需要有非常丰富的实战经验，及形态学相关知识做补充。当然也可以出现在第六根绿柱时候，或者有些牛股会在第二根就结束调整。如果第二根绿柱产生下跌抵抗形K线，也就是良好介入点位，这里必须强调你的操作级别是比较小的时候，如果操作级别比较大就不必操作。最好建立股票池，长期跟踪一些股票，并且注意观察股票的个性。综上所述：若个股在3~5天内完成，DIF和DEA双线死叉到金叉的一个轮回，次股后市看好。不要忽略最简单的方法，最简单的其实就是最实用的。原理：当DIF和DEA双线长期在零轴上游走，某天DIF从空中下探到零轴，DIF值从正值变为负值的2~3天的低点，是良好的买点。MACD的精髓在于趋势，不在背离。趋势者，势也。学会看大趋势者赚大钱。

其实MACD买卖点最好的参照就是背离。背离简单地说就是价格和指标之间产生了不同的走势方向。价格创出了新高，而指标却没新高，而出现了下降；或者价格下降，但是指标却上升了，走出了相反的走势，没有达到指标和价格的同步。这就是指标的背离。因此可以给背离下一个定义：趋势在同方向延续，但强度已经减弱。指标背离的现象：价格创新高，指标不创新高（顶背离）；价格创新低，指标不创新低（底背离）（图9-42）。

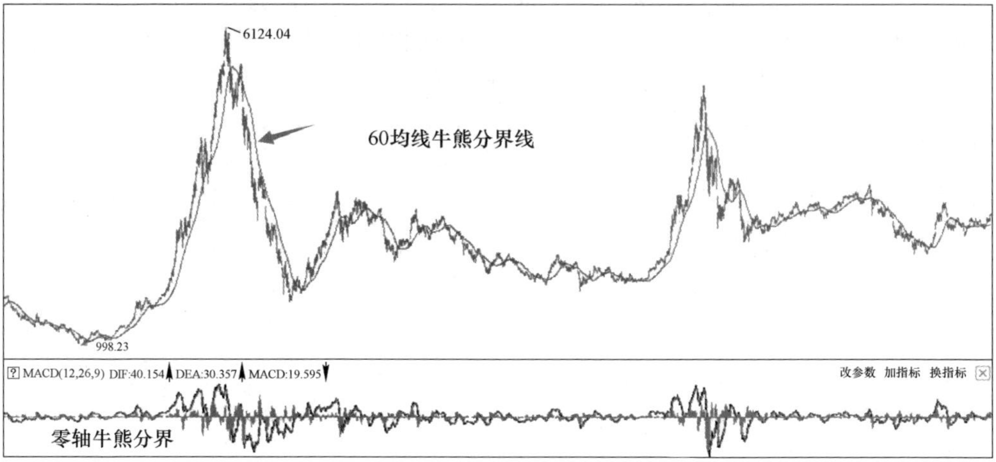

图 9-42 上证指数日线级别走势

9.5.5 大小周期关系之初体验

原则：小级别服从大级别。表现：大级别上升通道，则小级别每次回档是加仓机会，大级别是下降通道，则小级别每次反弹是离场机会，适用与任何级别。

图 9-43 所示是周线级别，图 9-44 所示是日线级别，日线的每一次回调都是加仓机遇，可以利用前面介绍的 MACD 的 DIF 和 DEA 双线零轴附近金叉买入法。

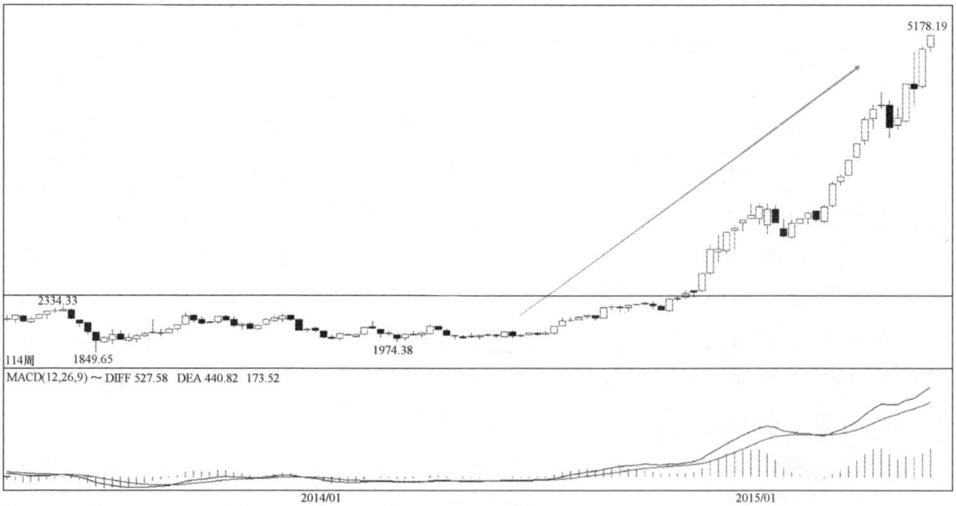

图 9-43 上证指数周线级别走势

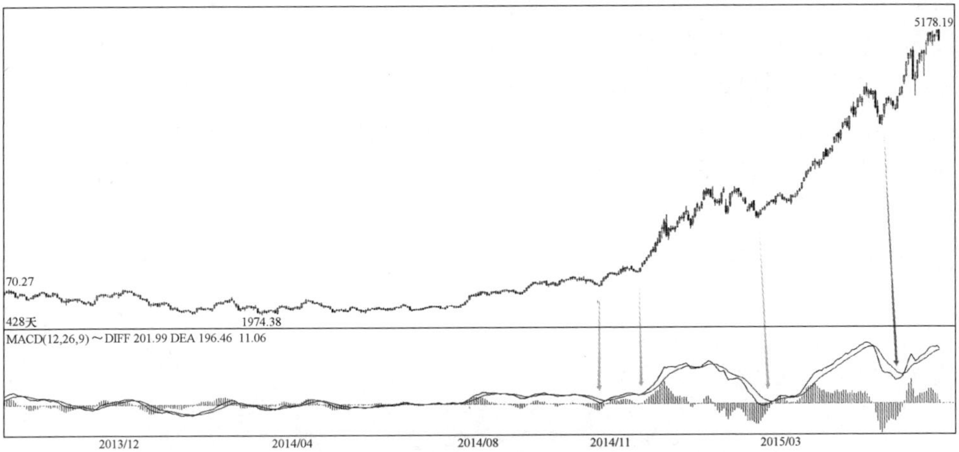

图 9-44　上证指数日线级别走势

9.5.6　重点和要点

在大级别上，如果你要用 MACD 来辅助判断，那至少需要 MACD 的 DIF 和 DEA 双线回抽零轴附近后，再上去产生背驰才是真的。如果用 MACD 来辅助看，DIF 和 DEA 双线拉回零轴后再上去，都可以先看成是进入背驰段。如果小级别的走势特别强，使得 DIF 和 DEA 双线创出新高，那就不存在背驰的问题了。一般最有效的背离是如下运动的：DIF 和 DEA 双线回到零轴附近再上去，股价新高而两线以及柱子都不新高。DIF 和 DEA 双线创新高一般都不会是本级别的背驰。注意，背驰是要看前后级别的走势的，千万不要光看一个级别就可以。

图 9-45、图 9-46 和图 9-47 就给出了 2245 点日线级别、周线级别、月线级别

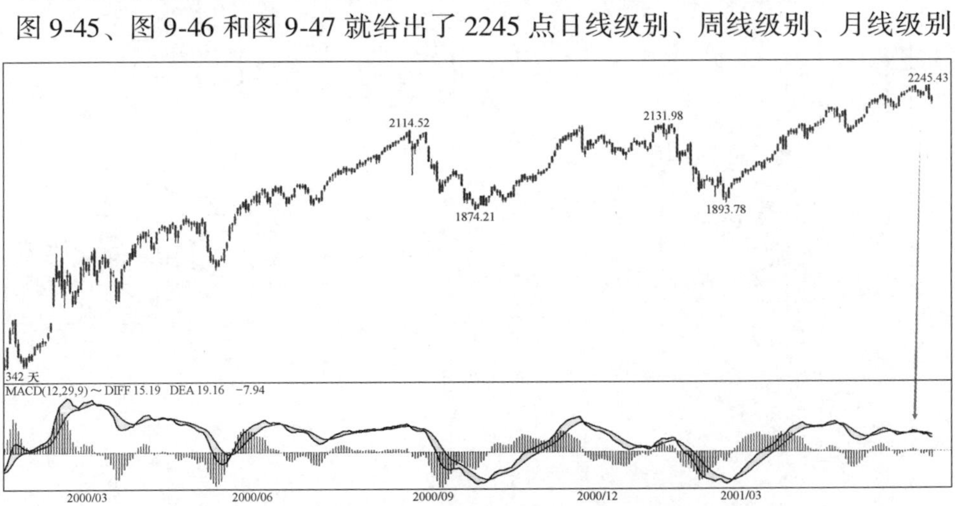

图 9-45　上证指数日线级别走势

对应的 MACD 的 DIF 和 DEA 双线变化对比，月线级别的 MACD 的 DIF 和 DEA 双线高位背驰，现实非常危险；周线级别的 MACD 通过前期盘整，把 DIF 和 DEA 双线慢慢拉近零轴附近，指数逐渐开始创新高，不一定能判断出巨大风险；而日线级别的 MACD 的 DIF 和 DEA 双线也是处于高位背驰，因此综合起来判断，存在巨大风险。要特别注意多级别判断 MACD 状态，不能只参考一个级别，以免出现失误。

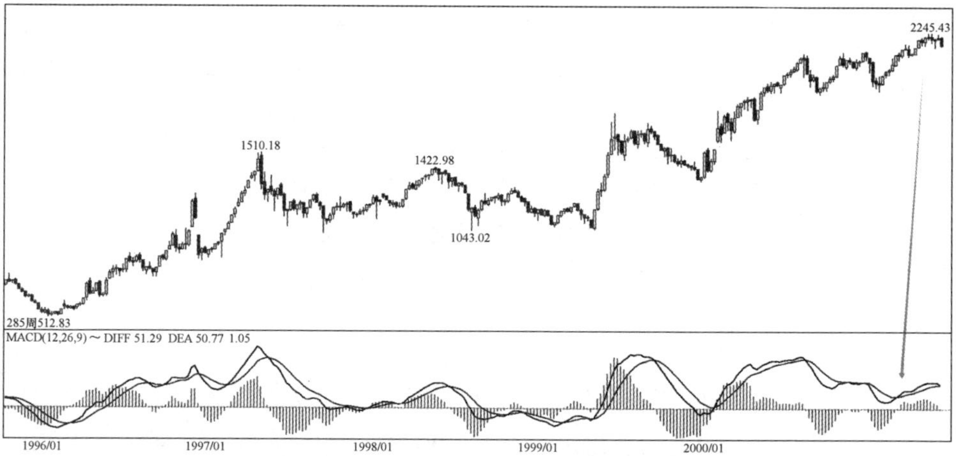

图 9-46　上证指数周线级别走势

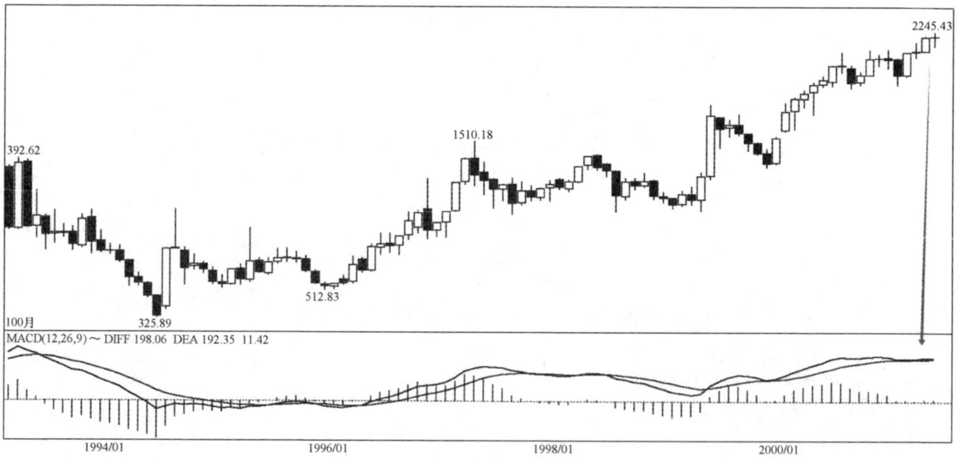

图 9-47　上证指数月线级别走势

第 3 篇

投资实战篇

10 股票结构时空战法——结构

10.1 结构类型

宇宙万物组成的基础（本质）是质量和能量，它们一同构建宇宙中的物质并产生各种现象。物理大厦分为两个体系：结构体系和运动体系。物理结构体系进行层次划分，由一层层的结构来组建宇宙模型。每一层都有其表象和研究范围。从小到大：粒子层—原子层—分子层—物质层—天体层—星系层—单体宇宙。

股票里的结构也一样具有这种从小到大的层次性，这属于级别，这是后面要讲的内容。此处主要介绍结构战法。图 10-1 所示为一些结构类型图。

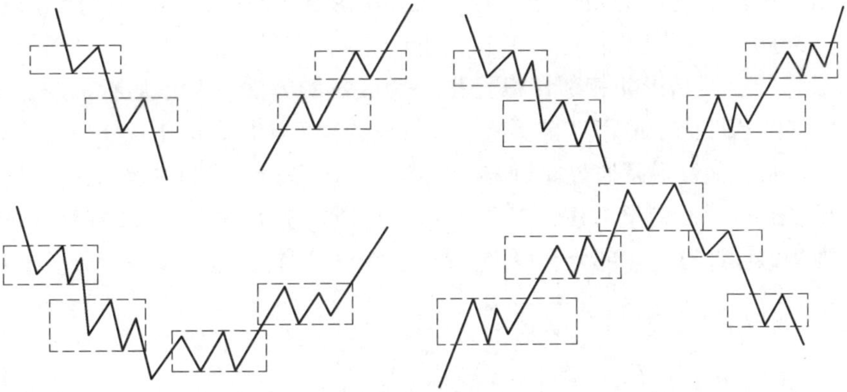

图 10-1 结构类型

图 10-1 画的结构走势图，都是同级别拆解，虚线方框是结构。这些走势结构清晰，简单，其实一些复杂的实际走势结构可以是这些走势图的组合体，最难的就是在划分结构的时候，必须进行多种组合，找到最能解释当下实际走势的结构划分组合，这点很关键，对于准确分析股市走势有着重大意义。

图 10-2 所示为走势图，其就极其复杂，同样采取的同级别进行划分，但是走势类型里包含了高级别结构。必须能够通过同级别划分结构，看到更大级别的结构，这种功力至少需要 3 年时间的磨炼，否则是很难掌握的。这种复杂走势结

构，其实是可以拆分成多个简单走势结构组合在一起，但是组合的原则就是能够更好的解析股票或者指数的走势分析。

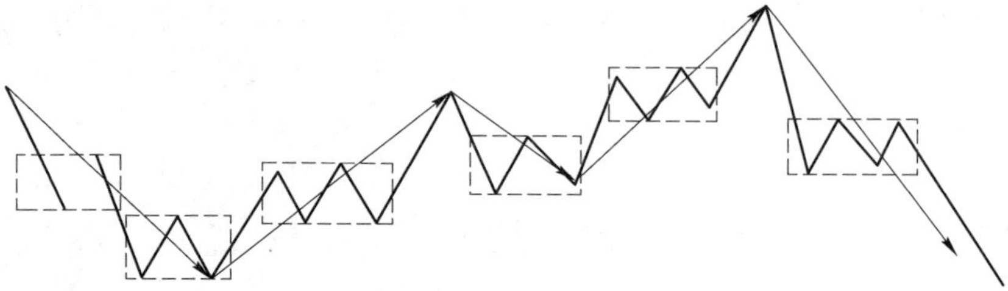

图 10-2　结构走势

10. 1. 1　分子形状相似性

其实走势有时候会出现很多相似性，要是非常熟悉走势类型，基本可以几秒钟就能判断走势结构。相似性在很多领域有所运用。分子形状是药物化学中的基本概念，基于形状的虚拟筛选已经成功识别出新的抑制剂。形状用于评估候选分子与一组已知活性物质的相似性，并评估分子形状与靶受体上结合位点形状的互补性。如果两个分子具有相似的形状，也许它们具有相似的性质。尽管相似性概念是不成熟的，但是形状相似性已经是一个成熟的方法。基于形状的虚拟筛选试图确定已知的活性分子或衍生自所需结合位点的伪配体与虚拟化合物库中最相似的分子式。形状相似性通常通过比对方法来评估，该方法寻求最大化两种形状的三维重叠，或者通过特征向量方法，其将形状变换成能够有效地比较的特征的低维向量。作为相似性计算的一部分，可以用静电或药效团特征进一步注释分子形状。

10. 1. 2　形状相似性

配体 3D 形状相似性已成功应用于骨架跃迁和虚拟筛选。随着共结晶晶体结构的不断增加，药物靶标、晶体结构和查询配体之间的 3D 形状相似性已被用于结合姿势的采样和评分。搜索与结晶配体之间的形状重叠用于靶标蛋白结合位点相关区域的构象采样。另一种类似的方法估计了晶体学姿势和查询配体姿势之间的最大体积重叠，以从分子对接中选择可靠的构象。已经证明与晶体结构配体的 3D 形状相似可以用作可行的评分方法来排序顺序对接生成的姿势选择。3D 相似性搜索属于基于药效团和基于形状或体积的方法。虽然基于药效团的查询为搜索提供拓扑和几何约束。3D 相似性方法面临着容易计算和化学有意义数学函数组合生成具有代表原子空间排列的能力的挑战。分子相似性通常通过分子之间的最大分子体积来解决，必须通过快速且稳健的分子比对算法来实现。

相似性搜索常常涉及分子比对，比对方法尝试找出两个分子的最佳叠合，以最大化重叠体积或特征点之间的对应性。最大化体积重叠的主要方法是将分子形状表示为高斯集合，采样几个起始点，并使用数值优化来计算局部最大值。一种替代方法是通过离散特征来表示分子形状，并使用点对应算法来产生进行比对。已经描述了对准过程的许多性能优化，但是相对于特征向量方法，对准方法仍然在计算上有些昂贵。

10.1.3 分子形状相似性的应用

先导化合物优化的有效工具，其中多个相似分子的快速灵活叠加对于理解SAR至关重要。鉴定与已知结合靶标化合物的结构和形状具有类似形状的新化合物，如果新化合物与已知抑制剂的形状和静电特性相匹配，则它也可能结合。分子形状相似性也是分子识别的重要技术。已经进行了许多研究开发表示分子形状的方法并量化分子之间的形状相似性。

形状相似度进行姿态预测，首先将具有已知晶体结构配体的最高3D形状相似性的配体构象放置到蛋白质结合位点中，然后通过重新分解侧链并用蒙特卡罗进行能量最小化来提炼姿势。分子形状相似性应用于虚拟筛选。形状筛选不需要靶标晶体结构或开发SAR集合来创建可靠的药效团模型，只需要一个已知活性查询化合物及其构象，相对于基于分子对接和药效团的筛选更加节省时间和资源。

因此来说，把这种相似性，特别形状的相似性运用在股票或者指数走势结构演化出来的相似性，这是有大量现实基础作为支撑的。走势结构的相似性的背后最大基本构成就是人类的贪嗔痴。如果能通过走势当下的呈现，而观照其中参与的心理呈现，就等于看穿了市场参与者的内心。心理，不是虚无缥缈的，最终必然要留下痕迹，也就是市场走势本身。

一个顶分型之所以成立，是卖的分力最终战胜了买的分力，而其中，买的分力有三次的努力，而卖的分力，有三次的阻击。用最标准的已经过包含处理的三K线模型：第一根K线的高点，被卖分力阻击后，出现回落，这个回落，出现在第一根K线的上影部分或者第二根K线的下影部分，而在第二根K线，出现一个更高的高点，但这个高点，显然与第一根K线的高点中出现的买的分力，一定在小级别上出现力度背驰，从而至少制造了第二根K线的上影部分。最后，第三根K线，会再次继续一次买的分力的攻击，但这个攻击，完全被卖的分力击败，从而不能成为一个新高点，在小级别上，大致出现一种第二类卖点的走势。

由上可见，一个分型结构的出现，如同结构，都是经过一个三次的反复心理较量过程，只是结构用的是三个次级别。所谓一而再、再而三，三而竭，所以一个顶分型就这样出现了，而底分型的情况，反过来就是。

10.2 指数结构实战分析

极致，简单的理解就是把一件事做到完美，达到的最高程度。如果在投资的路上，做到了极致你也就成功了。

在市场中摸爬滚打的时间久了，人们被一根根 K 线推着往前走，难得停下来认真想一想那些关乎交易的根本问题。比如，市场到底是什么？初看起来这个问题很简单，市场就是买卖的场所，一系列简单的交易规则所构造出来的场所，这有什么问题吗？如果追根究底的问一问，事情就不像表面上看起来的那么简单。比如，简单规则它又是如何形成极为复杂的价格走势的呢？事实上，不止一个人、不止一部书试图回答这个问题的，如有效市场、资本资产定价模型以及由此衍生的其他数量众多的模型，都在试图回答市场是什么的问题。

彼得斯的主要工作是通过大量的金融数据的研究，解释了金融市场非线性动力学的本质问题。他从非线性动力学的角度出发，认为市场犹如一个正在进化的有机体，不是个别部分的总和，而是整体的、非线性的复杂系统。这个系统永远处于不平衡的演化状态，而平衡却是稍纵即逝的。这就意味着市场是一个历时动态的存在。这个历时动态的特性，使得简单的因果关系经市场迭代之后变得无比复杂，而这种复杂性往往超出了交易者的认知能力。过去已去，没有现在，未来难知。过去不可重复，只可理解；未来不可预知，只能猜测。这就是市场的本质属性，市场的这个属性称为历时动态。

历时意味着时间仅是变化的标尺，正如人们生活在现在，但现在正在飞逝。现在似乎并不存在，因为一旦意识到现在，现在就成为了过去，而未来已来，成为现在。至于过去不可重复，未来不可预知，这正如央行货币政策对市场的作用，一项政策出台之后只有市场反映了这项政策，人们才知道它对市场施加了影响，但未来的政策对市场的效用却是不可预知的，因为交易者会根据其交易目的、交易期限等有选择性的评价信息，不同的交易者对信息的理解是不同的，这就意味着不同的市场状态对信息的反应也是不同的，甚至有极大差异。即同样的政策对市场将施加不同的影响，市场会有截然不同的反应，这就意味着过去不可重复，未来不可预知。

如过去只可理解，未来不可预知，岂不意味着市场是随机的？岂不是陷入了不可知的泥潭？回答是否定的，事情远不是如此悲观。众所周知，随机事件不依赖于时间，如抛掷硬币，无论抛掷多长时间并不影响硬币正反面出现的概率。而作为一个复杂系统的证券市场，尽管每一个交易者的行为都是随机的、不可预知的，但由于时间这个要素的加入，使得这些随机的个体作为一个整体却自发的构成一个具有内在一致性的结构，其在整体上、全局上呈现一种大尺度上的高级别秩序。换句话说，市场的这种历时动态的特性，往往意味着一个确定的逻辑关系、一个可知的非线性关系就掩藏在市场的复杂性之后。

在资本驱动的时代，一切事物都可以被赋予投机的特性，郁金香、邮票、石头、房地产，等等，浮躁、盲动、狂热的非理性情绪把价值与价格完全割裂了。应当把投机看做附着在金融资本之上的固有特性。股市（金融市场）是一个历时的动态，又是一个现实的存在。它的这个特性，就其表现形式而言，具有与自然界存在的分形形体完全不同层次的复杂性，而股市这种表面无规则的复杂系统具有更高层次的秩序与动态稳定的内部结构，走势结构可以很好地有序解构整个股市走势。

结构分析遵循简单性原则，即从尽可能少的假设或者公理出发，通过逻辑的演绎，概括尽可能多的经验事实。通过认识部分或局部的内部结构来反映复杂系统的整体。系统整体无论如何复杂总是由子元素组成的，而系统中每一个元素都反映和内涵整个系统的性质与信息，即元素映射系统，而分形的思想又找到了从简单到复杂、从局部到整体的媒介——相似性，这就使得人们的思维方法跨越到非线性的层面，从而很好的解释了简单与复杂、局部与整体、微观与宏观之间多层面、多视角、多维度的关系方式，为人们从局部认知整体、从微观认知宏观、从有限认知无限提供了多种可能性。

比如上证指数的图表走势，5年的走势和5周的走势甚至5分钟的走势看起来都一样，是自相似的特性。这个特性与自然界的分形特性是完全一致的，不管如何放大与缩小，总保持同等程度的复杂性。尽管分型形状具有无穷的复杂性，但它们却是建立在简单的数学法则之上，人们可以通过简单的迭代函数创造无限复杂的分形形状。这一点与金融市场（股市、汇市、期货等）价格的生成具有非常相似的地方，即由简单的交易规则生成繁复多变的价格走势，复杂的价格走势建立在简单的交易规则之上。对于金融市场，可以观察到这样一种现象，即从表面看，市场总能够在重创中自我恢复，也能在非理性繁荣中种下危机的种子，市场似乎天然的具有自我矫正、自我恢复的功能。换句话说，金融市场的价格行为总是内生波动的，使得证券市场具备了自组织的特性，而外因退居于从属的催化因素的地位。

即使发生崩溃性的“灾难”，那也是市场自身的必然选择。除非恶意操纵、内幕交易、虚假披露、会计粉饰等有害市场的行为需要监管者出手，最明智的选择莫过于无为而治。至于肆意修改交易规则等人为调控市场的干预手段，更是有百害而无一利。事实上，众多的所谓“救市”行为一再证明，它或可改变短期的价格波动模式，但在中长期上是根本无效的，而“救市”往往向其反面转化最终变成了“戕市”。

股市是众多交易者的集合体，众多交易者具有各不相同的行为特征，有不同的交易期限，而交易期限对交易者行为有重大影响。如小额的个体交易者显然不同于拥有庞大资金的机构，前者的过度交易并不扰动市场，而后者则会在较长的时期内保持相对的稳定。

不同期限的交易者对信息的评价与认知也有显著不同，小额的个体交易者可能更偏重于价格和市场气氛，而对于长期限的机构交易者而言，其交易决策更偏重于企业内在价值。当市场是由处于不同交易期限上的众多交易者组成时，市场的波动性就是其天然的属性。可以想象，如把小额的短期限交易者排除在外，市场上都是巴菲特一样的长期限交易者，那么市场就因其失去波动性而崩溃，不复存在。

市场中的交易者事实上并不能够获得完全等价的信息，对信息也存在截然不同的评价，交易者的风格因此而变得大不相同。一部分交易者其决策依据可能是公司长期收益前景，另外一部分交易者则可能是依据预期交易，即根据其他交易者的意图而选择自己的交易策略，通常的做法是依据图表分析来判断价格趋势，他们被称作投机者。这里的投机并无贬义，它是一个确切的中性词。毫无疑问，市场中确实存在数量众多的图表交易赢家。如果价格波动是完全随机的，长期而言，那就不可能存在超越指数的图表赢家。数量众多的交易赢家的存在，至少说明股市的波动性在某种程度上并不是不可认知的。

在日常生活中，线性过程具有高度的可预测性，如一列火车，速度、时间、路程的简单线性关系使其具有高度的可预测性，这种高度的可预测性使人们的日常生活舒适安全。但金融市场则是大量的非线性关系所主导的市场，是一个具有非线性动力特征的复杂系统，它是整体结构性与局部随机性的统一体，价格波动主要是以多种周期性叠加其上的结构演化的方式表现出来。

交易者在潜意识中总希望可以有一个简单因果关系存在，有一个足以依赖的确定性存在，但金融领域是不同于自然界的非线性的复杂系统。虽然看似紊乱随机的背后往往一个确定的逻辑关系，一个可知的非线性关系，然而金融领域却近似于一种混沌，内禀的随机性又叠加一个或多个时间周期。

这意味着，金融市场的价格波动是一种结构演化或跃进，其价格波动的结构模式是可以预期的，而其价格涨落却是内在随机的，不可预知。其实，曼德博罗在 20 世纪 60 年代曾经指出：资本市场的收益率并不服从正态分布，而具有典型的尖峰、厚尾特征，实际上服从于一组稳定帕累托分布，一定条件下对应于分数布朗运动，具有自相似、长期相关和统计自相关性。资本市场的这种特性已经把简单的线性因果关系排除在外了，换句话说，牛顿经典力学世界的那种“可预测性”与资本市场的“可预测性”完全不是一回事，是两种完全不相干的概念。

价格波动的结构有序与历时随机的特性，是技术分析的基础。技术分析只有建立在这个基础上才是有效的可证伪的分析方法。然而，日用而不自知。尽管很多人使用“技术分析”的方法去交易，但对技术分析的认知有可能是完全错误的，与真正的技术分析有可能完全是两码事，这也是多数采用技术分析的交易者并不能取得或保持好成绩的原因之一。

说某人正在上网看行情，一个乞丐靠过来说：“长期均线金叉、KDJ 数值见底，这股要涨了”。这人很吃惊，就问乞丐你怎么也懂这个？乞丐回答说：“正是因为懂这个，我才有了今天!”可见，某些所谓的技术分析不过是披上一层理论的外衣，距离真正的技术分析差了十万八千里。比如技术分析有三大假设，历史会重演即是其中一个。但由于非线性的特性，股市没有历史，只有历时，这就把历史重演的假设彻底颠覆了。如果罔顾历时动态这个特性，它将使你的交易变得愚蠢而执拗，如价值交易者把价值投机简化为长期持有，殊不知不确定性的存在将把“长期”两个字扯得粉碎。又如，广为交易者所熟知的支撑与阻挡的问题，在一轮反向的价格波动中，支撑与阻挡往往不堪一击，运用“支撑与阻挡”制定买卖策略的交易者往往得不到好的效果，这就从反面说明了金融市场中的“历史”是不靠谱的。

交易者总倾向于寻找确定性，但不确定性才是市场的本质。

时间越长，越是不可认知，这就是金融市场的魅惑之一。所以，不要试图把交易的基础建立在预测上，但要明白分析是什么。分析仅仅是指结构的识别与策略规划。交易者总喜欢预测，但极少想一想市场是不是可以预测、在何种程度上可以预测，这是一个根本问题。运用技术分析的交易者必须考虑一个问题：我所使用的方法本身符合市场自身波动的逻辑结构吗？记住，分析不是预测。

经过一段时间之后，多数交易者会形成自己的一些交易模式，交易者事实上是根据其交易模式去操作。但很多人往往会忽略其交易模式的思维逻辑是什么，就是说，交易者仅仅试图修正完备其交易技巧是不够的，问题的关键在于一定要使自己的交易模式契合市场波动的基本逻辑。

如果仔细观察，几乎所有成功的投资人都在使用几乎相同的投资策略。而正确的交易策略往往是通过排除法得到的，这是分析过程中经常被使用的逻辑技巧。即是说，如果可以排除所有的错误答案，剩下的无论多么不可能都将是正确的。

对于价格结构的提前预估，总是存在多种可能性。交易者应当根据对未来可能性的预估情况，制定相应的策略，然后通过其后的实际走势，把不符合实际的策略排除，那么最后的即为最优策略。可见，事前并不存在所谓正确的交易策略，交易者不可能事前就知道哪些是好的策略，哪些是不好的策略。查理·芒格推崇的“少数几个好的决策加上极大的耐心”的交易策略也并非绝对可靠。正如“置之死地而后生”的军事策略，时间、地点、双方实力以及指挥官的不同，其执行的效果会出现极大差异，它对于项羽是一个好的策略，对于马谡就是最糟糕的策略。事情往往违背初衷、走向反面，好的决策最后变成了最糟糕的决策，然后亏损最终将“极大的耐心”蚕食殆尽。

只有被市场的实际价格走势验证的策略才是唯一正确的策略。任何事物的发展都带有两面性，“一阴一阳”谓之道。任何的理论都会包括自己不可以克服的缺陷的一面，技术分析也是如此，正如卡尔·波普“不可以被证伪的，就不是科学。而只能是伪科学”一样，市场中流传的任何一种理论方法，都会有自己好的和不好的一面。同时在好与不好之间一定存在一个度，超过这个度，就是不好的；如果没有超过，这就是好的。这个度会随着时间、条件的变化，出现相应的变化。但不会改变的是相对任何理论，总会存在一点，在这一点以后，理论不会取得作用，相反会出现问题——任何有关技术分析的理论都应该是这样的。

所以，在结构分析的体系中，就是“不预测，跟着走”。这是什么意思呢?借用小说《三体》中的人物章北海与父亲的一段对话：“要多想。”“想了以后呢?”“北海，我只能告诉你那以前要多想。”能告诉你的是：那之前要多想，那之后才能做。

图 10-3 所示为上证指数（2013. 8. 9~2020. 6. 24）的周线走势图，按照不同级别画了结构，以及顶分型和底分型。有的级别大，有的级别小。结构 1、结构 2、结构 8、结构 10 结构 13 为月线结构；结构 17 属于季线级别。其他为周线结构。结构 2 处于前面下跌的最后一个结构，随后出现反转，开始了上涨走势，结构 3 为周线结构，其实结构 2 和结构 3 之间还有周线结构，这里没有放大出来进一步现实，这将在后面一章里给与阐述。结构 3-顶 4 之间也有一个周线结构，这里也没有画出，也就是这个结构和结构 3 共同构成顶 4 的周线制约，形成行情反转。下跌过程中形成结构 5 和底 6、顶 4-结构 5 和结构 5-底 6 之间形成背驰，存在反弹，这种反弹空间被结构 5 压制，从而形成结构 7，从而再次走向下跌。结构 5 和结构 7 就会显示的非常重要，在以后近二年的时间里，也就是结构 8 一直到顶 12，都没有超越结构 7 的高度。顶 12 是被结构 10 和结构 11 共同制约，再加上结构 7，从而引发了 2018 年一年下跌。直到 2019 年第一季度走出了周线双底结构。顶 12-结构 13 和结构 13-结构 14 之间并没有形成背驰；但是结构 14 和结构 15 形成了背驰，也就引发了 2019 年内上半年的行情，一口气就涨到顶 16，顶 16 和结构 13 几乎相当，也就说顶 16 背结构 13 压制，并且受结构 14 制约。随后进入盘整，一直到现在，这种走势结构扩展，把结构 17 的级别扩展到了季线级别。那如何判断文中的背驰，可见第二部分理论篇的 MACD 部分内容。

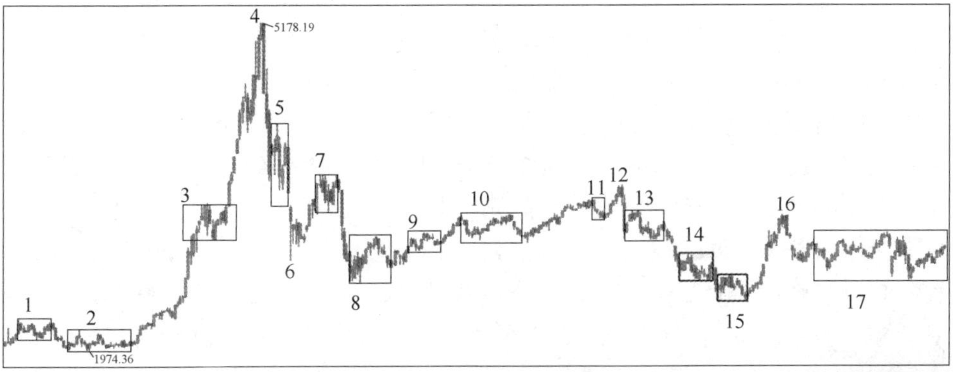

图 10-3　上证指数周线走势

扫一扫
看更清楚

10.3　个股结构实战分析

10.3.1　安集科技

安集微电子科技（上海）股份有限公司主营业务为关键半导体材料的研发和产业化，目前产品包括不同系列的化学机械抛光液和光刻胶去除剂，主要应用于集成电路制造和先进封装领域。公司成功打破了国外厂商对集成电路领域化学机械抛光液的垄断，实现了进口替代，使中国在该领域拥有了自主供应能力。公司化学机械抛光液已在 130~28nm 技术节点实现规模化销售，主要应用于国内 8 英寸和 12 英寸主流晶圆产线；14nm 技术节点产品已进入客户认证阶段，10~7nm 技术节点产品正在研发中。公司自成立以来一直致力于为集成电路产业提供以创新驱动的、高性能并具成本优势的产品和技术解决方案，公司坚持自主创新并注重知识产权保护。截至 2018 年 12 月 31 日，公司拥有授权发明专利 190 项，覆盖中国大陆、中国台湾、美国、新加坡、韩国等多个国家和地区。公司作为项目责任单位完成了“90~65nm 集成电路关键抛光材料研究与产业化”和“45~28nm 集成电路关键抛光材料研发与产业化”两个国家“02 专项”项目，目前作为课题单位负责“高密度封装 TSV 抛光液和清洗液研发与产业化”和“CMP 抛光液及配套材料技术平台和产品系列”两个国家“02 专项”项目。公司自成立之初即坚持“立足中国，服务全球”的战略定位，与行业领先客户建立了长期合作关系，有助于了解客户需求并为其开发创新性的解决方案。公司已成为中芯国际、长江存储等中国大陆领先芯片制造商的主流供应商，并成为中国台湾地区台积电、联电等全球领先芯片制造商的合格供应商；同时，公司与英特尔等全球知名芯片企业密切合作，积极拓展全球市场。

公司于 2020 年 4 月 21 日晚发布 2019 年年报及 2020 年 Q1（第一季度）季报，其中 2019 年归母净利润（归属母公司净利润）为 0.66 亿元，同比增加 46%，2020 年 Q1 归母净利润为 0.24 亿元，同比增加 426%。

Q1 营收和业绩大增，长江存储和中芯国际扩产带动新品爆发。公司于 2020 年 4 月 21 日发布 2019 年年报及 2020 年 Q1 季报，其中 2019 年营收 2.85 亿元，同比增加 15%，归母净利润为 0.66 亿元，同比增加 46%，主要为新增政府补贴 0.27 亿元，扣非后归母净利润 0.43 亿元（扣非净利润就是扣除非经常损益后的净利润），同比下降 0.23%，主要是公司产品结构变化以及部分成熟产品降价导致毛利率为 50.25%，同比下降 0.85 个百分点；根据公司 2020 年 Q1 营收 0.96 亿元，同比大增 64%，归母净利润 0.24 亿元，同比增加 426%，毛利率 52.14%，环比增加 1.89 个百分点，营收和盈利能力超市场预期，主要受下游长江存储、中建国际扩产对公司钨系抛光液、14nm 抛光液带来规模化拉动，从 Q1 预付账款增加 96%，在建工程增加 59%，抛光液等 IC 材料进入国产替代释放元年。

国产替代空间大，长江存储、中总国际、台积电等资本开支带动公司高速成长。根据 Cabot Microelectronics 官网，2018 年全球 CMP 抛光液市场规模约 12.7 亿美元，目前抛光波以美日企业如行业龙头 Cabot Microelectronics 占据 35%份额，而安集科技市占率不到 10%，公司以董事长为首研发团队技术上打破了国外厂商对铜及铜阻挡层抛光液的垄断，根据公司年报预计公司铜系列等抛光波已在国内主流晶圆厂 14nm 节点实现规模化销售，为后续在全球晶圆龙头先进制程导入打下基础，钨系列产品受益长江存储 3DNandl 期产能爬升快速放量又有望复制铜系列的增长；重点关注强调公司的技术平台性，公司在铜、钨、硅、氧化物等多品类将随着中芯国际、台积电、长江存储等前五客户资本开支实现产品快速导入。另外光刻胶去除剂业务受益 IC 制造领域 2019 年营收增长 42%带动此业务营收 17%中高速增长。

结构走势图 10-4 所示，顶 1 之后就走出了下跌结构 2，结构 2-结构 3 进入周 K 线缓慢下跌态势，结构 3 内部形成一个典型背驰，产生行情反转。结构 4 受到结构 2 和顶 1 压制，同时结构 3 的制约。结构 4 的回调，正好把周线 MACD 拉回零轴附近，再次形成爆发力。从而走出了结构 5，结构 5 的形成本身就是结构 4 的作用结果。目前观察，实际走势突破了结构 5，未来走势会受到结构 5 本身制约和顶 1 的制约。顶 1 制约是更高级别的制约，这里不展开，只讨论结构战法的问题。这样的目的就是为了训练大家结构思维，后续逐步深化。

10.3.2　吉比特

厦门吉比特网络技术股份有限公司是一家专业从事网络游戏创意策划、研发制作及商业化运营的国家级重点软件企业。公司旗下多款具有中华民族传统文化

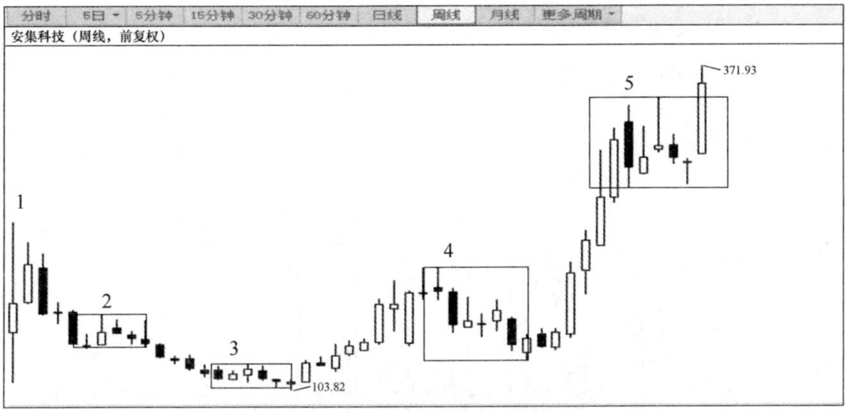

图 10-4 安集科技周线走势

内涵的原创网络游戏作品曾先后入选国家新闻出版广电总局“民族网游出版工程”及“国家新闻出版改革发展项目库”。公司的“动漫文化创意产品与服务出口平台”项目入选中国文化产业重点项目，并获得财政部“文化产业发展专项资金”。

2020 年 Q1 业绩符合预期，《问道》手游推动管收高增长。(1) 公司 2020 年一季度实现营业收入 7.40 亿元（+46.3%）（图 10-5），归母净利润（归属母公司净利利润）3.22 亿元（+51.0%）（图 10-6），符合市场预期；业绩高增长主要在于 Q1 疫情背景下线上娱乐时长增长、用户数及用户付费意愿提升明显，《问道》手游流水表现良好。(2) 核心产品《问道》手游一季度保持在 iOS 畅销榜 20 名左右水平，一季度《问道》手游月流水或达 2.5 亿左右。4 月 23 日《问道》端游和手游四周年活动开启，福利折扣推动流水大幅提升，推动 23 日《问道》手游冲入 iOS 畅销榜 TOP10；在《问道》手游良好的流水表现之下，二季度业绩有望继续保持较高增速。

2020 年产品储备充足，海外战略初启航。公司预计年内上线《魔渊之刃》《一念逍遥》《不朽之旅：重生》等 8 款以上游戏，涉及 Roguelike、策略、模拟经营、解密等多种品类，充足的产品储备为 2020 年业绩增长提供保障。公司积极拓展海外业务，从国内成熟上线产品做起，初步打开了海外市场。经过探索与积累，公司已建立了一合较为完善的海外游戏发行体系，后续公引守在海外深耕挂机放置、休闲及特色独立游戏等品类，有望在海外市场突破。

公司毛利率同比提升 1.2pct 至 91.3%，主要由于《问道》手游无研发分成毛利率较高，《问道》手游收入提升推动毛利率提升。期间费用率 30.1%，整体下降 1.5%，其中销售费用率下降 3.9%至 7.0%，新品推广较少以及《问道》手游收入增长都导致销售费用率改善明显；管理费用率上升 1.8%至 8.6%，主要系

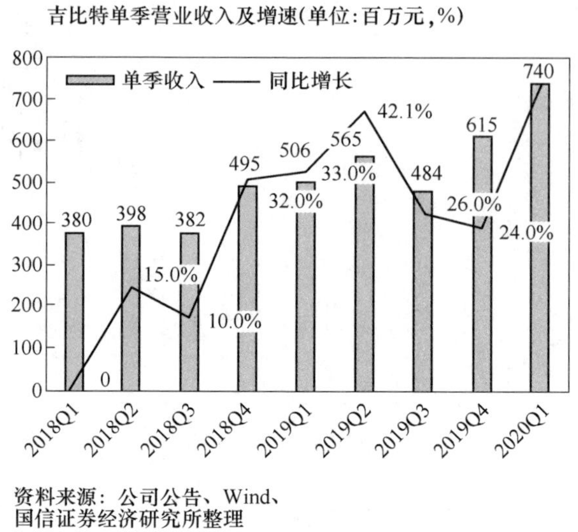

图 10-5　吉比特单季营业收入及增速

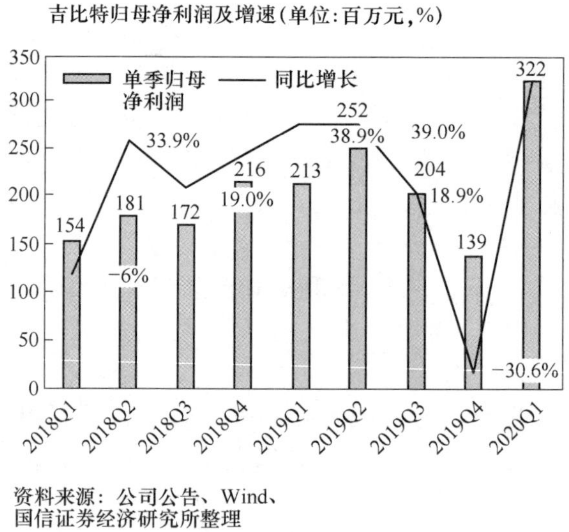

图 10-6　吉比特归母净利润及增速

薪酬增长及新增办公楼折旧；研发费用率上升 0.6%至 14.5%，系《问道》手游表现亮眼增加研发部门奖金所致。

图 10-7 所示为周线结构走势图，也就说既有周线走势结构也有月线走势结构。从结构 1–结构 5 都是连续的下跌结构，直到底 6 才开始出现反转。随后进入

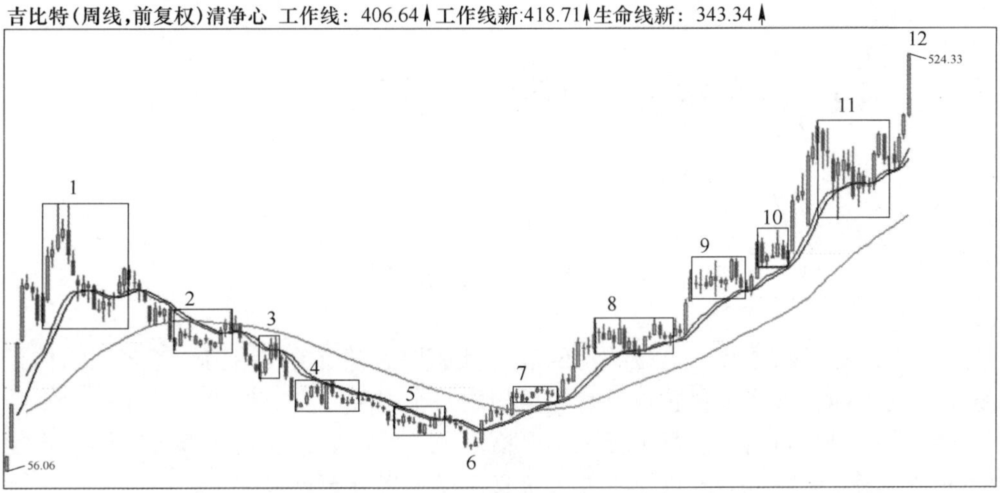

图 10-7 吉比特周线级别走势

上涨，结构 7-顶 12 都是连续的上涨结构。这种走势结构分析法，把走势剖析的很清晰，明了。结构与结构之间既有压力又有支撑左右，下跌表现出来的就是压力状态，上涨表现出来就是支撑状态。这种下跌或者上涨何时结束，大家可以结合前面的 MACD 内容加以辅助判断，或者结合后面的内容综合判断。其实只要认真仔细的观察，就会发现相邻结构都是连续大跌来向下或者向上突破结构，脱离原理的状态。但要知道，任何事物都是物极必反或者否极泰来，任何走势都有终结时刻，进而转向到另外一种走势过程。

11　股票结构时空战法——级别

11.1　级别类型

级别即是时间函数，也是结构函数。级别是要看结构和结构的扩张，结构扩张了，则级别就扩张了；它也是时间累积的一个过程。有时候为了简化，大多数的时候直接用时间周期代替了级别，严格来说是错误的，但是大部分时候这样使用问题不大，但真正做严格学术或者定义的话，还是要严谨。

比如：以选定时间周期，日线图为例；分时走势—日线结构—日线级别走势—周线级别走势—月线级别走势。从日线级别往上，按递归得出更高级别走势。

因此不严格的级别类型划分可以表述为：分时级别，日线级别，周线级别，月线级别，季线级别，年线级别。

图 11-1 里的结构 1 的级别就肯定比结构 2 的级别低，这是结构扩展激发级别扩展。一般而言这个时候通过不同的时间周期观察会更加清晰。

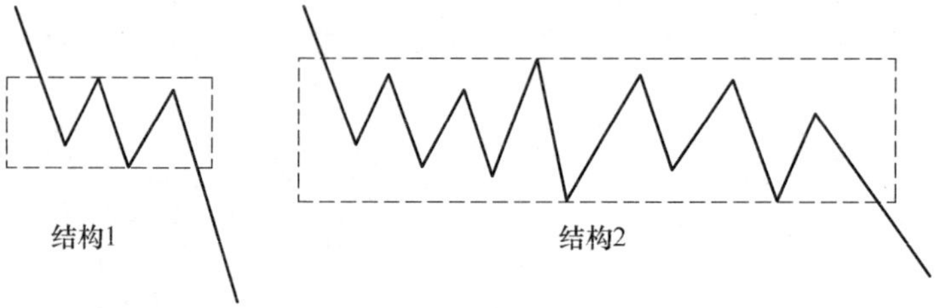

图 11-1　结构与级别（一）

图 11-2 里的结构 3 的级别也比结构 4 的级别低。但是结构 4 本身还可以画出和结构 3 同级别的结构出来。其实结构 4 也是从小级别逐渐演化成大级别。

级别最大的好处就是通过三个及以上的级别观察结构走势，会非常清晰感受到结构走势的清晰路径，立体展现全局观。避免出现重大判断失误。站得高看得远。级别越大，越容易分辨出走势的方向。看清方向，就把握住了走势的节奏。操作要尽可能降低级别，把握更多的波段，这样才更能体验走势的节奏。

共振是个物理学概念，当系统受外界激励，作强迫振动时，若外界激励的频率接近于系统频率时，强迫振动的振幅可能达到非常大的值，这种现象称为共

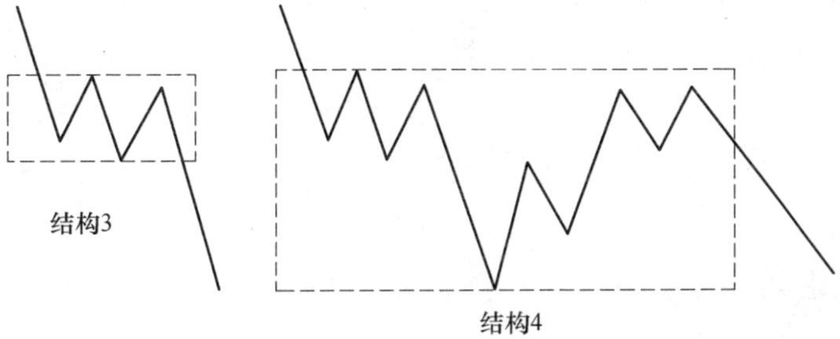

图 11-2 结构与级别（二）

振。共振的例子很多，比如在大雪山里一声吼叫可能引起雪崩就是共振现象的典型例子。股市共振是这个概念的延伸，只要几个不同指标或不同级别的指标发生了共同向一个方向的作用力，那么就是市场的一种共振。比如近期长周期、中周期和短周期的均线黏在一起，最终如果选择一个方向就可能形成一个共振，所以市场选择方向后可能最终力量会很大。比如：如 60 分钟以下级别的底背离共振主要是指 60 分钟以下级别的 K 线周期的 MACD 指标底背离共振，这些指标包括 30 分钟、15 分钟、10 分钟、5 分钟、1 分钟。如果这些短周期的指标有数个出现底背离，那么一旦一个指标开始向上金叉从而促使另外几个指标同时金叉，就会产生市场共振现象，股指或股价也就会上涨得更快、更猛、更久。

11.2 指数级别实战分析

图 11-3 和图 11-4 所示分别是深成指的月线和周线结构走势。

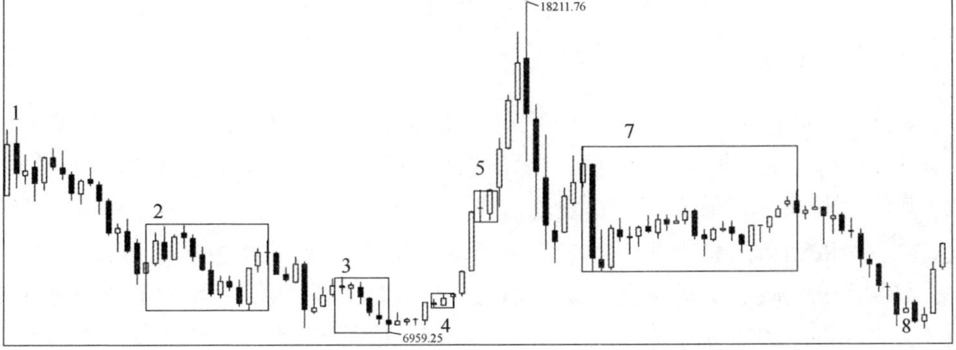

图 11-3 深证成指月线走势

只要对比下周线和月线走势图，也能发现一些机会。先从月线结构走势图说

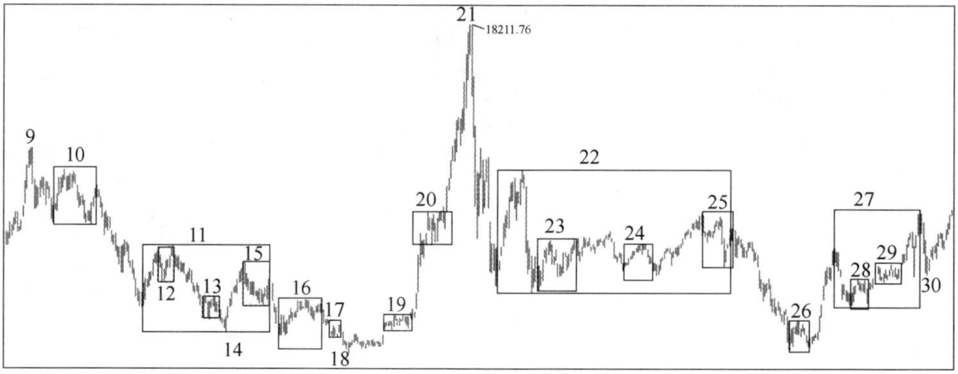

图 11-4 深证成指周线走势

扫一扫
看更清楚

起，顶1-底4过程，形成了一个月线走势结构，也即是季线结构即结构2，把结构2前后两段下跌比较，就出现背驰段。对应的周线图里，结构11里面包含很多小结构，比如结构12-底14中间有一个小结构13，从而产生结构13前后两段背驰，产生了底14-结构15的反弹走势。如果仅仅看周线这部分，就怕很容易形成牛市行情。但是在返回月线结构走势观察，就不会得到此结论。月线结构走势里的结构7反弹极弱，很容易判定下跌中续。回到周线结构走势进一步微观角度观察内部结构演化，到了结构25极易发现结构开始走坏，出现新一轮下跌已经无法避免。底8之后的反弹，为什么持续一年半的时间，就是因为它是结构7前后两段的背驰，是月线级别的背驰，同时也形成结构26的双底结构，形成共振，其力度和时间持续性都比较长。

11.3 个股级别实战分析

11.3.1 新力金融

安徽新力金融股份有限公司，原安徽巢东水泥股份有限公司，成立于1999年4月16日。2015年1月27日，公司完成对合肥德善小额贷款股份有限公司、安徽德信融资担保有限公司、安徽德合典当有限公司、安徽德润融资租赁股份有限公司、安徽德众信息服务有限公司五家类金融公司的收购事宜。收购完成后，公司主营业务扩展至小额贷款、融资租赁、融资性担保、典当等类金融业务，形成双主业运营。2016年3月25日，经安徽省工商局核准，公司更名为安徽新力金融股份有限公司，组织框架如图11-5所示。

随着公司转型金融业务，以及拟收购第三方支付公司海科融通，新力金融的核心推荐逻辑在于未来通过“支付”入口，打造的支付与类金融业务协同的金

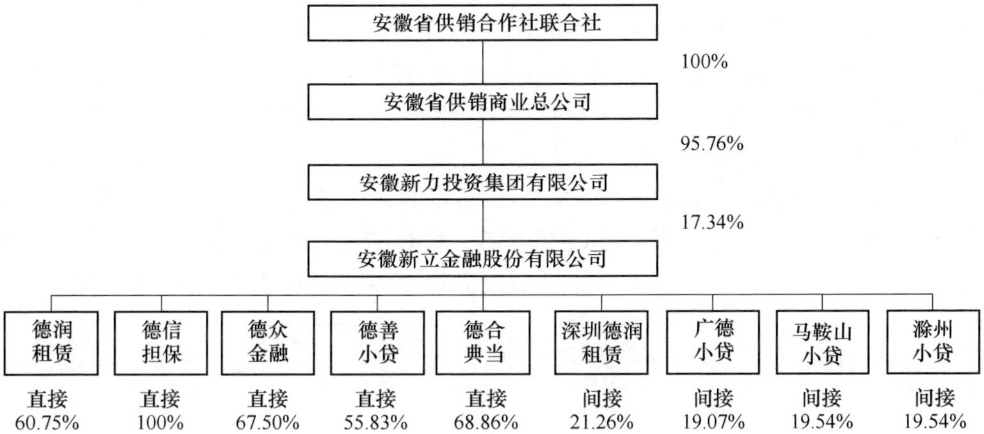

图 11-5 新力金融组织框架

融生态体系，凭借支付提供流量与数据，以及类金融业务在供销社体系之下在业务拓展和风险把握等方面的先天优势，公司具备长期成长性。拟收购海科融通，第三方支付牌照稀缺+打开与类金融业务协同空间。支付作为金融业务的入口，是流量和数据的摄取来源，公司拟收购海科融通在享受第三方支付行业增长和业绩贡献的同时，也将会与现有类金融业务形成显著协同。海科融通综合收单费率由 2015 年的 0. 116%提升至 2016 年 1~7 月的 0. 155%，在 2016 年 9 月 6 日"银行卡刷卡手续费定价"改革实施之后，凭借线下收单市场中的先发优势以及相对较强的行业议价能力，海科融通综合收单费率仍保持在 0. 14%的水平。海科融通在交易额、日交易额银行流水以及覆益商户数量上保持高增速，2016 年 1~7 月的交易额、日均交易额银行流水以及星盖查户数量分别达到 2883. 78 亿元、13. 54 亿元以及 210. 6 万户 2 国比增速分别达 165. 95%、335. 74%以及 157. 89%。新力金融组织框架如图 11-5 所示。

公司成功囊括多项类金融业务并进军第三方支付，全控平台雏形初现，在类金融逐步发力、第三方支付行业规范化发展的趋势下，收购成功后公司作为具有较好流量资源以及较强议价能力的行业龙头，公司转型盈利能力将持续提升。

公司农村金融战略预计按照先支付结算再多牌照协同的分步走战略，第一步先做结算缴费支付同时弥补数据缺乏问题。随着数据的积累及两权确权的完成，将现有新型牌照对挂农村金融需求。在全国供销体系内，只有安徽供销社下控股两家上市公司，控股企业广泛的网点布局将为农村金融第一步走提供高粘性客户。新力金融月线级别走势如图 11-6 所示。

把图 11-6 和图 11-7 两幅图对比起来看，在此没有弄 3 个及以上级别对比，其实可以搞三个级别同时对比起来看，就发现行情是如何演绎出来的，任何走势都是从分钟级别→小时级别→日线级别→周线级别→月线级别→季线级别→…演绎出来的，是一个量上时间和空间的累积。量变到质变的过程展现。结构 1 对应着结构 10 和结构 11，结构 1-底 2 过程对应着结构 12 和结构 13，会更加清晰的看懂行情蝶变过程。如果仅仅单独看结构 17 和底 18，是看不到整个格局的，但如果看结构 3 和底 4 就非常清晰，典型零轴附近飞跃的时间节点。只看结构 6，不看结构 23、结构 24、结构 25、结构 26，根本分析不清楚其内部走势构成，更无从分析，这个时候就要剖析开来认真辨别。只有如此，才能看的更加清晰。既要看见森林也要看见树枝。这样多级别观察，会直观感受到股票生生死死的过程。

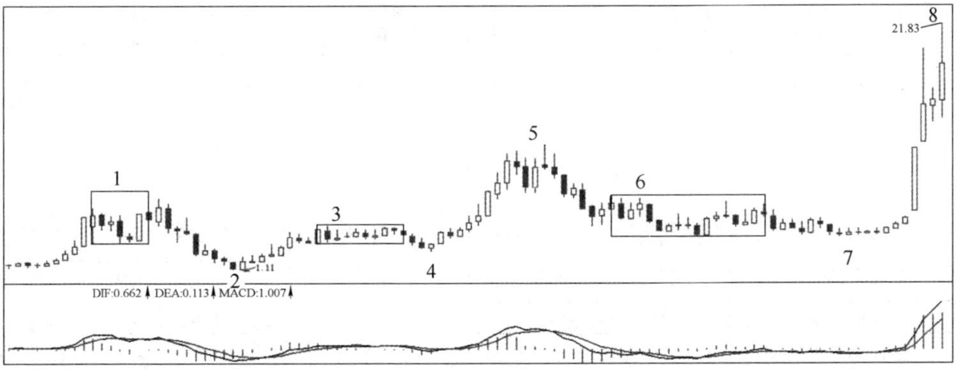

图 11-6 新力金融月线级别走势

图 11-7 新力金融周线级别走势

扫一扫
看更清楚

11.3.2 中源协和

中源协和细胞基因工程股份有限公司（以下简称“中源协和”）是中国较早开展“生命资源”存储的企业，也是国内一家以“细胞+基因”为主营业务，双核驱动发展的上市公司。技术领先承接国家级科研项目以细胞的存储、研发、临床转化为切入点，中源协和已经成为国家重要的细胞技术产品研发及转化基地之一。公司现拥有国家批准设立的国家干细胞工程技术研究中心、细胞产品国家工程研究中心，以及目前国家批准设立的一个干细胞产业化基地——国家干细胞工程产品产业化基地，在细胞技术开发、产品转化及应用等方面，不断探索创新。公司还与国内众多科研机构、高校和医院建立了合作关系，共同开展研发项目，并参与了“863 计划”和“973 计划”的重大科研项目的研究。中源协和同时也是国家干细胞与再生医学产业技术创新战略联盟副理事长单位，中国医药生物技术协会再生医学专业委员会副主任委员单位，中国研究型医院学会分子诊断医学专业委员会副秘书长单位，公司积极推动了我国生命科技产业的良性、快速发展。

细胞、基因双核驱动，打通生命健康全产业链。中源协和是最早投资生物资源储存项目的企业，经过多年深耕，已发展成为国内干细胞存储行业龙头企业。2014 年开始，公司推动细胞和基因双核驱动发展，实施“6+1”模式，即打造存储、基因检测及临床试剂、肿瘤免疫治疗、化妆品保健品抗衰老、信息化（互联网+）、药品（中源药业）6 大特色业务和借助并购基金外延发展，通过内生加外延打造生命健康全产业链。立足细胞存储和基因检测体外诊断业务，积极拓展干细胞治疗。公司积极沿着细胞、基因双主线发展。（1）作为国内干细胞存储领军企业，细胞存储是公司的主要业务，公司运营 3 家脐带血公共库（天津、浙江部分、甘肃），拥有超过 20 家细胞资源库，存储脐带血超过 30 万份，公司同时积极拓展干细胞产业链的中游制剂、治疗技术，目前已经申报脐带间充质干细胞抗肝纤维化注射液在内多个干细胞产品，在国内处于领先位置。（2）公司发力基因检测和体外诊断。测序服务已涵盖新生儿耳聋基因筛查、无创产前筛查、肿瘤及其他常见病易感基因测序等，已成为公司增速较快的新业务。

肿瘤免疫治疗新势力。公司通过投资北科生物 13%股权、上海柯莱逊公司布局肿瘤免疫治疗（图 11-7）。公司目前涉及的免疫技术包括肿瘤浸润淋巴细胞疗法（TIL）、细胞应在诱导的杀伤细胞（CIK）、DC-CIK、嵌合抗原受体修饰的 T 细胞疗法（CAR-T）等。柯莱逊与三甲医院合作成立符合 GMP 规范的生物治疗实验室，有望为公司提供重要的技术转化渠道。

公司股权结构及主要子公司如图 11-8 所示。

北科生物除了拥有不俗的干细胞实力（力争打造亚洲最大综合性干细胞群；干细胞治疗技术实力雄厚，脐带间充质干细胞（UCMSCs）治疗系统性红斑狼疮

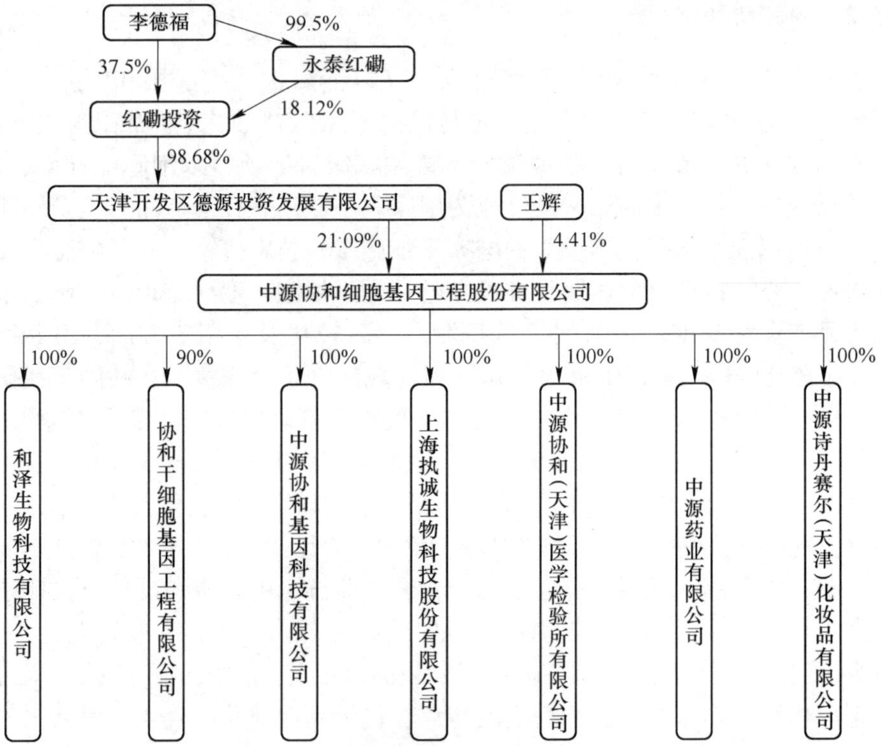

图 11-8 公司股权结构及主要子公司

(SLE) 的临床注册申请已进入审评程序、一类新药注射用人脐带间充质干细胞在申报等)，在肿瘤免疫细胞治疗领域也积累了诸多技术，组合全面。北科生物覆盖了包括 CIK、TIL、DC-CIK、TCR-T、CAR-T 等 9 个免疫技术项目，率先研发出以 S-T (Combined antigens stimulated T cells) 免疫细胞靶向治疗技术。

作为长远发展的保障，信息化 (互联网+) 将是公司积极布局的业务。未来公司将在生命银行卡、移动互联网平台 (OTO)、中国人群样本及基因大数据库、医院信息化等方面持续发力。目前公司已经推出生命银行卡个性化医疗服务，并在中国人群样本基因大数据库方面有所收获。

推出生命银行卡个性化医疗服务。公司与招商银行合作，集公司资源，向公众推出生命银行卡，提供全龄化、优质化、个性化的健康系统服务，客户可享受新生儿干细胞存储、成人脂肪干细胞存储、成人免疫细胞存储与治疗、基因检测与数据存储、美容和抗衰老等，阻化治疗多项服务。

布局中国人群样本及基因大数据库。公司 2014 年 9 月就在运营的细胞资源库基础之上增设基因信息数据库，基于对中国人群基因信息大数据的比对，发现中国人群所特有的疾病相关基因表达情况，建立适用于中国人群基因信息分析的疾病相关数据库，用于个性化医疗、精准遗传信息分析及基因靶向治疗等相关产业。中源协和周线级别走势如图 11-9 所示。

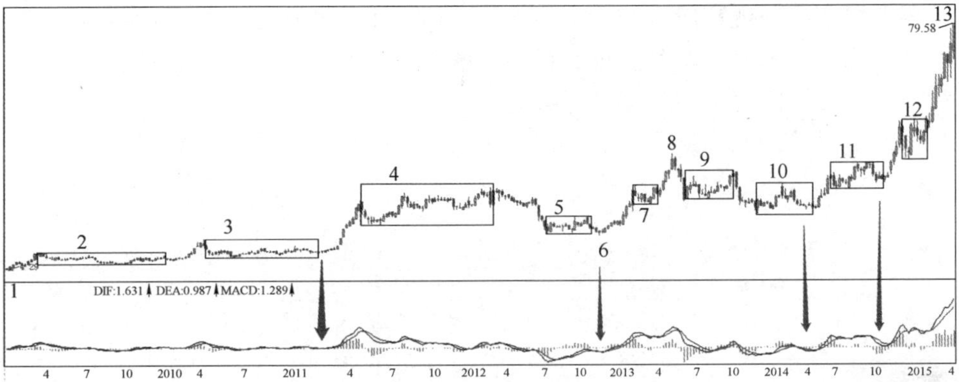

图 11-9　中源协和周线级别走势

扫一扫
看更清楚

看月线图 11-9 里的结构走势非常清晰，如果打开季线结构走势图，会更加明了，如图 11-10 所示。这种股票属于长期牛市，但目前也进入调整期了。结构 15 和结构 16 两个平台运行非常长的时间，在周线结构 2 和结构 3 里能更加清晰地看到更加细化的走势类型，借助月线结构走势和周线结构走势，同时配合 MACD 战法，可以比较好地抓住股票爆发点。在结构 18-顶 19 这段走势里，只有通过结构 10、结构 11、结构 12 和顶 13 看得更加清晰结构走势。中长期的股票更适宜按照周线结构走势来运作，因为在实际行情走势过程中，并不知道它未来到底是如何演化的，这是很多股票投资者难以把握的，如果没有后面的结构时空战法，是很难一直持有到底的。有些人信奉“价值”投资，其实没有所谓“持久性价值”，都是一种环境下的特种定义，“波段”投资更加值得欣赏。因为这只股票截图里只展示了上升的一段，并没有把下

图 11-10　中源协和月线级别走势

跌的一段截图，因此不要被误导。那么根据目前截图中的走势图，能否判断顶 19 的“状态”呢？通过结构 12-顶 13，还是多少能感受到一些，这就是级别带来的魅力。

要训练多级别观察股市结构走势，从中体悟出一些道道，培养起直觉。这时间不是两天，也不是两个月就能训练好，至少需要经历一个牛熊市周期。所以，本章节知识点是需要大家长期训练方有功力。

12　股票结构时空战法——时空

12.1　时空物理认知

时空，指时间和空间，任何事物都处于一定的时空之中。时间和空间不是独立的、绝对的，而是相互关联的、可变的，任何一方的变化都包含着对方的变化。因此把时间和空间统称为时空，在概念上更加科学而完整。引力是非常特别的。广义相对论把引力描述为时空本身的弯曲，而不是其他的附加的在时空中传播的场，这是爱因斯坦的伟大的思想，而导致这一思想的物理原理是引力的普遍性，也就是著名的等效原理。

等效原理有几种不同的形式，第一种被称为弱等效原理（Weak Equivalence Principle，WEP）。WEP 的一种表述是：物体的惯性质量和引力质量是相等的。一个 WEP 的等价表述：时空中存在一组特别的轨迹，不同的物体自由下落（即只受引力）只要在同一个位置以相同初速度出发，则它们会经过相同的轨迹。这其实就是说，物体在引力场中的运动与物体本身无关，是时空中的特殊的轨迹决定的。也就暗示了引力场是时空本身的性质。WEP 可以重新被表述为：在足够小的时空区域中，自由下落粒子的运动在引力场中和在匀加速参考系中是一样的。爱因斯坦想到把 WEP 推广到更一般的情况。推广之后的原理被称为爱因斯坦等效原理（Einstein Equivalence Principle，EEP），表述如下：在足够小的时空区域中，物理学规律符合狭义相对论的形式，并且任何物理学实验无法检测到引力场的存在。

时空的成立是建立在事物是存在的这个基础之上的，既然事物的存在性本身就是个相对的说法，那时空的观念必然也应该是个相对的说法。首先，事物必须存在，然后才能谈时空的性质；如果事物不存在，再谈时空的性质就毫无意义。对于空间的相对性，物理学里面有一个很有名的效应称为尺缩效应，就是说运动的物体在其运动方向上长度会缩短。当物体的运动速度达到光速的时候，物体的长度会缩短为零。

如果没有了物质这层皮，时空连一根毛也剩不下，因为时空本非实有。要想树立起相对的时空观念，就必须破除实体化的认识模式。只有破除了时空实有的观念，才能正确地理解时空的相对性。先有对于我和非我的认知，基于我的观点，基于对非我世界事物的实体化，才能产生大小、方位、远近的认识，进而产生出空间的观念。同时，基于我的观待，在把握实体化世界事物发生、发展演变规律的基础上，才能产生时间的观念。时空的观念产生以后，人们就习惯性地把这种观念进行了实体化，并且把产生这种实体化时空观念的基础——事物和这种实体化的时空观进行了等同的观待。

中观里有无自性成的说法，意思就是事物是因缘所生法，是一种缘起现象。本质上物质现象，也就是世间万物皆是缘起现象。但是，人类认识现象世界的时候，又不得不采用实体化的认知模式。在暂时承认物质现象是“客观存在（自性成）”的基础上，观待时空，就会发现时空的观念，也是一种缘起现象，而且呢，时空观念的缘起就是物质世界。从这角度上来观待，就会发现物质和时空之间就存在着因果关系。在最本质的层面上，物质是缘起，一切皆是人的观念，时空也一样。如果承认物质现象的实有，那时空就是物质现象的所生法，是非实有的。如果不承认物质现象的实有，那一切皆不存在，再谈论什么时空的说法就毫无意义。

如果说，承认物质和时空之间存在因果关系，那它们之间就是不一样的关系。意思就是说，虽然时空的观念因物质世界而生，但是它们两者不是一回事；同时呢，它们两者又不是两回事。如果暂时承认物质世界的实有，在此基础上成立的时空的观念就是非实有的，所以说二者不是一回事。如果暂时承认物质世界的实有，并且在此基础上建立了时空的观念，能抛开物质世界而去寻找那独立存在的时空吗？当然不能，所以说，二者也不是两回事。

而且因果关系，也并不是严格的因只能是因，果只能是果，因果其实是一种观待。所谓观待就是说，因果双方互为因果，因果关系其实是相对的说法。观待是抛开实际谈概念，虽然概念之间是并列的关系，但是概念所指代的具体事物并不是并列的关系。在分析概念之间关系的时候，可以说，种子可以产生芽苗。但是在实际生活中，在物质世界里，种子可以变成芽苗，但是种子和芽苗能同时存在吗？不能同时存在。不能同时存在怎么能叫并列呢？毕竟在现实中，两个人肩并肩站在一块，才能说是并列。孙子和死去的爷爷怎么并列呢？

还是拿时空和物质的关系来分析。如果没有时空，那物质安放在何处呢？如果没有物质，那时空又因谁而起呢？所谓因果关系，其实就暗含着这么一层关系，那就是没有因，就没有果；同样的道理，没有果，也谈不上是因了。因果是相对的说法，二者谁也离不开谁，没有离开果而单独成立的因，也没有离开因而单独成立的果。把这个观念具体化，就得到没有离开物质而单独成立的时空，也没有离开时空而单独成立的物质。把二者都当成实体，并列起来分析，其实就等于在说，因可以离开果而单独成立，果可以离开因而单独成立，这其实是非常愚蠢的结论。

因果关系，或者说因果律，同样也是人们在认识物质世界的过程中，对于事物发生、发展变化进行的规律性的总结。因为因发生之后，果经常会发生，人们就想当然地认为，二者之间存在因果关系。所谓因果关系，无非就是一种观念，但是，人们就像观待时空一样，把这种观念也进行了实体化。正是因为时空和物质世界之间存在着因果关系，同时，人们对于时空的观念也被实体化了，按照正常的逻辑，人们很自然地会想到，如果没有时空那物质又能安放在何处呢？正是基于物质的实体化，人们产生了时空的观念，同时，还是因为实体化，人们又把时空的观念当成了实有，同时还把它和物质世界并列起来分析，自然而然地就会认为时空不依赖物质而独立存在，而物质只能存在于时空之中。

把宇宙的结构时空概念运用到股票市场里，同样存在着相似的道理和形态。是在结构走势里增加了时间一维，形成时间和价格空间的一体关系。股票市场里的空间是指价格空间，不是物理里面的真实空间。把价格空间和时间融为一体，相互之间存在宇宙级别的数理关系。这里要说明的是结构是主体性，时空是附属性；虽然附属，但两者之间互为转换。结构对应着时空，时空到了又转换成结构。这一层面深刻含义，很难用语言进行表述。而且这种结构时空上的刻画，还需要借助辅助工具，以及多级别综合角度观察，才会有更加有效的功力形成。

结构时空是交易的底层逻辑。它可以用来指导交易者进行交易。因为它解决了趋势从哪开始，到哪结束的问题。只要是图表交易者，不管是做震荡还是做趋势，都用得上它。因为震荡不过是小级别的多段趋势而已。结构时空理论能够让你明白，同样是价格上升，有的可以买，有的必须卖；同样是价格下跌，有的可以买，有的必须卖。

结构时空理论本质上还是结构分析。结构决定功能，一物之所以为一物，是由它的结构决定的，如果一物的基本结构改变了，它就不成为这种物了。金融市场的价格波动既形成了本身的图表结构，又因其结构而决定未来的走向。这种结构是时间和价格空间结构。这种结构不是实体的结构，而是一种时间和空间结构。通过了解价格图表的时间和空间结构，可以在平面的图表上看到一种动态的系统画面。

结构时空带来股市真正波动原理，这就把经济学的理论给物理哲学化了，使得理论底层基础逻辑更加稳定和牢固，牛顿力学，爱因斯坦广义相对都是具备这种底层基础哲学逻辑，从而使得他们的理论伟大。

12.2 指数时空实战分析

在传统时间研究里，大多数还是运用费氏数列或者费氏数列演变的一些计算方法。但是这种不确定性是比较大的。总感觉不成体系的时间研究。有兴趣者可以去看冯雷的《股票波浪理论揭密：最佳买点与卖点》，书中说：波浪分割是一些特定的参数，这些参数是根据黄金分割及其对称性的原理推导而出的。由于“时间—价格模型”的主要作用是在前一段趋势或循环（一段上升或一段下降称为趋势，两个顶部之间或两个底部之间称为循环）运行完毕之后，通过参数系统判断及预测市场未来的趋势，故波浪分割所包括的参数均大于 1。从波浪理论的循环模型所提炼出来的参数系统称为波浪分割，波浪分割体现了市势运行过程中波段之间时间与价格的黄金比例。具体包括：1. 236、1. 309、1. 5、1. 618、2、2. 618、3、4. 236、5. 236 及三个特殊的比例关系：1. 382、1. 764、3. 236。以时间单位的大小来描述奇异数列的作用方式会产生不同的效果：一般说来，奇异数列对股市的作用方式包括四种：（1）低点至高点间。（2）高点至低点间。（3）循环高点至循环高点间（两个主要的高点）。（4）循环低点至循环低点间（两个主要的低点）。这里不展开叙述。图 12-1 所示为属于费氏数列预测时间的案例。

图 12-1　中小板指月线级别走势

图 12-2 所示为中小板指月线级别走势，就是结构时空理论的时空观。时空属于结构和未来时间的对应关系，因此，结构和时空是融为一体的，不是割裂的。这种一体其实还包含级别，这里不进行论述，后面章节再讲。

顶 2 和结构 4 都可能对应着顶 5 的时间窗口，反过来，顶 5 又被结构 4 和顶 2 制约着时间窗口，是一种相互关系，不是单向关系。底 7 会同时受到结构 4 和结构 6 的转换关系，计算出其时间窗口。顶 10 的时空关系受到结构 6、结构 8 和顶 5 的转换，这种可能是多样性，但同时以后在其他章节通过不同级别上的来确定最终唯一性。结构 12 的底会被结构 11 进行换算计算出来。

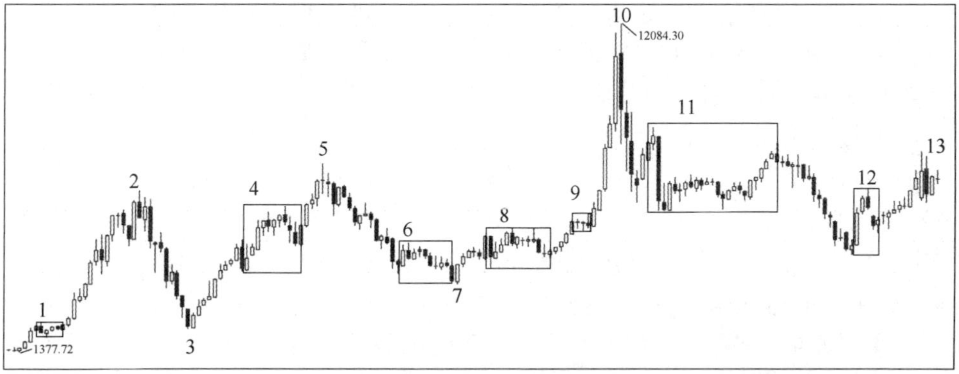

图 12-2 中小板指月线级别走势

12.3 个股时空实战分析

12.3.1 金新农

深圳市金新农科技股份有限公司成立于 1999 年 11 月 6 日，2011 年 2 月 18 日在深交所挂牌上市。经过 17 年的励精图治和快速发展，目前金新农已发展成为主营业务涵盖全系猪用饲料研产销、种猪繁育、动保兽药、互联网通信技术等业务的中国现代化科技型集团公司、国家级高新技术企业。

公司发布 2020 年一季报，公司一季度实现营收 6.16 亿，同比增长 2.49%；归母净利 0.68 亿，同比增长 723.36%。

养殖业务贡献大部分利润，公司一季度共销售生猪 7.08 万头，以 Q1（Q1：第一季度）单头仔猪售价 1735 元（均重 10kg 左右）、种猪售价 6000 元（均重 47kg 左右）、商品猪单头售价 2800 元（均重 100kg 左右）计，预计公司 2020Q1 生猪养殖板块贡献利润近 9800 万，单头盈利约 1400 元。

饲料板块：高毛利持续，销量有望回暖。2020Q1 饲料销量 12.8 万吨，预计贡献利润近 1000 万，单吨利润约 90 元/吨，毛利率保持高位。预计未来 2~3 年，随着全国生猪存栏的回升，行业需求将逐渐复苏，叠加公司自身养殖业务规模扩大的影响，公司饲料业务销量有望回暖。

养殖板块：出栏量和利润预计逐季增长，Q2 生猪出栏量预计环比。根据公司年初拟定的生产计划和销售目标，结合东北铁岭 4 月开始出栏放量，Q1~Q4 占全年出栏量比重预计分别为 7%、15%、24%、54%。Q2 生猪出栏量预计环比 Q1 翻倍，生猪出栏量和利润逐季增长。公司制定的《五年（2020~2024 年）发展战略规划》计划在东北、华中、华南、华东等四个重点区域内大力发展生猪养殖业务，力争 2024 年实现年生猪出栏 560 万头，饲料销售 300 万吨。

图 12-3 所示的结构 1 和结构 3 对应的结构时空点都会落在顶 4 和结构 5 里，结构 5 和结构 6 同样对应的结构时空点会在结构 7 里，这种就是结构时空对应关系，也是时空对应点。这已经把时空关系深深的融入走势结构里，融为一体。很多其他时间研究方法是机械、形而上学式的。结构 1、结构 3 演变出顶 4 和结构 5 的时空对应点，接下来结构 5 和结构 6 演变成结构 7 的时空对应点，会发现这种前因后果的关系深深融入其中，并不是人为因素导致，是现实体现的具体走势“客观实在”的体现出来。从而把非常魔幻的“时空”通过具体“形态”刻画了出来，这应该是股票理论里独树一帜。有前因就有后果，简单-复杂-简单-复杂，往复循环，符合哲学里的矛盾论。结构 7 和顶 8 之间在月线级别可能找不到时空对应关系，但是在其他级别是可以找到的，这里不展开论述，后续章节会讲到。时空关系是本理论体系最最难理解的关系，主要是因为这里没有把模型公布，所以看起来不那么直观。

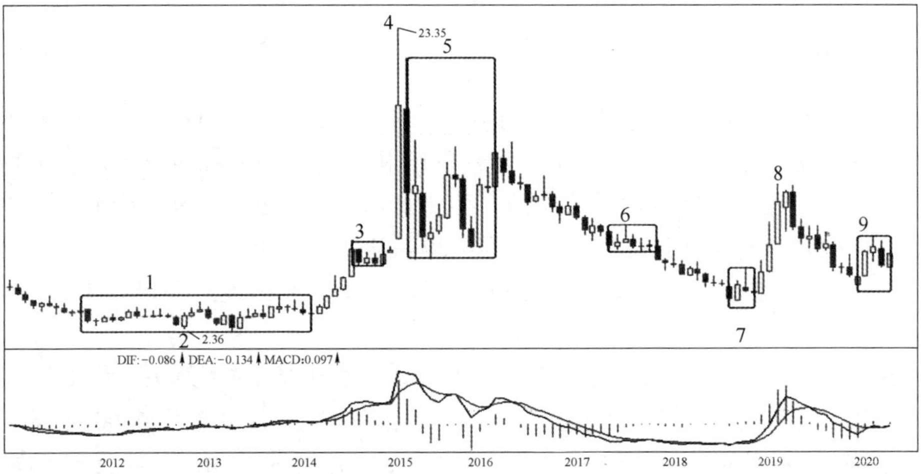

图 12-3 金新农月线级别走势

12.3.2 通产丽星

深圳市通产丽星股份有限公司是专业从事化妆品、日用品、保健品及食品塑料包装解决方案的设计、制造和服务提供，以及工艺装备及精密模具设计制造，高分子材料改性及环保材料研发，化妆品的灌装及搅拌，信息化标签设计和制造，汽车轻量化解决方案的设计和制造、物流配送、塑料包装废弃物循环利用等上市公司。

公司发布 2019 年业绩预告：2019 年公司实现归母净利润为 4.7 亿~5.65 亿

元，同比增长近5倍。公司包装主业稳步增长，毛利率环比改善。公司包装主业稳步发展，2019年前三季度净利润为9178.32万元，已完成先前规划的2019年净利润目标。前三季度毛利率为24.73%，创近8年来历史新高。公司开发灌装业务和化妆品包装新客户，不断开拓片材管、彩妆、标签和化妆品ODM市场。同时公司推进华东基地生产布局，实现产能扩张，推动包装主业收入选一步提升。

收购力合科创，引入科技创新服务新业务。力合科创以提供科技创新服务为主，已形成应用研发、人才培训、创新基地、投资孵化四大体系。公司于2019年收购力合科创100%股权，目前已经并表。力合科创承诺2019/2020/2021归母净利润分别不低于2.7亿元/3.3亿元/4.2亿元。2019年力合科创归母净利润预计为3.3亿~4亿元，同比增长26.18%~68.24%，已完成业绩承诺。力合科创近期持续与政府、企业开展合作，2019年12月力合科创与镇江市政府签订了合作建设“江苏力合智能制造产业园”的框架协议，此外与农业银行镇江分行展开合作，为其提供投信、投资银行、国际业务和财产管理服务。

图12-4所示为通产丽星月线级别走势中的红色箭头，画出了MACD战法中一些显著性特征，可以辅助说明实际走势。结构2这时并没有对应出顶3的时空点，反而对应出结构4的对应时空点，那么顶3对应的时空点结构在其他级别里体现。结构4会对应出底5的时空点关系。结构6和结构7，其实它们也可以直接合并成新的结构，对于结构8的时空点关系。结构8和结构9对应于底11的时空点关系。结构9和结构10对应于顶12的时空点关系。所有这些都必须建立在你能找到这种对应关系的数学模型基础上，才能真正持续投资下去，否则亏损会比较严重。

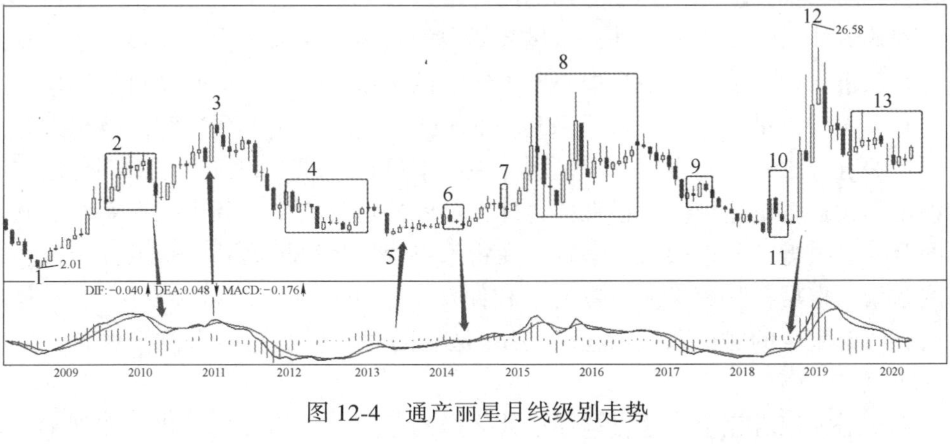

图12-4 通产丽星月线级别走势

13 股票结构时空战法——结构与级别

13.1 结构与级别类型

人类所处的宇宙既浩瀚又神秘，随着人类对于宇宙的认识越来越深入，越来越感觉到宇宙就像是一部“精密的机器”，按照原本的设计，在按部就班地进行运行和演化，宇宙是一个巨大的复杂系统。宇宙中的任何一个天体，都不是随意出现在某个区域的，都是运行在这个系统之中，被万有引力和永恒的运动所控制。把宇宙中的天体因为相互吸引、相互绕转而形成的运行系统，称为天体系统，宇宙中的天体系统是多层次的，低层次的天体系统包含在高层次的天体系统之内。如果以地球为出发点来研究天体系统，那么最低级别的天体系统就是地月系，也就是由地球和月球组成的行星天体系统，月球围绕地球公转。比地月系高一等级的天体系统是太阳系，就是以太阳为中心天体，其他行星、矮行星、小行星、卫星、彗星等天体围绕太阳运行的恒星天体系统。比太阳系高一等级的天体系统是银河系，银河系拥有超过 1000 亿颗以上的恒星，这些恒星系统都在围绕着银河系中心旋转，组成直径在 8 万~10 万光年的巨大棒旋星系。比银河系高一等级的天体系统，有不同的说法，一般来说由于银河系以外的区域人类的了解十分有限，所以把银河系和其他已知的河外星系共同组成总星系，总星系是目前最高级别的天体系统。除此之外，本星系群内的其他星系大多都属于矮星系，这些矮星系以银河系和仙女星系为中心，组成了两个星系次群。这些矮星系中比较著名的有大麦哲伦星系，环绕银河系运行，距离大约为 16.3 万光年，体积大约是银河系的五分之一，包含约 200 亿颗恒星，不过在地球上的北半球大部分地区都难以见到大麦哲伦星云。本星系群也处在不停的运动之中，其中银河系和仙女星系的距离又很近，所以很大概率两者在将来将会发生碰撞融合，形成一个巨大的椭圆星系。根据科学家推测，银河系和仙女星系相撞的时间将会发生在 30 亿年之后，两个星系的碰撞和融合还需要 10 亿年的时间，所以整个碰撞融合完成将会在 40 亿年之后。

不知道大家看完上面这段描述有什么样的感知。结构发生变化比如带来级别上的变化，但是结构上的变化一定是需要时间累积出来，但又完全不等同于时间周期。下面就结构与级别结合图形加以说明。

如图 13-1 和图 13-2 中所示的走势图都是同级别走势，但是虽然是同级别走势，但真实反馈出来是不一样的。图 13-1 的走势图，结构简单，对应的级别低；图 13-2 所示的走势复杂，经历的时间非常久，对应的级别更高。严格来说，级别是结构延展出来的。图 13-1 所示的走势结构简单明了，一旦触发底部区域，上涨一般来说也会比较明了。但是图 13-2 所示的走势结构复杂很多，最终行情要做出选择，后期走势会极其复杂，不排除短期简单明了，中长期复杂这种情况。

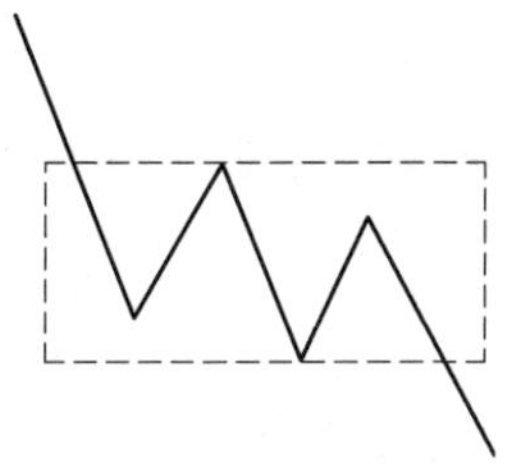

图 13-1 小级别结构

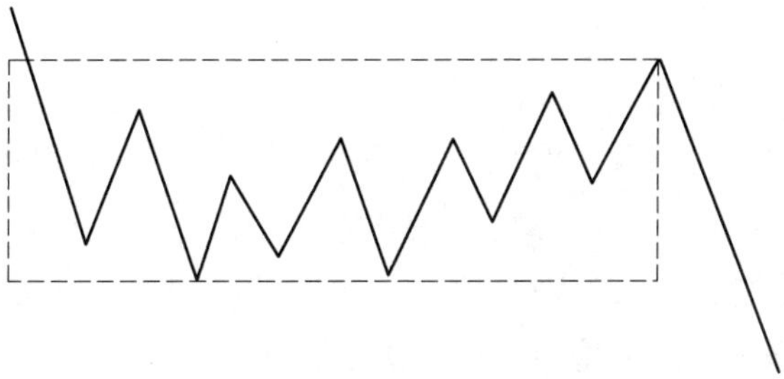

图 13-2 大级别结构

13.2 指数结构与级别实战分析

图 13-3 所示为上证指数一段周线走势，下面将结合本图做个实例分析。

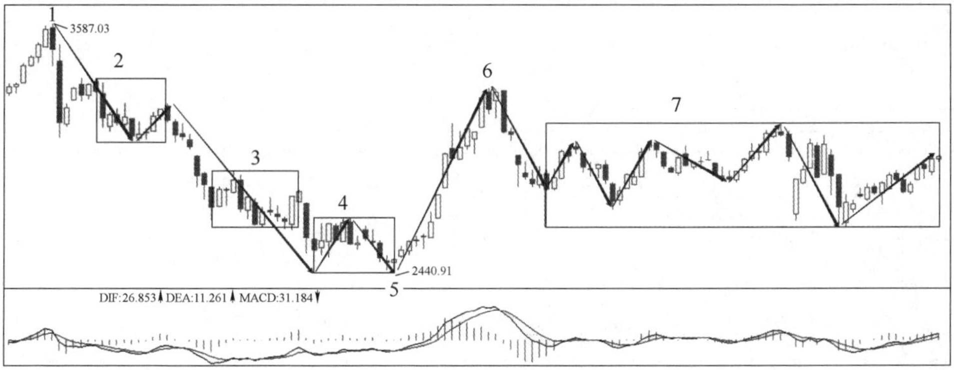

图 13-3 上证指数周线级别走势

结构演变出级别，比图 13-3 中结构 2、结构 3、结构 4 就是走出的，但是它们的级别是月线级别，但是结构 7 的级别已经演变成季线级别，是要比结构 2、结构 3、结构 4 级别高。顶 1–结构 2–结构 3–结构 4–底 5 是一个下跌月线级别走势结构，整整下跌一年多的时间。而结构 7 是盘整，或者称为扩展出来的级别。但是在结构 7 级别里，要想知道为什么如此，就必须观察周线和日线，因为结构 7 的月线走势的季线级别里，必须把级别放低了观察，才能看得更加清晰内部结构问题。判断其中涨跌过程，从而判断未来行情走势是否会向上或者向下脱离结构 7，还是继续在结构 7 里折腾。

13.3　个股结构与级别实战分析

13.3.1　高鸿股份

大唐高鸿数据网络技术股份有限公司是由大唐电信科技产业集团整合其多年累积的数据产业技术、产品和资源组建的高新技术企业，于 2003 年成功上市，是大唐电信科技产业集团旗下境内两家上市公司之一。公司致力于发展成为优秀的“面向企业信息化应用的物联网和融合通信技术、产品的服务提供商”与“面向广大个体消费群体的移动互联网和互联网支撑的服务提供商”。公司的主营业务分为面向企业客户的企业信息化业务；面向 3C 卖场、中小企业客户的 IT 销售业务以及面向个人消费者为主的信息服务业务。

公司主要经营：多业务宽带电信网络产品、通信器材、通信终端设备、仪器仪表、电子计算机软硬件及外部设备、系统集成的技术开发、转让、咨询、服务及制造、销售，通信及信息系统工程设计，信息服务，自营和代理各类商品和技术的进出口。安全技术防范系统设计、施工、维修，但国家限定公司经营或者禁止进出口的商品和技术除外。财务数据见表 13-1。

表 13-1　财务数据

报告期/年-月-日	2020-03-31	2019-12-31	2019-09-30	2019-06-30	2019-03-31	2018-12-31	2018-09-30	2018-06-30	2018-03-31	2017-12-31	2017-09-30	2017-06-30
长期债务:												
资产负债率/%	58.04	58.09	59.15	55.18	57.81	55.21	58.09	54.80	53.55	57.65	59.55	57.71
流动资产/总资产/%	79.40	81.31	75.25	72.80	74.24	72.80	75.38	73.10	69.39	68.33	65.57	65.49
非流动资产/总资产/%	20.60	18.69	24.75	27.20	25.76	27.20	24.62	26.90	30.61	31.67	34.43	34.51

续表 13-1

报告期/年-月-日	2020-03-31	2019-12-31	2019-09-30	2019-06-30	2019-03-31	2018-12-31	2018-09-30	2018-06-30	2018-03-31	2017-12-31	2017-09-30	2017-06-30
流动负债/负债合计/%	91.71	94.05	94.44	93.27	93.27	92.53	87.03	85.11	83.62	85.18	85.63	84.72
非流动负债/负债合计/%	8.29	5.95	5.56	6.73	6.73	7.47	12.97	14.89	16.38	14.82	14.37	15.28
营运资金比率												
流动比率/%	1.49	1.49	1.35	1.41	1.38	1.43	1.49	1.57	1.55	1.39	1.29	1.34
速动比率/%	1.27	1.24	1.07	1.04	0.95	1.13	1.15	1.22	1.25	1.20	1.11	1.14

图 13-4 所示为高鸿股份季线结构走势，从中可以看出，公司上市这么多年来，就一直在一个季线结构里来回折腾，2015 年上半年有冲破结构 1 的冲动，不过最终还是没能走出新的季线结构，回到结构 1 里，走出结构 3。从这结构走势图里，其实也可以看出公司遇到发展瓶颈，没有能量突破目前大格局。公司的曾用名：中国七砂→ST 七砂→ST 鸿股→*ST 鸿股→ST 鸿股→高鸿份→G 高鸿，可以确认发展极其坎坷，股票走势没多大起色足以说明一切。结构 1 的级别已经达到年线级别，结构级别之大，没有超级厉害，结构 1 不会形成新的时空对应关系，只能在月线级别结构走势里才存在对应的时空点关系。所以看到这类股票，一般避而远之，不要投资。

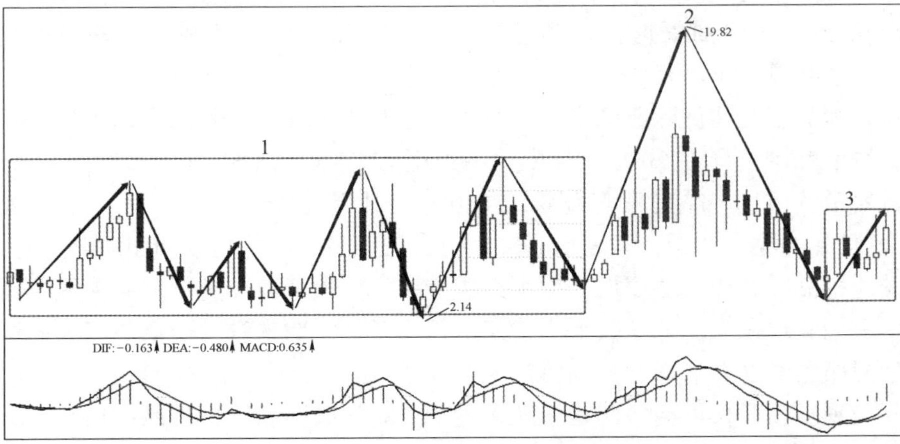

图 13-4 高鸿股份季线级别走势

13. 3. 2　上海家化

上海家化联合股份有限公司是中国行业历史悠久的民族企业之一，前身是成立于 1898 年的香港广生行，于 2001 年在上海证券交易所上市，今年已步入发展的第 120 年。上海家化专注于美容护肤、个人护理、家居护理三大领域，上海家化高度重视品牌建设，在众多细分市场上建立了领导地位。上海家化高度重视质量管理，拥有行业较强的生产能力，产品涵盖美容护肤、个人护理、家居护理三大领域，率先通过质量管理体系国际标准 ISO 9001 的认证，是行业诸多国家标准的参与制定者之一，并于 2012 年顺利通过 GMP 认证。

公司是中国日化行业历史最悠久的民族企业之一，历经百年已发展为全品类、渠道和品牌布局最为全面的本土日化龙头。2014 年后公司由于管理层调整磨合及行业变化基本面有所波动，近年来通过品牌及渠道积权调整有所企稳。公司过去三年营收和业绩复合增速分别为 12. 6%和 37. 1%，2020 年 Q1（第 1 季度）受疫情影响营收有所下滑，但仍好于行业平均水平。

公司产品力积淀深厚，兼具中草药概念独特性及产品安全性和功效性，在此基础上搭建了完备的品牌矩阵基础：玉泽借强劲产品力及新营销布局成为拉动公司增长新驱动力，Q1GMV 增速超 500%；六神整体稳健，2020 年在疫情提振个人清洁品类需求及炎夏提振花露水需求下有望稳步增长；佰草集加速产品革新，提升营销效率，有望逐步重回增长轨道；美加净及高夫通过品类转型升级打开空间；其他新锐品牌启初，家安、双妹等所处细分市场发展迅速，为公司中长期发展储备潜能。

公司新任 CEO 具备国际美妆企业运营经验，随着未来管理层变革，公司一方面有望在机制理顺后实现提效控费释放业绩，目前公司费用率高出同行以及自身历史稳健水平超过 10%；另一方面，新任管理层具有电商新渠道转型运营经验，公司 2019 年电商渠道占比预计不到 30%，而板块内品牌公司普遍占比于 45%，未来发展空间较大。

中短期品牌迭代保障业绩增长，盈利能力有望改善：一是公司内生孵化的功能性护肤品品牌玉泽在 2020 年爆发，一季度 GMV 同比增长 500%以上。玉泽品牌所处赛道优质且产品自身实力强，2020 年占比接近 15%，而对标薇诺娜 2019 年约 20 亿元的收入体量，未来仍有较大的成长空间。二是短期 2020 年公司占比最大的六神品牌有望受益疫情提振个人清洁品类需求，以及炎夏气候提振花露水需求，有望实现在去年低基数下的快速增长。三是中期来看，佰草集当前的产品和营销思路已经逐渐清晰，产品推新招新情况优异，营销投放逐渐趋于合理化，明后年实现复苏增长可期。四是长期来看新锐品牌如婴幼儿护理品牌启初、家具清理品牌家安，以及中高端护肤品牌双妹，所处赛道优质，所在细分品类已经具有一定的品牌优势，为公司长期增长接力。而从盈利能力改善来看，随着玉泽、启初的不断成长壮大，以及佰草集的复苏，高毛利率的护肤品业务有望推动公司整体毛利率的提升，且费用率随着规模效应的显现也有望不断下降。

公司控股股东为上海家化集团有限公司，在上市之初实际控制人为上海市国资委，2011 年 11 月，控股股东家化集团整体改制，中国平安下属平浦投资家化集团 100%股权，实际控制人变更为中国平安，后续经过数次要约收购，目前中国平安通过直接或间接共计持有公司 52. 20%的股份。

2019 年上海家化实现营收 75. 97 亿元，同比增长 6. 43%，实现归母净利润 5. 57 亿元，同比增长 3. 09%，扣除非归母净利润 3. 80 亿元，同比下降 16. 91%。2020 年 Q1 受疫情影响，公司营收下滑 14. 8%，剔除会计准则调整影响，下滑幅度约 11%，好于行业平均水平，归母净利润下滑 48. 89%，主要是参股企业受疫情较大及金融资产投资收益下降影响，扣非后下滑 19%，整体符合市场预期。

上海家化比高鸿股份强太多了，形成了季线结构级别上升走势。只是最近几年遇到发展瓶颈，经过改革，将来会有更好的表现。上海家化季线级别走势，如图 13-5 所示，结构 1、结构 3、结构 4 到结构 5 的高点，持续上升浪，结构 1-结构 4 的级别属于季线级别结构。结构 5 演变成年线级别结构。底 2-结构3-结构 4-结构 5 第一高点是非常标准的上升走势，结构走势非常完美，在结构 4 的作用下，结构 5 进入盘整调整；在公司真实面也遇到发展瓶颈。走势结构级别越大，带来的惯性也越大。比如：底 2-结构 3-结构 4-结构 5 第一高点属于季线结构走势，带来的上涨时间也是非常持久的；还比如结构 5 的级别更大的年线级别，将来要脱离这个年线级别结构就更难，也就是说它惯性大，到目前一直持续 7 年盘整。因此来说，小级别有小级别的好处，大级别有大级别的好处。

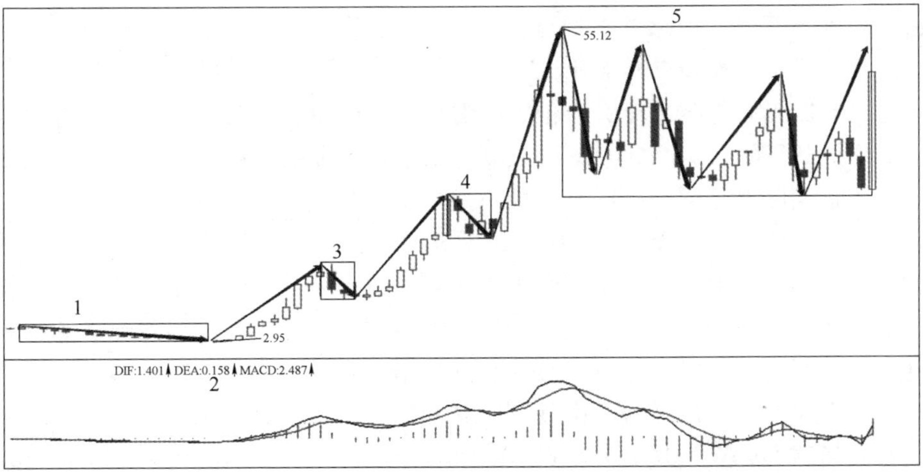

图 13-5 上海家化季线级别走势

14 股票结构时空战法——结构与时空

14.1 结构与时空类型

物的本质结构特点决定其产生的时空的特点。简单打个比方，北京城与西北，西南偏远小镇相比。如果用同一时间来比，会感觉像两个不同的世界。前者变化节奏太快，后者相反变化太慢。北京可能一天一个样，小镇可能二三十年都不变。时间是相对变化的测量工具。细胞，人，地球，星系，宇宙是不同变化量级。空间是由空间内占主导地位的物决定，空间内也可以有空间。所以时空是物的外在表现。太阳决定了太阳系的空间大小（引力场），时间快慢（变化，速度量级）。北京与小镇是量的区别。量子，人，星体是质的区别，本质上是维度不同。时间和空间构成一个四维的时空，也就是时空结构。

在科学史上总有一些瞬间，天才的思想者会提出极为大胆的洞见，让回顾历史的旁观者目瞪口呆。1907 年的 11 月的某一天正是这样的一个时间点，这一次的主角就是这里已经多次提到的爱因斯坦。对于爱因斯坦来说，这原本只是稀松平常的一天。彼时爱因斯坦还在伯尔尼的专利局工作，已经被晋升为“二等技术专家”，他后来回忆道：“当时我坐在伯尔尼专利局的椅子上，突然想到：当一个人自由地下落时，他感觉不到自己的重量。”现在人们已经对各种电影和照片中零重力环境下宇航员的状态十分了解了，因此可能很难理解爱因斯坦在当时做出的这一判断具有怎样的意义。但这个看似简单的想法，其实蕴含着解开牛顿万有引力之谜的种子。狭义相对论无法处理与加速度和引力相关的问题，但爱因斯坦意识到这实际上是同一个问题，而不是两个。

爱因斯坦称之为“等效原理”：在局部区域，引力和加速度带给人的感受是一样的，它们实际上是一回事。爱因斯坦认为这是他“最幸福的想法”。起初爱因斯坦并不能完全确定。他又花了 5 年的时间才终于弄明白，等效原理意味着引力和几何之间的一种极为特殊的联系。虽然我们平常感知到的时空好像是平直、刚性的，但时空的几何形状会出现弯曲和凹陷。

在几何课上曾经学过，三角形的内角和是 180°，一个圆的周长是 π 乘以直径，两条平行线永远不会相交。这些定律（以及许多其他定律）都描述了数学家们所称的平直空间，或称欧几里得空间，该空间以著名几何学家亚历山大的欧几里得命名。这就是在日常生活中所熟知的三维空间，常常用 x、y、z 这三条坐标轴描述它。闵可夫斯基提出，可以在三维空间的基础上加上第 4 个维度——时间，在欧几里得空间中加上第 4 个维度时间之后，就得到了一个平直的四维时空。

在弯曲的时空中，引力不再需要被“施加”在物体上，物体在弯曲处自己就会下落并加速。现在所要做的就是假设一个物体（例如一颗恒星或者具有大量质能的行星）会使其周围的时空弯曲，就像一个孩子在蹦床上跳来跳去的时候会让具有弹性的蹦床表面弯曲一样，而其他的物体（例如行星或是卫星）如果离得太近，就会沿着由这种弯曲决定的最短路径运动。沿着这条路径自由下落而产生的加速度完全等价于在引力作用下产生的加速度。

美国物理学家约翰·惠勒相当简洁地总结了这种现象：“时空告诉物质如何运动，物质告诉时空如何弯曲。”爱因斯坦发现，通过这一想法，他似乎就能在相对论的框架下解释有关加速度和引力的问题，这一理论后来被称为广义相对论。广义相对论表明，实际上并不存在引力这种东西。质量确实能够产生引力场，但是这个场就是时空本身的弯曲。

在 1907 年做出了这一猜测之后，爱因斯坦又花费了 8 年的时间才形成了完整的理论，在这一过程中他遇到了许多挫折，走过许多死胡同。最终，爱因斯坦于 1915 年 11 月 25 日向柏林普鲁士科学院提交了广义相对论场方程，他自己的评价是：“这个理论真是美丽到无以复加，可惜只有一个人能看得懂……”这个人就是德国数学家大卫·希尔伯特（David Hilbert），他近乎狂热地追捧爱因斯坦提出的广义相对论。

天体的结构和时空之间有着密不可分的关系。其实股票市场里大致也如此。股票走势结构和时空同样存在着转换密码，爱因斯坦用广义相对论阐述了天体的结构和时空关系；股票的走势结构和时空关系是结构时空理论。

沪深 300 指数月线级别走势，图 14-1 所示，结构 1 和结构 2 转换成顶 3 的结构时空转换关系，结构 4 转换成底 5 的结构时空转换关系，结构 6 是转换底 8 的结构时空转换关系，结构 6 和结构 7 转换顶 9 的结构时空转换关系。结构 10 是转换顶 11 的结构时空转换关系。这都是真实存在的模型关系，是被作者创建结构时空转换模型实证了的。结构 12 未来应对的转换关系要么是顶要么是底，这样根据实际走势情况出现后就能判断，所以结构时空转换关系是一个动态的模型。这里还必须强调的是，时间一维是深度融入结构和空间里的，不是割裂的。市面上的很多研究时间是纯粹割裂的，是和空间割裂的，没有融为一体。

图 14-1 沪深 300 指数月线级别走势

14.2 指数结构与时空实战分析

认真看图 14-2，如果能感受到结构与时空之间的对应关系，就有了非常直观感觉。结构与时空就是在这走势结构的运行中来回的交替着，相互彼此作用，影响着。结构 2、结构 3、结构 4 对应着顶 5 的时空点的关系，结构 6 对应着底 7 的时空点的关系，结构 6 和顶 5 对应着顶 9 的时空点的关系，或者是结构 2-结构 3-结构 4-顶 5 用高级算法折算出来的 *Y* 顶对应着顶 9 的时空点的关系（这就涉及了结构时空计算模型），这种折算出来的几何关系在很多情况下还是存在，不

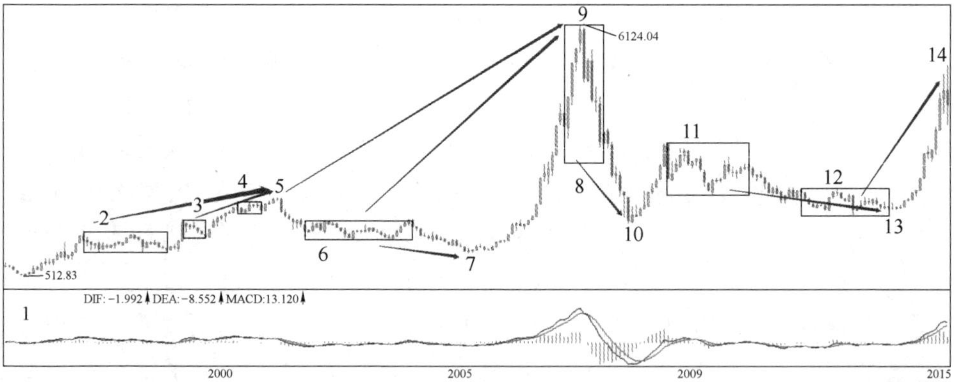

图 14-2 上证指数月线级别走势

扫一扫
看更清楚

仅仅是所画的结构与时空对应关系那么简单，这里就涉及了更多算法问题，在此就不展开了。同样结构 8 对应着底 10 的时空点关系；结构 11 对应着底 13 时空点关系；结构 12 对应着顶 14 时空点关系。前面结构决定后面时空点关系，时空点就是转折点，也是形成结构的必须，因此来说，结构的高低点其实都对应着不同级别的时空点关系。所以，前面才说结构与时空是相互关系。

14.3 个股结构与时空实战分析

14.3.1 双汇发展

河南双汇投资发展股份有限公司是中国巨大的肉类加工基地，农业产业化国家重点领先企业，总部在河南省漯河市。双汇在全国 18 个省（市）建有 30 多个现代化的肉类加工基地和配套产业，形成了养殖、饲料、屠宰、肉制品加工、新材料包装、冷链物流、连锁商业等完善的产业链，年产销肉类产品 300 多万吨，拥有近百万个销售终端，全国除新疆、西藏外，双汇的产品都可以做到朝发夕至。双汇品牌价值 606.41 亿元，连续多年居中国肉类行业领先位置。

2001 年双汇肉制品板块上市后经历了 10 年高速发展期，当时主要是受益于低温休闲产品的大发展，以及大单品策略在这一时期有较强的成功率，双汇肉制品板块 2001~2010 年年均复合增长达到 21.43%。2011 年发生瘦肉精事件，给肉制品行业带来巨大的冲击，随后带来消费者多元化需求增加快，特别是休闲产品多元化，以及外卖平台的掘起等新的消费模式分流一部分消费需求，公司肉制品销量一直没有较大突破。双汇这一增长趋势与行业增长趋势基本一致，肉制品行业自 2001 年以来进入高速增长期，至 2011 年瘦肉精事件发生成为行业的重要转折点，销售者对猪肉消费整体趋于稳定，导致肉制品消费量放缓，随后行业进入增长期。

自 2015 年起，国内猪肉消费量和产量便呈现出连年下滑的趋势，2018 年国内猪肉消费量 5540 万吨，产量 5404 万吨，分别同比下滑 0.95%和 0.88%。猪肉消费量的减少，主要是随着国内消费市场的转型升级，居民饮食开始向多样化、科学化转变，老百姓对牛羊肉、海鲜、蛋奶类消费增加，猪肉的需求量有所减弱。目前以猪肉原材料为主的肉制品的增速下降主要是受制于国内猪肉消费量的下降，但是未来肉制品转化率提升是肉制品行业的重要增量。按照历史经验，国内猪肉的生熟转化率约 12%~13%，按 2019 年猪肉产量 4255 万吨计算，估算肉制品产量 510 万~553 万吨。虽然从现在看猪肉消费逐步趋于饱和，行业增量空间有限，但是对比国外肉类消费的生熟转化率基本都在 50%~60%，国内肉制品仍有很大的转化空间。

另外，从国内市场竞争格局来看，双汇近几年肉制品产量较为稳定，年产量稳定在 160 万吨左右，按此计算市占率约 30%。从行业市场来看，高低温行业竞争格局相差较大。高温肉制品中，双汇市场份额超过一半，达到 60%。而低温肉制品，因为受到冷链物流等因素的影响，相对分散，龙头双汇占比仅 15%。双汇在高温和低温肉制品市场都有进一步提升的空间，随着未来双汇在渠道端的完善，产业链一体化的深入，优势会得到进一步的发挥。

非洲猪瘟以来，由于猪瘟病死以及农户本身养殖意愿下降，导致生猪存栏量大幅下降，猪肉价格波动巨大，并带动其他肉类大幅波动。为了鼓励大型企业养猪提高存栏量，国家给予了一系列帮扶政策。在这个背景下，双汇决定进军上游养殖业。2020 年 5 月 17 日公司发布非公开发行股票预案，拟向不超过 35 名投资者发行不超过 3. 31 亿股，募集不超过 70 亿元资金投向肉鸡、生猪养殖及屠宰、肉制品技改项目。公司募资拟投项目包括：（1）肉鸡产业化产能建设项目（拟使用募资 33. 3 亿元，下同）。（2）生猪养殖产能建设项目（9. 9 亿元）。（3）生猪屠宰及调理制品技术改造项目（3. 6 亿元）。（4）肉制品加工技术改造项目（2. 7 亿元）。（5）中国总部项目（7. 5 亿元）。（6）补充流动资金（13 亿元）。此前公司具有生猪养殖规模 30 万头，白羽鸡养殖规模 5000 万只，预计双汇未来 3～5 年时间使养殖上规模，目标使生猪养殖业和屠宰业的配比达 30%～50%。

双汇对上游的布局，主要采取公司加农户模式扩张，不排除对外投资或者收购，投资主要通过合资并购、股权投资等方式，自建只占很小一部分，一方面是减少了投资总额，另一方面是降低养殖风险。发力养殖业要从产业一体化角度来看，双汇进军养殖目的使养殖业务与自身屠宰业务进行配套，稳定原料供给，降低成本波动，相当于将肉制品原料库存村置，养殖对下游成本端的贡献或超过养殖盈利本身。借鉴美国生猪产业，居宰、养殖上下游一体化是行业龙头的必经之路，虽养殖上游周期性较强，但是可以保证原料将为下游屠宰、肉制品加工发展提供稳定基础。

双汇发展季线级别走势，如图 14-3 所示，双汇发展结构走势图可以看的一清二楚，一直就在上涨。结构 1–结构 2–结构 3–顶 4 一路高歌猛进。结构 2 对应着结构 3 的时空点，进入调整，但是调整是以平台震荡整理进行，在 MACD 指标上显示出把高位的 DIF、DEA 经过两个回撤拉回到零轴附近，如图中黑色箭头所示。随后进入结构 3 的高位，就是第二根黑色箭头位置，属于典型的控制加油，随后发起脱离结构 3 总攻，冲击到顶 4，未来的顶会是结构 3 的对应时空点的关系。要想看到更细节变化，就必须把级别调整到月线级别和周线级别进行观察，会看到更细致的走势结构和时空对应点。这种战法后续文章也会重点谈起，这里也就不展开论述。

14. 3. 2 鲁商发展

深度转型布局医药健康领域，正式迈入医药健康领域：2018 年 12 月以对价 9. 27 亿元受让山东福瑞达医药集团 100%股权，正式迈入生物医药领域；深化布局医药健康领域：2020 年 2 月份，公司以交易对价 2. 58 亿元成功收购焦点生物

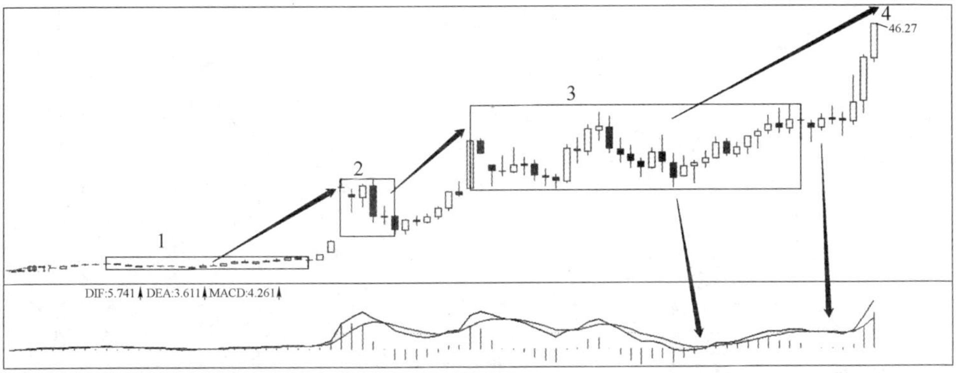

图 14-3 双汇发展季线级别走势

60.11%股权，向上延伸布局原料药，深化布局产业链上下游。

福瑞达医药成立于 1993 年，依托山东省药学科学院和山东省医药工业设计院两家省级科研院所，拥有全球领先的透明质酸研究、生产、销售平台。产品线丰富：控股子公司明仁福瑞达产品颈痛系列产品是国家唯一治疗神经根型颈椎病的系列中成药；福瑞达生物工程主要从事透明质酸、聚各氨陵生物护肤技术产品的研发与销售。

焦点生物为我国第二大透明质酸生产企业，不断新建生产线突破产能瓶颈。根据 Frost&Sullivan 的统计，我国 2018 年透明质酸销量为 430 吨，占全球销量 86%，2014~2018 年复合增速为 22.8%，其中，焦点生物占 12%，名列全球第二。根据公告披露，焦点生物目前生产的透明质酸主要有化妆品级、食品级，产能为 120 吨/年，其中 60%出口，外贸出口地区主要为日本、美国、欧盟、韩国等。为了拓展产能，其全资子公司焦点生物医药有限公司 2019 年投资新建一条化妆品透明质酸生产线（产能 300 吨/年），目前已于 2019 年 11 月开始试生产。得益于透明质酸原料药行业高速成长，公司收入利润齐升。

鲁商发展月线级别走势，如图 14-4 所示，结构 1、结构 2、结构 3、结构 4、结构 5 是一个完整下跌周期，持续时间近 5 年时间。结构 3 对应结构 5 的时空点关系，结构 4 和结构 5 出现明显 MACD 背驰，可以辅助性判断底部区域来临。结构 3 和结构 4 对应顶 7 的时空点关系，结构 6 的折算几何关系对应顶 9 的时空点关系，结构 10 对应底 12 的时空点关系，结构 11 的次级别也会对应底 12 时空点关系，同时结构 11 也是对应于顶 13 的时空点关系，可见结构 11 同时牵制着底和顶。结构 14 对应于底 15 的时空点关系，结构 16 对应于顶 17 的时空点关系。这是何等美妙，结构变迁影响着时空点的变化，反过来又对结构形成一种隐性制约关系。

希望通过本节的表述，可以让大家在结构和时空之间形成逻辑印象。这节难度特别大，主要有两点：一点是时空理解，理解本来不易，二是结构和时空模型关系。

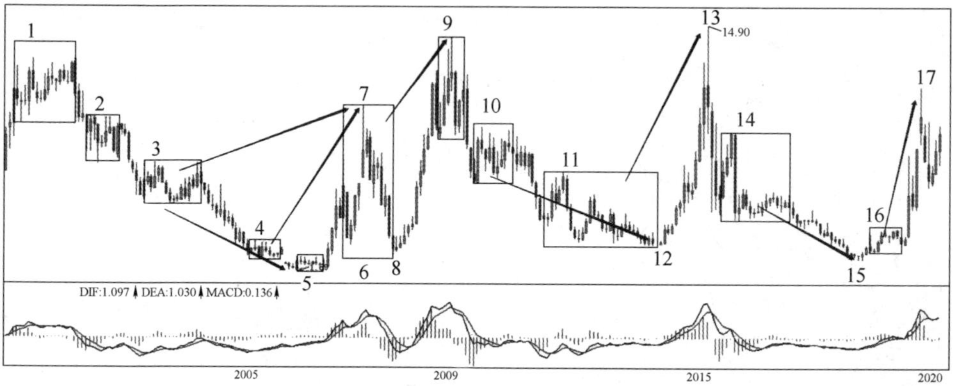

图 14-4　鲁商发展月线级别走势

15 股票结构时空战法——级别与时空

15.1 级别与时空类型

光子的量子态处于所有时空的叠加态。量子纠缠不仅是跨空间，而且跨时间。并非意识决定物质。而是意识在观察时必须选择一条路径，所以也只能从这个路径角度看到整体的一个横截面。觉得有快有慢有先有后。那是观测的角度里面有快慢先后，观测的角度里面有空间和时间。量子世界没有时空局限。有时空局限的是我们。量子的功能全部可用。因为时空局限不能把量子特性直接搬到我们的世界，具体过程只能在量子世界实现，然后将开端和结果巧妙的连到我们的时空。量子让我们有了一只更长的手臂，可以做到更多的事情。比如跨空间跨时间的一些操作（这些具体实现是在我们的时空之外发生的，但是我们可以把它发生的起始和终点连接到我们的世界）。我们的时空局限能够扩展吗？扩展到量子级别的自由度，即没有时空局限？不行，我们是高度坍缩或者说是高度分化出来的一个时空，量子世界就相当于是一个未分化的细胞，幸运的是，可以不断扩大量子功能使用范围，关键是将量子世界的发生与终点连接到我们的世界。关键点就是产生纠缠态的量子。

级别与时空要搞懂不易。结构推演出级别，其实也诞生时间，把结构和时间相结合就是时空。当然，在股市里，人们大多数时候没有严格遵循定义执行。顺带着就用周期代替了级别，但是不能就这么想当然的认为就是这，潜意识里还是要遵循严格的定义标准。这样才能更加准确的认知结构走势所带来的级别性和时空性。

这里撇开结构，单独论述级别和时空，在操作层面还是有一定意义的，其实很多事物真的很难用语言表达，有时候几何图形就非常直接，清晰明了。但是并不是任何人都具备这种图形分析能力。就像古老的象形文字，迄今有几人能看懂。万事万物各有法则，理解最本意最佳。

如图 15-1 和图 15-2 所示，画了几个不同级别对应的时空拐点。图 15-1 的结构级别和图 15-2 的结构级别相比，图 15-1 结构级别要小。图 15-2 时空拐点同时被一个大的结构级别和一个小的结构级别产生共振。

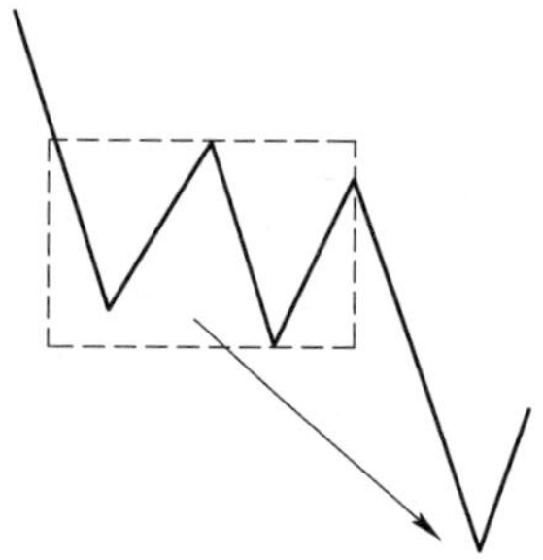

图 15-1　小级别时空

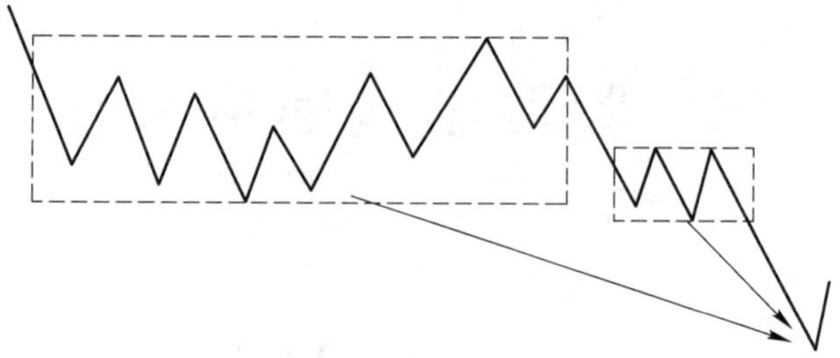

图 15-2　大级别时空

15.2　指数级别与时空实战分析

图 15-3 和图 15-4 所示为同一时间段的不同级别的走势图，图 15-3 所示为月线级别走势图，图 15-4 所示为周线级别走势图。个人建议要经常性在几个不同级别里研读走势，会带给你不一样的感觉，有不一样的感悟。具体分析下两幅图。

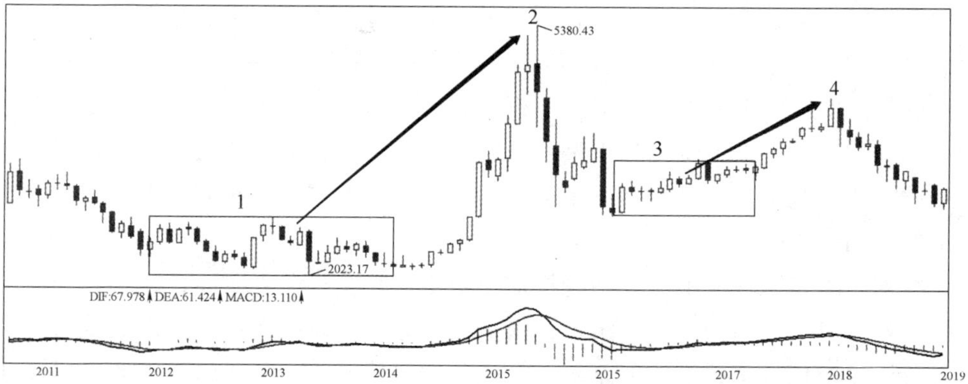

图 15-3　沪深 300 月线级别走势

结构 1 在月线级别对应顶 2 的时空点关系，同时在周线级别里，结构 5 和结构 7 其实都对应于顶 12（也就是顶 2）的时空点关系，说明顶 2 或者 12 在月线级别和周线级别发生了共振，那么产生的破坏力是很大的，实际走势也如此。同理，结构 3 对应于顶 4 的时空点关系，在周线级别里，结构 13 和结构 14 对应于顶 15 的时空点关系，也产生月线和周线级别共振，破坏力也非常大，持续下跌了一年时间。这里要特别强调下月线级别和周线级别如果出现这种共振现象务必要控制仓位，否则就是万劫不复。当然，反过来就是市场大机会来了。

图 15-4 沪深 300 周线级别走势

扫一扫
看更清楚

那是不是级别越多越好呢？4~5 个级别足以。控制在三个级别左右就够了。当然这其中要根据投资频率有关系。如果是属于中长期投资，可以定月、周、日三个级别。日线以下的分时级别走势可以基本不看，但是季线级别是会参考下，仅仅参考。

因此，要根据自己实际情况定下级别，再来判断具体的结构时空点关系。

15.3 个股级别与时空实战分析

15.3.1 超声电子

经典老牌 PCB，受益 5G 驱动焕发新生。超声电子成立于 1997 年，同年 10 月在深交所上市，是国内最早具备 HDI 生产工艺的企业，主要从事 PCB、CCL、液晶显示屏，以及超声电子仪器等产品的研发、制造和销售。公司紧跟行业需求，调整产品结构，优化市场布局，积极拓展欧洲、日本、韩国、中国台湾等国家、地区的市场，提高产品的市场渗透率。随着 5G、人工智能以及新能源汽车等行业的迅速发展，公司下游应用领域日益广泛。

5G 推动消费电子升级换代，HDI 迎机遇。随着 5G 手机预计将在 2020 年的逐步普及，随之配备的更高阶的 HDI 主板将会迎来更好的发展。目前来看 HDI 板块长期由海外及中国台湾为主导，内资厂商参与度降低。但是由于海外厂商扩产的保守，以及 HDI 权升阶后带来更大的产能消耗，HDI 供应端或将趋于紧缩。中国为 5G 的最快进度以及未来最大的应用区域，对于 HDI 这类高端 PCB 板材而言也具备着较强的国产替代化需求，目前实现技术突破，以及产能准备或规划的厂商将从中受益。

深耕 PCB 业务，高阶 HDI 技术领先。超声电子主要从事 PCB、CCL、液晶显示屏，以及超声电子仪器等产品的研发，生产和销售，是高阶 HDI 领域的位使者。作为国内较早布局 HDI 技术、推动 PCB 业务产业升级的企业，超声电子已具备 HDI 量产能力，掌握四阶 HDI 技术，并实现任意层互联 HDI 的生产。公司长期深耕于四大产品领域，始终以市场需求为导向，与科技创新为主要驱动力，并紧跟政策，积极推动环保型高性能覆铜板优化升级。公司注重海外市场的拓展，凭借 PCB 和 HDI 技术优势，以果、博世等世界知名企业建立稳定的合作关系，并不断完善客服体系，培育优质客户群。

随着从 4G LTE 发展到兼容 5G 的新一代智能型手机，Massive MIMO 天线配置与日益复杂的射频前端，将使射频线路在 5G 智能型手机内占据更多空间，而在众多其他因素之中，海量 5G 数据所需的处理能力对电池容量与几何结构的要求较高，这意味着手机主权和其他元器件须被压缩以更高密度、更小型化的形式完成封装，推动 HDI 变得更薄、更小、更复杂，在这样的基础上，在手机主板领域用 HDI 相对落后的安卓系手机将会被推动向更高阶的 HDI 发展。

受益价量齐升，HDI 潜力无限，不仅 HDI 的出货量将会在手机终端内逐步提高占比，同时由于 5G 所要求的更高集成化度，以及消费电子始终如一的轻薄便捷化，单机中 HDI 的价值量将因为 HDI 由低阶层向高阶层升级从而提高。整体用量的提升辅以单机价值量的提升，HDI 的发展趋势势不可挡。

以研发创新能力作为根本推动力。公司紧跟行业发展趋势，通过新产品技术开发、工艺流程优化、技术成果应用转化等多方面提高自主创新能力，坚持持续在研发领域投入，研发人员和研发投入稳步上升。公司 2018 年研发投入为 1.93 亿元，研发费用率为 3.9%；至 2019 年 Q3 研发费用提升至 1.56 亿元，对应研发费用率为 4.4%。

不同级别的时空分析，可以帮助减少不确定性，增加确定性。如图 15-5 和图 15-6 所示，把多样性走势可能性，演变成 1~2 两种甚至 1 种走势可能性。这是多级别分析的一大好处，如果你在一个级别分析，容易迷失方向，要么看不到整体，要么看不到细节。结构 1 对应于底 2 的时空点关系，在周线级别里，结构 11 和结构 12 对应于底 13 的时空点关系，而且底 13 形成双底结构，更加明确了行情要反转。结构 3 对应于底 4 的时空点关系，周线级别里，结构 14 对应于底 15 的时空点关系，其实在结构 14–底 15 之间还可以画出周线结构，只是图太小，没画出；可以根据结构时空理论自己画出就能观察到。结构 8 对应于顶 9 的时空点关系，而在周线级别中结构 19，结构 20 对应于顶 21，结构 17 对应于顶 22 的时空点关系，这时便会发现时空对应关系开始复杂了，加上基本面，会更加确信一些实际走势未来。因此后期的真实走势也的确开始进入了季线级别的震荡。因而，大体上能判断未来这只股票大格局如何，再来决定是否继续参与该股投资。

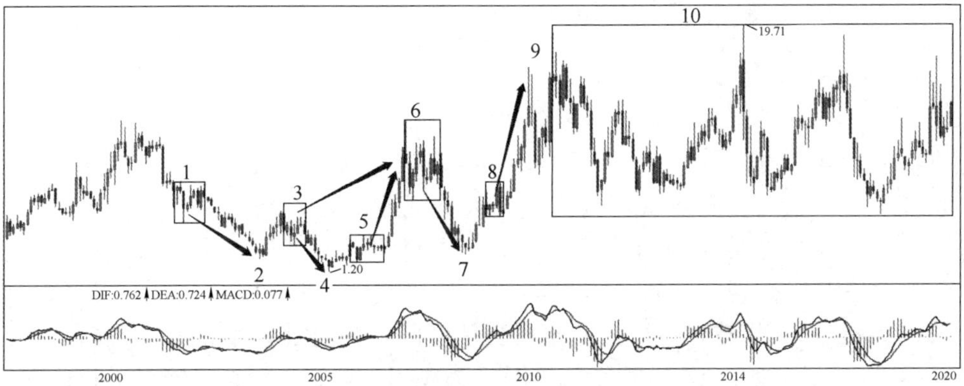

图 15-5 超声电子月线级别走势

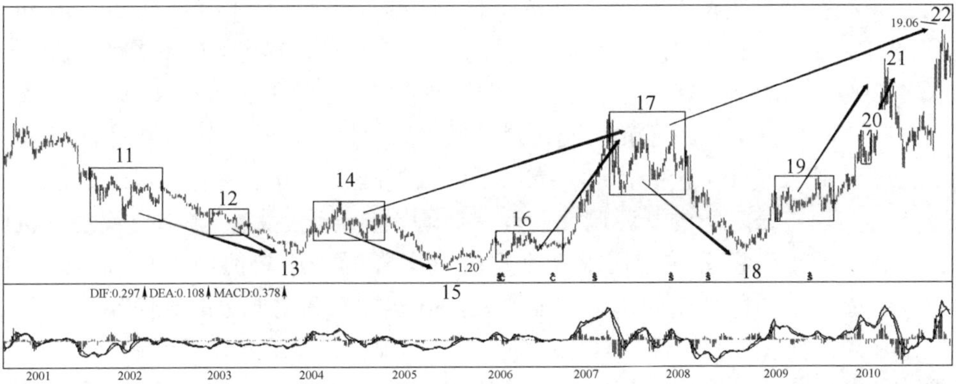

图 15-6 超声电子周线级别走势

扫一扫
看更清楚

15.3.2 华东电脑

上海华东电脑股份有限公司成立于 1993 年，是中国大陆 IT 行业上市公司，目前公司共有员工近 2600 人。公司主营业务集中在增值销售、专业服务、解决方案及创新业务领域，在政府、教育、金融、电信、制造、能源及交通等行业拥有广泛的客户基础。华东电脑依托上市公司平台，卓越服务、创新发展，致力打造中国软件与信息服务领先企业。公司注重能力建设，在“新华东”战略的指导下，通过战略有效资本运作、布局产业价值链，积极发展信息技术和传统行业业务相融合的创新模式，实现业务转型升级。公司以人为本、尊重员工，不断塑造和提升公司文化，让公司成为员工实现自我价值的事业平台。与此同时，华东电脑肩负社会责任，在教育、食品安全等重大民生领域不断推动解决方案研发，助力社会和谐发展。

华试金锐是公司共同发起成立，定位于国产化高性能通用服务器研制、规模化生产和服务的子公司。公司 2018 年公告与中国电子科技集团公司第三十二研究所、中电科投资控股有限公司、合肥中电科国无产业投资基金管理合伙企业、北京瑞湘和泰科技合伙企业、北京中鼎易盛科技发展中心发起成立上海华试金锐信息技术有限公司，主要从事国产化高性能通刚服务器研制、规模化生产和服务。公司随后于 2019 年 9 月 4 日公告，中电科集团同意以三十二所及中电科软件信息服务有限公司为基础，以电科软信为平台公司组建电科信息子集团，以“引领计算创新，打造自主可控关键软硬件产品、先进计算平台，实现新一代关键信息基础设施的安全可按和创新发展”为主责，以自主可按、安全可信的关键软硬件产品与平台、新一代信息基础设施建设与运营服务为主业，华城金锐的定位正是集团这一战略布局的重要载体。

服务双引擎业绩符合预期，打造信创与数据运营。业绩符合预期。2019 年度，公司实现营业收入 77. 79 亿元，同比增长 6. 51%；净利润 3. 22 亿元，同比增长 6. 26%；2020 年第一季度，公司实现营业收入 13. 26 亿元，同比减少 19. 25%；净利润 6395. 3 万元，同比减少 19%。推出多云及混合云管理解决方案。公司针对云计算架构的特点，推出了多云管理解决方案。客户可通过统一的管理平台实现多云之间的资源调度、计费计量、自动化运雄、多租户管理、自服务式运营、监控告警等应用需求。该解决方案降低了用户使用云平台的运维门槛，提升了云资源的使用效率，增强了云基础架构对客户业务的支撑能。

打造两大新业务，推进公司升级特型。公司抓住行业信息技术创新市场的重大机遇，重点打造金融等完整的行业信息技术创新解决方案。同时公司深化产业布局，于 2020 年在上海松江投资建设“云基地”数据中心，数据中心一期规划机架 3024 个，主要服务金融云、政务云以及行业客户应用。“云基地”数据中心项目已被列入 2019 年首批支持用能的新建互联网数据中心项目名单。面向行业的信息技术创新解决方案与数据运营服务将成为推动公司业务升级发展的双引擎。

专项服务和常续服务业务稳定增长，不断释放客户价值。2019 年公司专项服务和常续服务业务营业收入为 12. 45 亿元，同比增长 4. 61%，毛利率为 24. 35%，同比减少 0. 87 个百分点。公司为客户提供的专项服务和常续服务保持较高的续签率，目前公司正积极升级服务平台，以实现常续服务管理的平台化和购买的可订阅化，提升使用体验，从而更大程度释放用户价值。项目后期的运维和服务相关业务毛利率较高，且客户雄性较强，持续完善服务平台有利于公司未来整体业绩的提升。

公司总体费用水平有所上升，现金流较为充沛。2019 年，公司销售费用、管理费用较去年分别提升 8.79%和 14.52%，占销售收入比重分别为 4.83%、2.46%。由于销售回款增加，2019 年公司经营活动产生的现金流量净额达 8.58 亿元，同比大幅增长 967.16%，此外，公司 2019 年期末货币资金为 20.20 亿元。在手现金充沛有利于公司应对 2020 年复杂多变的国内外环境，稳步推进业务的发展。

如图 15-7 和图 15-8 所示，结构 1 对应于结构 2 高点的时空点关系，结构 2 和结构 3 都是对应于顶 4 的时空点关系。在周线级别里，结构 2 对应的是结构 5，结构 5 是一个典型震荡延展，已经构成季线级别了，一旦结构 5 或者结构 2 引发结构时空点的关系，调整幅度会非常大，同时结构 6 和结构 7 对应于顶 8 的时空点关系，因此多种结构，多种级别对应于顶 8 或者顶 4，实际走势就是后期引发了走势行情大幅度调整。结构 2-结构 3-顶 4 被季线级别结构 2 给深深约束。一般来说，级别越大引发的调整越大，时间越长，时空其实也就越大；反之，级别越小引发调整一般也小，调整时间也短，时空其实也就越小。

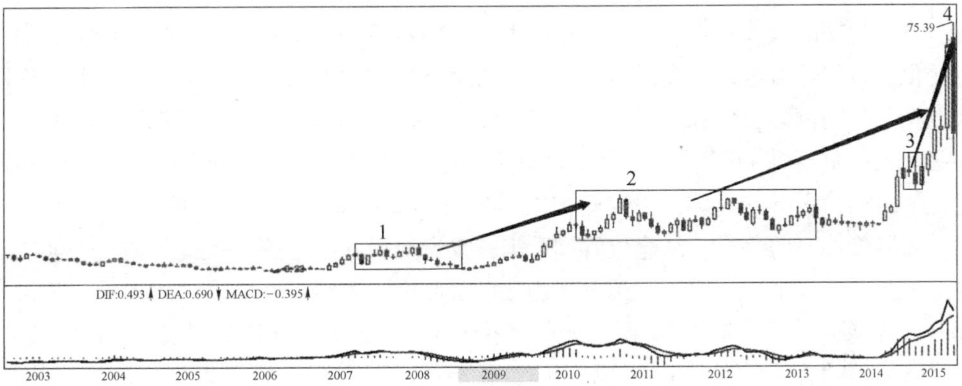

图 15-7 华东电脑月线级别走势

图 15-8 华东电脑周线级别走势

16　股票结构时空战法——级别与仓位

16.1　级别与仓位类型

99.99%的人不可能买在最低点、卖在最高点；市场永远是动态的。永远不要押上所有的赌注，分散持仓、分几次买入更安全。亏损小于 20%更容易回本；但当亏损超过 20%，回本的难度也就越来越大，几乎接近不可能。不要认为高概率事件一定会发生，可能会遇到偶然性的连续亏损。比如猜硬币正反面，真的可能连续五次都猜不对。仓位管理能让你在连续亏损中存活下来。随着市场行情的变化，盈亏概率也会发生变化，也要适时进行加仓或减仓。仓位管理最重大的意义就是它提供了一套风险和收益相匹配的博弈思想和工具。当行情不好的时候，不要赌太大；没把握的时候，不要赌太大；看不懂的时候，也不要赌太大。同时当大机会来临的时候，不要轻易放过，要豪赌；看准的时候，不要前怕狼后怕虎，要勇敢扑上去。仓位管理是门艺术，是一套风险控制的手段。从仓位管理看来，投资对错并不重要，关键是做对了能赚多少，做错了会亏多少。实现幸福投资的几个小原则：闲钱投资，以“睡得着”为最高标准；分批买入（或定投）；切记满仓，手握现金。多一倍仓位，就多了一倍的贪婪，就多了一倍的恐惧，就多了一倍的风险，就增加了一倍的操作难度。

16.1.1　成熟交易者的法则与心态

交易应该是自然而且轻松的。不要强求任何事情，也不要和市场或者自己作对。完美的交易是像呼吸一样的。吸气和呼气，就像进场和出场。一定要冷静和放松。寻找那些可见的机会。一定要集中精神和警觉。把自己从水深火热的市场中抽离出来。一定要做一个观察者并且等待机会的降临。不要交易那些无法弄懂的市场，也不要以为每个波段都必须进行交易。总有许多的机会符合你的性格和你解读市场的能力。把握它们，忽视其他不适合你的机会。别痴心妄想可以做一个在任何市场进行交易的全能交易者。

不要有对抗心理，交易并不是一场战争。市场也没有在追杀你，它甚至并不意识到你的存在。事实上，它对此完全没有兴趣。黄金并不知道你买了它们。它们做它们该做的，你只要适应它们。市场是你的老板，遵循它，然后领取工资，或者你反抗，然后被踢出局。就像你并不和海洋作战，你只是在其中游泳一样。如果你发现自己处在某个不正确的潮流内，不要试图改变潮流方向，而是另外寻找适当的潮流。

不要猜测。不要把个人的情感强加在市场上，也别期望市场在乎你。市场既不敌对，也不友善。它只是存在，仅此而已。你有选择参与或者退出的自由。交易是一种最终极的自由。股票市场充满着无穷无尽的盈利与亏损的机会。而这都取决于你的选择。市场给你提供机会，应该敞开胸怀去体会黄金市场的特殊语言。市场只有一种语言，那便是价格、成交量和行情步调组成的语言。解读行情的任何工具，都是这种语言的衍生品。除了市场与你的对话外，其他杂七杂八的东西，只会干扰你，让你看不清楚实际的价格、成交量和行情步调。

暂时忘掉你的钱正在市场的水深火热中。在交易户头里的钱只是一种用来赚钱的工具。维护你的赚钱工具，你需要这些工具赚更多的钱，止损可以避免这项工具受到严重损伤。黄金市场不存在确定性，一切都是以机率形式呈现。因此，止损是无可避免的，属于交易的一部分。如果市场显示你的仓位发生错误，必须断然止损出场。如此一来，这项工具才有机会继续为你服务。一旦犯错，立即承认。偶尔黄金会把你震荡出局，然后立刻反弹，但不要因此忽略止损。你永远可以重新建立仓位，然而亏损一旦发生，通常都很难扳回。每笔亏损都代表一个教训，必须决定因为这项教训而支付多少代价。千万不要支付过高的代价。把交易看作永无止境的整体程序，不要过于强调单笔交易的重要性。任何一笔交易都只不过是整体的一部分。允许自己认赔，然后继续前进。

关于短线频繁交易，对治它的良药是模式化交易。首先管住那颗“急于赚钱的心”，这个毛病就好一半；遵循模式化交易，又会好了另一半。有些朋友存在“急于回本”的想法，并在它的驱使下不自觉地频繁交易，或在明知市道艰难、盈利不易的情况下，仍然试图依靠技术优势，从市场中强行取利——后者称为“强行交易”。事实上，“急于回本”也是“急于盈利”心态的一种，它和急于通过交易来摆脱生活困境的想法没有太大区别。频繁交易或强行交易最主要的动机还是“急于回本”或“急于盈利”。一定要清楚地认识这个敌人的本来面目才能安全地从事交易。如果一个交易者同时拥有“重仓+短线”这两种嗜好，那么亏损将是乘法效应，速度是极其惊人的。

青泽先生在他的名作《十年一梦》中所言：“在期货市场中赚大钱并非不可能，但需要时间。只有量的积累，才有质的飞跃。重仓交易者企图战胜时间的束缚，一夜暴富。辉煌的成功依靠的是以命相搏，这往往是短暂的。一次意外，就会命丧九泉。金融交易的秘诀在于很好地利用复利机制。”在波谲云诡的金融市场里，期待你能走得更远。

16.1.2 仓位管理法则

作者自从 2011 年以来一直坚持中长期投资策略，也坚持趋势投资策略。属于 K 线技术派，不属于价值派。公司基本面和行业发展作为投资参考。2015 年底建立结构时空理论后，2017 年提出了日线级别、周线级别、月线级别三个级别为综合操作级别。也即是只有出现周线和月线级别买点时，才会考虑参与股票投资。很多人投资级别基本在分时级别，每天都买卖，或者每周都买卖。如果按照作者的月周日三个立体级别的，最大级别是月级别，一只股票一般至少 1 年以上才会出现一次月线投资机遇；周线级别一般至少要半年左右才会一次投资机会；日线级别一般至少一个季度左右有一次投资机会。因此，综合起来投资频率在 2~3 年一次，甚至更长些。

月线级别的投资机会，仓位会在 80%左右；周线级别的投资机会，仓位会在 50%左右；日线级别的投资机会，仓位会在 30%左右。作者更喜欢右侧买入法，不太喜欢左侧买入法，这样更加安全。仓位管理是有严格的量化体系，投资模式化作为保证。

作者坚持以下几个非量化投资原则：(1) 不买 ST 类股票。(2) 不买黄金类股票。(3) 从不带杠杆投资。(4) 从不借钱投资。(5) 只用闲钱投资。

16.2　指数级别与仓位实战分析

如图 16-1、图 16-2 和图 16-3 所示，结构 3 引发牛市，属于季线级别，结构 5 对应于底 6 时空点引发的牛市也是季线级别，结构 9 和结构 10 引发行情属于月线级别，其实都可以把仓位调整到你的最大仓位。在顶 2、顶 4、顶 7 和顶 11 都是属于季线结构对应的结构时空点，因此应该绝对性空仓。在结构 15、结构 16、结构 18、结构 23、结构 26 和结构 28 中只有周线或者日线级别，因此仓位要控

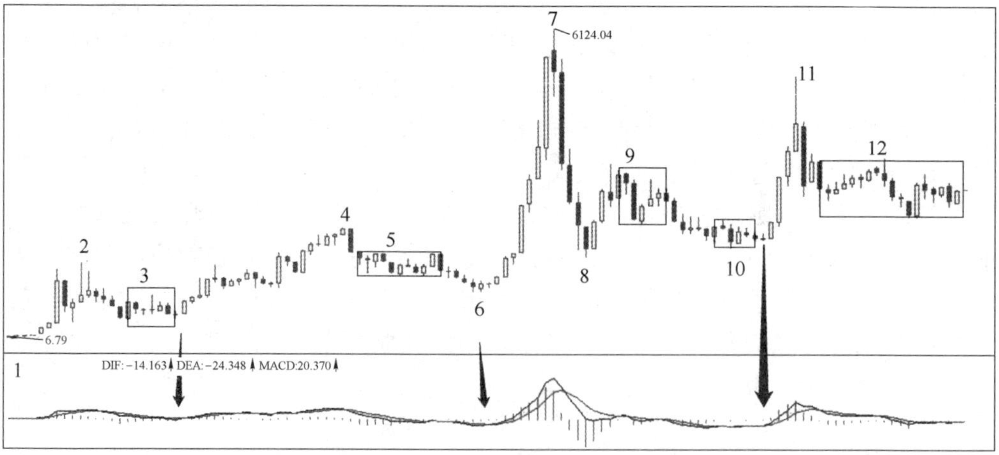

图 16-1　上证指数季线级别走势

制在更低。在结构 32 引发的上涨和结构 35 引发的上涨，也属于周线或者日线级别，因此仓位也要控制合理范围里。通过级别判断出上涨和下跌级别属性，做好很好的分类管理，对仓位进行级别化管理，可以极佳的控制风险。不会盲目的荷尔蒙式的冲动买卖股票。要对行情进行严格的分类，并按照分类级别进行严格操作计划，只有如此，收益随着时间的积累会越来越丰厚。这里有一个首要条件就是必须能准确判断行情走势级别，只有如此，才能做好仓位管理。

图 16-2 上证指数月线级别走势

扫一扫
看更清楚

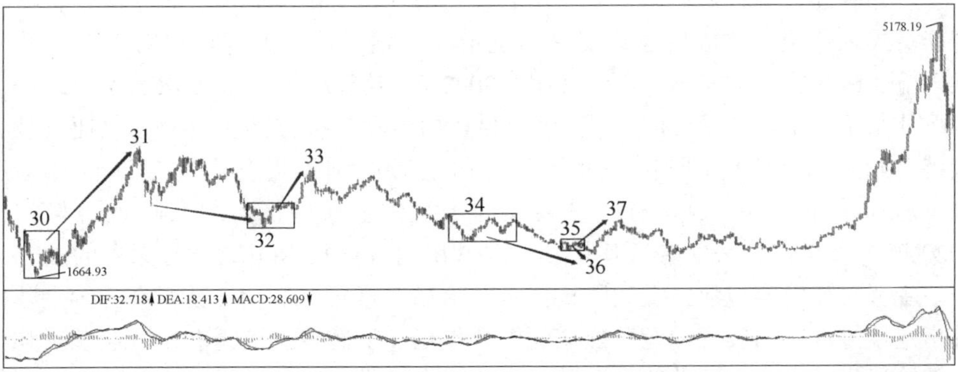

图 16-3 上证指数周线级别走势

扫一扫
看更清楚

16.3 个股级别与仓位实战分析

16.3.1 宝通科技

海外市场空间大，游戏出海大势所趋。2020 年 Q1 中国游戏出海收入 37.8 亿美元，同比增长 41%，快于 2019 年同比增速 21%，出海势头愈猛。随着发展中国家智能手机渗透宰进一步增长以及手游内容优化，预计 2022 年全球手游市场规模达到 960 亿美元，相较 2019 年，3 年 CAGR 达到 14%，而中国游戏出海增速更快，预计 3 年 CAGR 为 17%，增长空间仍大。

易幻深耕游戏出海，发行实力强，竞争策略清晰。游戏发行子公司易幻网络稳居中国游戏出海厂商收入排行榜 20~30 名，韩国、东南亚等市场收入贡献达 78%。其竞争力在于本土化的发行团队、完善的大数据分析平台，以及与国内 CP 合作良好所带来的优质产品资源。易幻的竞争策略清晰，即通过流水线发行和多区域布局平滑风险，并占据细分赛道达成差异化产品布局。

新市场开拓和自研为游戏业务带来增量。易幻网在欧美和日本市场发行更多优质游戏，计划 2020 年在日本发行 S 级 6 款，数量翻倍；研运一体公司海南高图，2020 年计划在欧美发行 4~5 款自研+定制新游。公司预期未来 3 年欧美和日本市场收入贡献将达到 50%，预计这将为游戏发行业务（易幻网络+海南高国）带来约 15 亿的收入增量。另外，公司成立成都聚获，专注二次元自研游戏，2020 年 Q3 持在国内发布首款新游，未来持有更多该品类自研游戏上线。

产品智能化升级驱动传统业务增长。2021 年 2000 万平方米的输送带智能化产能待投入使用，建成后总产能是目前的 1.4 倍，适应下游客户对工业系统互联、输送效率提升的需求。预计 2019~2022 年传统业务收入 CAGR 达到 22%。

北京哈视寄科技是国内头部酌 VR/AR 内容和解决方案供应商，宝通科技直接持有哈视奇 14.01%股份，旗下子公司宝通辰韬投资管理（宝通科技持股 41.67%）持有 5.01%，持有股份共计约 16%。宝通科技与北京哈视奇科技于 2020 年 2 月 9 日签署业务合作协议，在 VR 内容与技术领域进行深入的业务合作。主要合作内容包活：宝通科技持享有哈视奇自研 VR、AR 游戏在中国大陆以及指定境外地区的发行和运营独家优先合作权。宝通科技将凭借在工业散货物料智能输送领域丰富的下游客户资源，为哈视奇提供在工业设计、应急演练培训等领域的订单，第一选择哈视奇作为 VR、AR 软件技术合作方，满足下游客户对于工业散货物料输送产业数字化场景构建的需求。宝通科技与哈视奇或将深入进行股权合作，宝通将适当增持股份，给予必要的资金支持，加深合作关系。

图 16-4 所示，月线结构走势图会发现只有两次大机会。一次是结构 1 对应

于结构 2 的时空点关系，同时结构 2 引发了月线级别上涨，特别结构 3 刺激了 MACD 零轴上方回归零轴附近，引发“空中加油”，产生暴涨。另外一次就是结构 5 对应于结构 6 低点时空点关系，结构 6 引发月线级别上涨。但同样反过来，顶 4 就是月线级别下跌，那么仓位就必须绝对清零。

图 16-4　宝通科技月线级别走势

图 16-5 所示，在周线级别走势图里，结构 1 里只有日线级别机会，结构 1 引发了月线级别上涨，特别结构 2 刺激的 MACD 在零轴上方回归零轴附近，引发“空中加油”，这里的结构 3 对应于上附图里的结构 3，因此整个上涨结构演变成了结构 2-结构 3-结构 4 到行情反转，这里可以在结构 2 里增加仓位，在结构 4 以后逐渐降低仓位，直到结构时空点出现。这是一个立体式仓位控制。建议最多三个级别，太多自己都会晕。一般采用的就是日周月三个级别。真正仓位管理更多倾向于周月两个级别。这里经验需要自己慢慢积累，磨合，才能真正达到知行合一，如火纯青的地步。

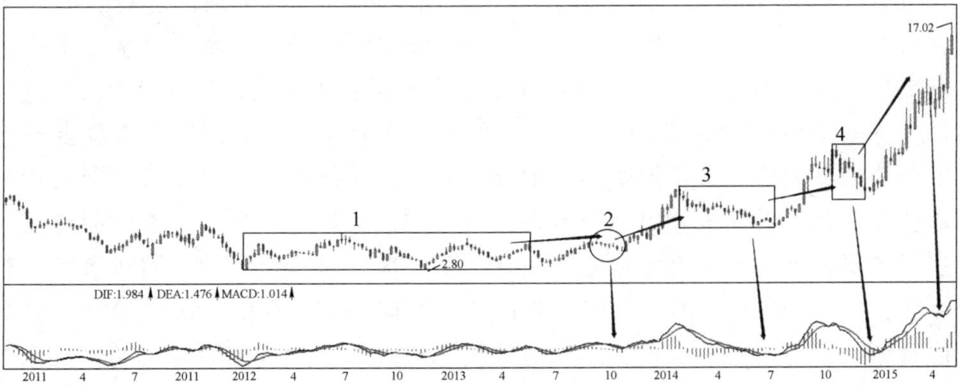

图 16-5　宝通科技周线级别走势

16. 3. 2　天士力

商业板块剥离，轻装上阵，有望显著改善公司经营质量。公司公告重庆医药以 14. 89 亿元收购天士力子公司天士营销 99. 9448%的股权，通过商业业务资产出售，公司将进一步聚焦医药工业，提升经营质量和资金利用效率。而商业剥离后公司财务及运营质量出现显著改善，2019 年天士力总应收账款 84. 3 亿元，其中天士营销应收账款达到 58. 7 亿元，占据主要部分，通过商业部分天士营销的剥离，公司的现金流、运营质量、资产负债率等将显著改善。

公司子公司天士力生物赴科创板上市，其中上市公司持有天士力生物 92. 37%的股权，天士力生物上一轮估值为 18. 95 亿美元。以科创板上市为契机，公司生物药布局有望逐步得到市场认可。市场一直将公司当做传统中药公司，对公司的其他产品线了解不深入，所以公司整体的估值水平较低。但公司其实很早便开始前瞻性的进行准备，在生物药、化药领域已经布局了多个品种，其中天士力生物为公司的生物药平台，除已经上市的“晋佰克”（心梗适应症）之外，多个品种即将进入商业化阶段，如普佑克脑卒中已完成三期临床入组，普佑克肺栓塞完成二期临床入组，乙型肝炎腺病毒注射液 T101 等，随着天士力生物在科创板的上市，公司生物药布局有望逐步得到市场的认可，估值有望进一步重塑。

研发仍在路上，看好公司长期发展。目前公司已经形成生物药、化学药、中药协同发展的格局，除了生物药本身的价值外，公司在产品集群战略的布局和推进，这是非常值得关注的，在复方丹参滴丸层面，公司过去已经证明自身有打造“超级单品”的能力，未来，公司将聚焦心血管、糖尿病、肿瘤三大病种，积极打造多个“大品种+产品集群”的布局。

图 16-6 所示为季线结构走势，一般是用来判断行情级别，这对判断仓位管理是有用的。结构 8 以后才会发现它是季线级别行情，或者说是确立了季线级别走势行情。因此来说，如图 16-7 所示，在结构 1 和结构 2 对应于底 3 的结构时空点就是判断了结构 1 引发了季线结构级别行情走势，因此底 3 就要开始增加仓位到最大值。必须把两幅图配合起来看，才能看到大格局，否则就迷失在森林里，无法看到未来更远的地方，就会错过大机遇，这点务必要明白，再三强调的要多级别观察个股走势。最好从季线级别→月线级别→周线级别→日线级别，一级一级往下看，反复认真的用结构时空理论研究，确立投资计划和仓位管理计划，这点特别重要。反对随便拿只股票就稀里糊涂的买卖，从来没有事情计划。

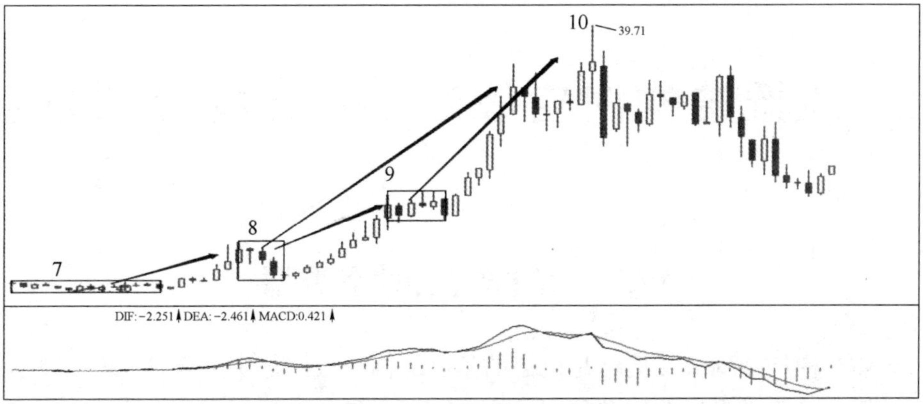

图 16-6 天士力季线级别走势

图 16-7 天士力月线级别走势

17 股票结构时空战法——结构级别时空

17.1 结构级别时空类型

天体结构从小到大，地球是最小的基层结构，人们把宇宙天体从小到大定为梯级结构，是为了更好的理解宇宙，把宇宙划分为各种势力范围，以便讨论问题有一个统一的范围。最小的结构当然是地球了。地球包括了大气圈、水圈、地壳、地幔、地核五个层次。地球上面就是地月系统，包括了地球和月球两个天体，地球是老大，月球是跟班。月球围绕着地球公转，地球携带着月球围绕着太阳公转。然后就是太阳系，太阳占有了整个太阳系 99.86%的质量，携带着八大行星，若干颗矮行星，几百颗卫星，无数个小行星和尘埃，以每秒约 225 公里的速度围绕着银心公转，转一圈约 2.5 亿年。太阳则是银河系里的一颗中小型恒星，银河系约有恒星 2000 亿~4000 亿颗，是一个中等的漩涡-棒旋星系，是本星系群中的一员。

星系群和星系团是同一级别的天体结构，都是一堆星系的集合体，本星系群包含约 50 个左右星系，仙女座星系是老大，质量约是银河系的两倍，银河系是老二。这个群没有引力中心，因此除了老大老二，其余的星系都小，就分别围绕着这两个大哥级星系伺候着，成为卫星星系。

本星系群属于本超星系团的一员，本超星系团统辖着约 50~100 个星系团(群)，其中的老大是室女座星系团，包含有星系 2500 个以上。本星系群知趣的在一个边缘地带，围绕着室女座星系团引力源旋转，转一圈约 1000 亿年。本星系群尺度约 1 千万光年，本超星系团覆盖约 1 亿光年的天区。

本超星系团再上一级结构叫做拉尼亚凯亚超星系团，由于引力作用聚合在一起的天体结构一般就到超星系团这一级了。再上一级结构，比如拉尼亚凯亚超星系团，就不是以引力为中心的天体结构了。这种结构是根据星系的视向速度定义的。这个方法是 2014 年 9 月由夏威夷大学布伦特 · 塔里，和法国里昂第一大学的海伦 · 库尔图瓦所领导的团队提出的。拉尼亚凯亚超星系团包含星系约 10 万个，覆盖范围约 5.2 亿光年，质量约是太阳的 10^{17}倍，或者约是银河系的 10 万倍。

科学界还有人逐级往上弄出了更大的天体结构，如长达 10 亿光年，宽 1.5 亿光年的双鱼鲸鱼座超星系团复合体，拉尼亚凯亚超星系团只是其中 60 个集群中的一个。还有斯隆长城，尺度 13. 8 亿光年；巨型超大类星体群，尺度 40 亿光年；海格力斯 · 科罗拉 · 伯里阿里斯长城，尺度 100 亿光年，等等，如图 17-1 所示为银河系。

图 17-1　银河系

到了本超星系团真的很难判断它是靠什么“神力”把它们聚集在一起，人类的探索永无止境。人类社会中的经济活动，研究了几百年，一直没有触及其最本质的特征，很多停留在现象层面。

结构时空理论是构建三维视角解读资本市场的运动规律。结构、级别、时空三维立体视角。前面几个章节从理论操作层面来讲述，本章节再进行综合，融合到一起，合为一体进行讲述。

从天体物理到量子力学能感悟到什么？时空并不是在物质的任何状态下都必须存在的。时空仅存于某些特定状态，其实也就说广义相对论和牛顿力学都是有适用范围的。结构时空理论同理，在每笔交易中其实无所谓结构时空级别等性质的。所以在《缠论》里，分时级别用的是分型、笔、线段进行表达。结构时空理论在分钟级别也可以适用，但是稳定性要更差；但是其在日周月季等级别是比较稳定，也是更加具备实际操作空间的。作者的操作级别是周和月级别，季级别作为参考级别，日级别做小仓位波动级别。

结构时空理论构建的结构、时空、级别三者是相生相克，互动式推进。结构是主动能，衍生出级别和时空；同时级别和时空有相克于结构，结构的生生死死伴随着级别和时空。这点和天体物理是何等相似性。这就完全走出了现代经济或者金融理论的形而上学式的一些论断。进入了物理式的自然科学研究范式里，才能真正揭示资本市场的规律，做到真正的客观存在，这是和其他资本市场理论截然不同的地方。

17.2　指数结构级别时空实战分析

本章节是把前面介绍的战法综合到一起，形成综合“聚能力”。前面各章节其实就是把综合战法的细节分开来讲解，可从更细微处理解和掌握结构时空理论战法。把每一步通过实例解析，但这有个前提就是必须整体学习完结构时空理论，有两个地方可以比较完整的学习结构时空理论，一是本书，二是 SSM 系统公众号里的视频课程——《时空微课》。

图 17-2 所示为季线结构走势，结构 23 和结构 24 都对应于顶 25 的时空点关系，同时结构 23 对应于结构 24 的底，但从整体观察，从 6124 开始到现在，都还是在一个超级大结构里，属于年线结构。这个年线结构会何时结束，需要观察季线结构，至少目前还不具备这种动能。但是未来 5～10 年内极大概率会突破这个年线结构。因此而言，中国未来的财富更多来自于股市，也是一般人能够获取财富的地方。如图 17-3 所示，结构 1、结构 2 对应于顶 4 的时空点关系，结构 1 对应于底 3 的时空点关系，结构 5 对应于底 6 的时空点关系，这些都是在这个巨大年线结构级别里完成的，只有年线结构内部充分整合后，才会形成突破年线结构。

在图 17-4 中画了更细微的走势结构，这里就不一一展述，大家可以模仿上面进行自我解析，如果能够完整的解析下来，并且能搞通，说明对整个结构时空理论有了一定基础。写书的时刻，上证指数大涨，突破 3288，朝着 3600 进军，接下来就是要通过结构 22 对应于顶 X 的时空点关系在哪里，找到 X，再根据新的日线结构进一步进行当下行情走势分析。

真的把握了结构时空理论，就能真真切切感受到结构时空级别三者之间相生相克，互相转化，螺旋上升。

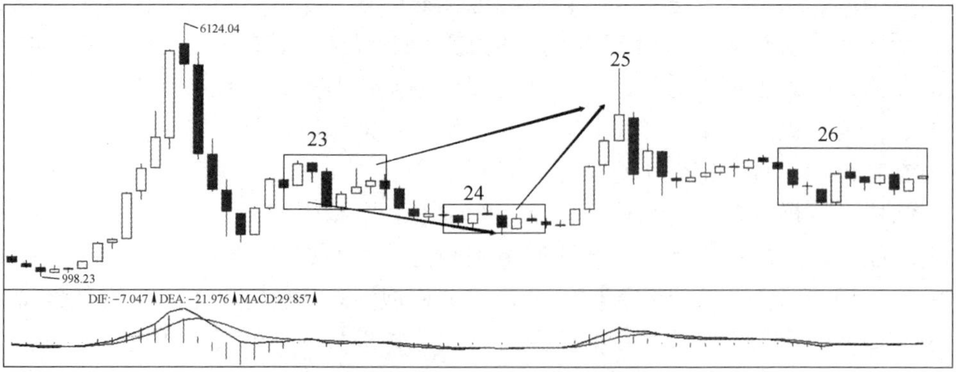

图 17-2　上证指数季线级别走势

图 17-3 上证指数月线级别走势

图 17-4 上证指数周线级别走势

扫一扫

看更清楚

17.3 个股结构级别时空实战分析

17.3.1 保税科技

液化仓储主业受益于供需格局改善，有望给公司带来向上弹性。需求侧维持强劲：民营炼化产能近年大幅投产，根据天风石化团队的测算，涤纶 2019~2020 产能增速为 8.4%、7.5%，盈利能力良好，或将带来乙二醇的需求量稳步提升。而国内的煤制乙二醇受制于品质瓶颈、成本较高、环保需求等因素，中期对进口乙二醇的替代能力有限，仓储需求有望维持高位。供给侧有望去化：公司主营品种乙二醇为可挥发有机物，本就在江苏省 263 环保行动的重点整治目标之中，近年华东地区化工品爆炸案频发，有望带来化工相关产业链安全、环保监管的同步趋严。中小落后产能本就因缺乏岸线资源盈利能力较弱，又将面临对于安全环保升级的二次投入，两难局面下产能有望进入快速去化期。成本“类固定”，量价提升有望带来业绩高弹性。

自主研发线上仓储物流平台，流量变现意义重大，后续高增可期。为解决货权交割安全性和效率之间的矛盾，公司自主研发线上平台，在管控交割风险、提高交割效率、降低交割成本上为客户创造价值。经4年发展、培育，于2019年开始收费，2019H1（H1：前半年）贡献交割费及会员费为2024.65万元，实现产业链向下游的延伸，战略意义重大。流量方面，随着与京东数科的深入合作并引入供应链金融服务，会员费有望维持高增长。品类上，线上平台交割的收费员类仅为乙二醇、收费对象仅为中间环节的贸易商，后续有望进一步扩展空间。费率上，当前的交割手续费率约为万分之一，具备提升空间。

调整贸易模式、剥离亏损子公司，盈利波动性有望下降。公司主动调整贸易业务模式为代理、于2018年完成化工交易中心及航交中心股权的交割、并完成对中远证券、苏高新的减持，种种举措均将缩小公司盈利受资本市场波动的影响，盈利质量有望随之提升。

剥离低毛利运输业务，专注仓储环节持续发力。公司于2017年剥离孙公司扬子江运输公司，此前由于规模较小，未能形成规模效应，且公司专注于仓储环节，没有足够的精力去进行运输公司的运营，因而在2014年、2015年、2016年三年当中仅实现毛利额0.82百万元、0.39百万元、0.87百万元，对应毛利率3.94%、2.53%、5.92%，2017年当年更是出现了亏损的状况，管理层讨论分析后决定停止该公司的运营，更好地保护股东权益。

图17-5结构1对应于底2的时空点关系，形成走势反转动力。那怎么确定这次反转？看图17-7底21-结构22-顶23走势以及顶23-结构24-结构25-底26的回调，这部分对应的是图17-6里的结构8，以及图17-5里结构3，结构3对应的MACD形成典型的零轴上方回归零轴附近再次上涨标准形态。同时结构22对应于顶23的时空点关系，结构24和结构25对应于底26的时空点关系，再次印证了底2的反转行情走势。这就是多级别，多结构，多时空共同验证，相互验证，共振带来的确定性行情走势，这是股市运动的根本规律所决定，不以人的意志转移。必须明白这点，才能从根本上相信结构时空理论。

结构4对应于顶5的时空点关系，结构10和结构11对应于顶12的时空点关系，结构35和结构36对应于顶37的时空点关系，三个级别都对应同一个时空点关系，可见顶部已经显现。必须管控仓位。在图17-7里，还出现了“空中加油”，MACD顶背离显现，也再次证明本次行情走势接近尾声。这种立体式观察股市，可以为大家更大概率的找到确定性。

但是还是要强调一点，理论基础必须牢固，否则你会晕头转向，错误百出。

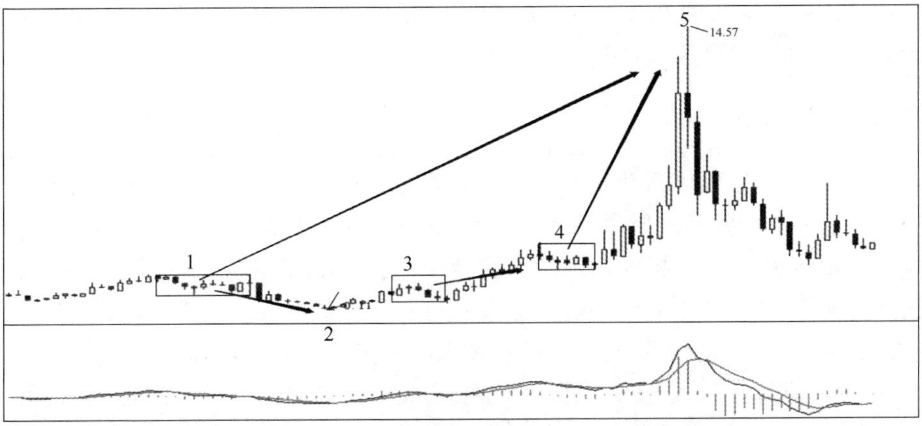

图 17-5　保税科技季线级别走势

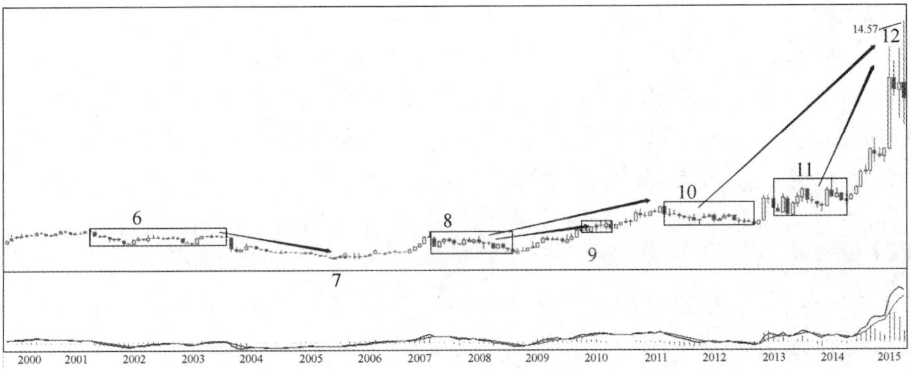

图 17-6　保税科技月线级别走势

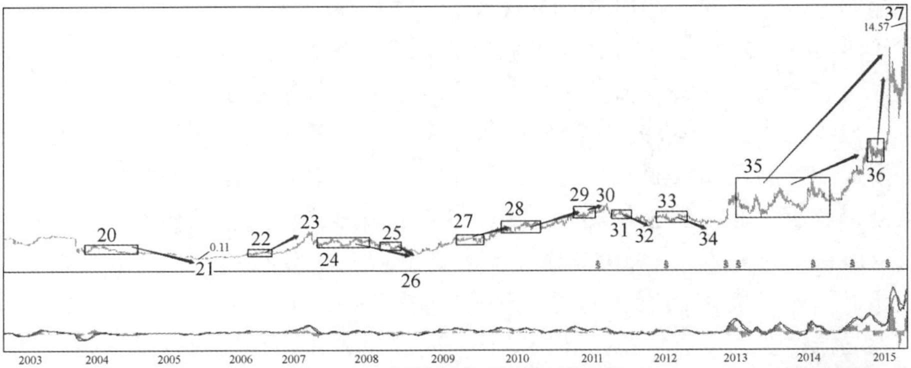

图 17-7　保税科技周线级别走势

扫一扫看更清楚

至少需要 5~10 年长期训练方可有成就，把理论和投资行为磨合好。不要幻想着几个月，一两年就想达成目标。

17.3.2　创维数字

在未来以广电运营商推动的有线电视高清化以及通讯运营商推动的 IPTV 及 OTT TV 高清化浪潮中，公司有望分享市场增长及产品升级红利。同时由于网络融合需求的提升，公司积极拓展网络融合产品，在数字机顶盒基础上横向拓展网络接入设备与数字网络融合终端产品线，有望为公司发展开拓新增长点。

2019 年收入有望稳步提升、净利润预计同比增 66%~111%。2019 年 Q1~Q3，公司实现营业收入 62.82 亿元，同比 9.0%，实现归母净利润 4.97 亿元，同比 114.9%。且公司已经发布 2019 年业绩预告，2019 年归母净利润同比 65.83%~111.06%。公司收入端表现稳健，在全球机顶盒销量缓慢增长的背景下，增速持续领先行业。

公司以机顶盒（数字智能盒子终端）为核心，在国内广电运营商有线电视机顶盒以及网络机顶盒的市场份额具备领先优势，互在未来超高清视频（4K/8K）市场高速发展中，有望受益于超高清机顶盒换代带来的市场增长。同时公司围绕家庭数字娱乐市场，补充配套网络接入产品，对比主要对手，公司拥有多元化的产业格局与配套产业优势，在与广电运营商和通信运营商的合作中获得了较大的竞争优势。

数字智能盒子及网络接入设备业务依然为公司收入增长的核心驱动力。公司主营业务包括数字智能终端（包括数字智能盒子、网络接入设备、智能电视及一体机、安防商显等）、液晶模组、运营技术服务、汽车电子等业务，其中数字智能终端业务占比最大，2019 年 H1 收入占比达到 80.6%。

2019 年 H1 公司数字智能终端业务收入 31.39 亿元，同比为-0.29%，略低于整体营收增长，主要原因在于数字智能终端业务包括数字智能盒子、网络接入设备、智能电视及一体机、安防商显等多个分部，其中核心业务数字智能盒子及网络接入设备实现收入 29.17 亿元，同比 2.13%，表现稳健，而其他分部收入拖累了公司数字智能终端业务收入，2019 年 H1 液晶器件业务与运营、技术服务业务收入同比增速分别为 84.62%与 25.94%，得益于 5G 换机需求，公司在中小尺寸液晶显示业务需求回暖，同时战略性拓展专业显示、商用显示、车载显示业务，液晶器件业务仍有望维持较快增长。随着机顶盒高清换代以及智能化需求提升，公司与广电、通讯运营平台合作不断深化，基于数字终端硬件的运营、技术服务合作也有所强化，预计随着机顶盒换代需求提升，运营、技术服务收入有望保持较高增速。

集成电路（闪存总片及储存芯片等）占成本比例超过 45%。公司主要原材料包括集成电路（主要为芯片）、组合件智能卡、电路板、机外线、玻璃等，以上几种原材料占到 2018 年营业成本的 62.36%，集成电路一项占到 2018 年营业成本的 45.31%。

公司主要出口产品包括有线数字机顶盒（与海外有线电视运营商合作，其中在亚非拉地区公司具备传统优势，在欧洲地区公司通过与公司 Strong 集团实现 B2B 业务突破，在英国逐步形成专业化系统架构规划能力）、卫星机顶盒、地面机顶盒、智能网络机顶盒（含 OTT）等，同时与 Google 和 Netflixx 合作，发力 Andriod TV 产品。但由于 2018 年 3 月开始的中美贸易摩擦以及海外部分区域模拟信号向数字信号转换更新延后的影响，2018 年公司海外机顶盒收入为 22.96 亿元，同比为-10.63%。在国际机顶盒市场上，公司所面临的竞争对手包括法国特艺集团（Technicolor 原汤姆逊集团）、ARRIS（收购原英国佩斯 Pace）、韩国三星、Humax 等。

在全面高清化预期推动下，未来 3 年或为机顶盒替换高速发展期。超高清产品是未来的发展方向，根据行动计划目标，4K 超高清视频用户数在 2020 年目标达到 1 亿户、2022 年达到 2 亿户，但根据格兰研究数据，截至 2019Q3 末，有线电视超高清用户仅为 2084.8 万户，较年初增长 767.4 万户，距离行动计划目标值仍有较大差距，2020~2022 年有线高清产品普及速度或有所提升。公司在有线机顶盒市场份额保持领先（根据格兰研究数据，公司在国内广电运营商市场中，数字电视机顶盒出货量连续十一年市场占有率第一），同时与超高清视频配套需要提升网络传输能力，公司在网络融合产品上布局较早，能够提供集成化的解决方案，更有望分享到高清换代带来的需求增长。

图 17-8 所示，结构 1、结构 3 和结构 4 都会对应于顶 5 的时空点关系，形成

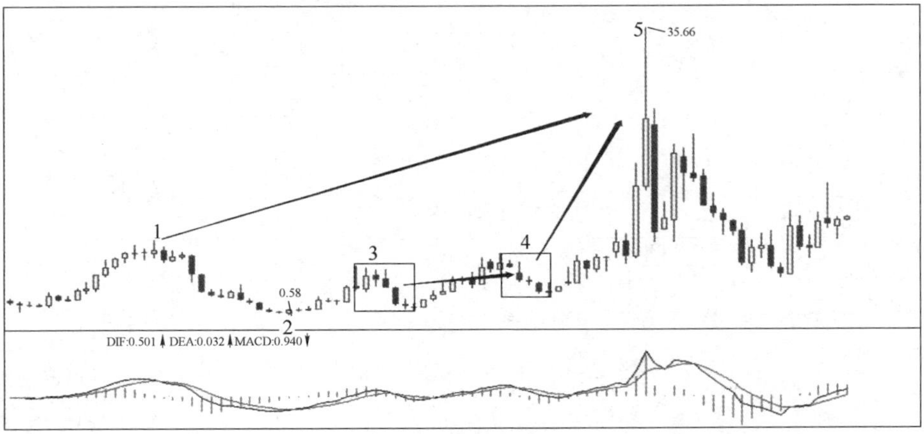

图 17-8 创维数字季线级别走势

突破这三个结构构成年线结构，但是并没有形成持久性上升动力，就是因为该公司的基本面没办法支持这种持续上涨的原动力。基本面分析主要对于长期投资而言是非常重要的研究，对于散户这种中短期投资没太大的必要。在图 17-9 里结构 14 和结构 16 也对应于顶 17 的时空点关系，从结构 16 对应的 MACD 幅图可以看到“空中加油”，这是最后一波上涨了。图 17-10 所示，结构 28、结构 29 对应于顶 30 的时空点关系，如果只看这幅图，虽然顶 30 是结构时空点，但很难判断它是否在高位盘整后消化掉下跌动力再次上涨，但是结合图 17-8 和图 17-9 就能判断上涨结束的信号。没有这种多级别，很难做出决断的。务必把 3 个左右的级别进行综合判断的基础，千万不要只看一个级别。就想当下，网络上充满了牛市信号，这是不理性的。大概率就是只看了一个级别，不看多个级别；要么就忽悠别人进场接盘。

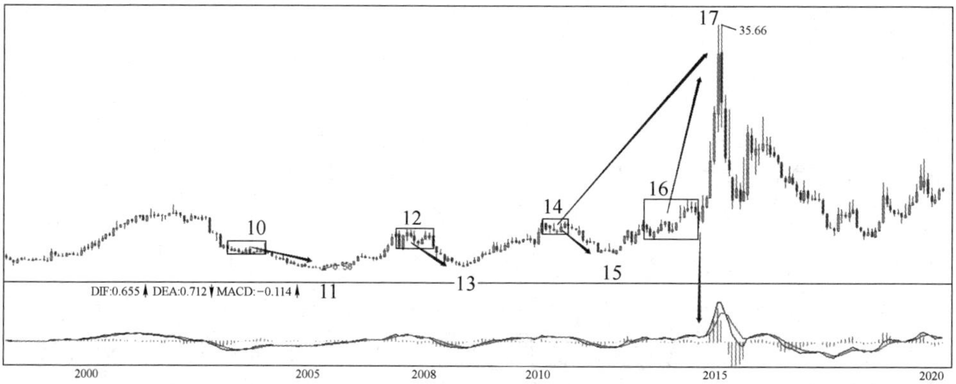

图 17-9　创维数字月线级别走势

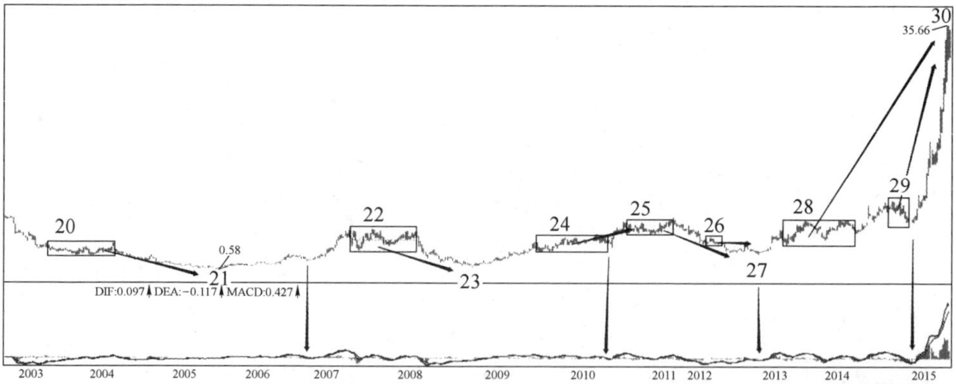

图 17-10　创维数字周线级别走势

扫一扫

看更清楚

到这里为止，结构时空理论分步拆解式解析已经结束，希望给大家带来不一样的思维和路径选择。“道始于一，一而不生，故分而为阴阳，阴阳合和而万物生。故曰：一生二，二生三，三生万物”。兵法上也说过：“声不过五，五声之变，不可胜听也；色不过五，五色之变，不可胜观也；味不过五，五味之变，不可胜尝也；战势不过奇正，奇正之变，不可胜穷也。奇正相生，如循环之无端，孰能穷之哉！”宇宙中算是最重要的一个法则：循环法则。可以用它发现更大世界，可以洞察事物的本质。宇宙的这种循环法则的现象有很多，在此简单举几个例子：比如四季的变化，春夏秋冬，生命的更替，生老病死。就像一个圆环，周而复始，生生不息。又比如，各种行星的运行轨道。循环一周，又回到原点，没有开始，没有结束。

股市何尝不是如此，也必须符合这种宇宙级别的法则。大家慢慢感悟，结构时空理论的基础来自于天体物理理论。

18 结构完美走势完美

18.1 宇宙结构完美

事实上，人们还没有观测到自然界存在没有任何结构态的纯能量形式，即便低能态的电磁场能也是量子化的，波的传导也是结构态的，一切事物存在表达都离不开结构，同时自然就会涉及结构生成的决定因素，解决这个问题有助于彻底解决基本粒子结构构建上的逻辑问题。一些科学规律有范畴上相对的适用性：分析运动现象上牛顿三定律、相对论、量子力学有着不同的适用范畴；质量、能量各自守恒与质能守恒分别适用于不同能态下的结构变化；另外尚不知晓一些规律是否存在时空效应，随着状态变化的规律逻辑上无法用于未知状态分析，也就是爱因斯坦所说的宇宙奇点状态时，现有的规律会失去效应。而且，宇宙时空演化已经历了漫长时期，观察到的物质结构形态是基于现在特定的宇宙质能时空状态，宇宙之初并不会如此，人们无法复原消逝的时空状态，天文望远镜观测到来自遥远星系的波经过长期时空衰变甚至可能弥散成宇宙空间无方向性的背景微波，连续变化的时空实际上参与了物质和能量的演变。针对具有流变性质的时空，为回避这种思维困境，可以立足于现有科学知识所确定的事物关联性逻辑，从系统层面寻找更为基础性逻辑来分析自然存在。自然客观表象呈现出两个基本特征：一是相对稳定时空存在，二是质能推动时空变化。稳定结构形成的质量表达为静态存在，结构变化产生的能量表达出动态变化，自然存在性质上是质量和能量、静态与动态相互纠缠偕同构建。结构表达自然存在，相对稳定结构状态是质能与时空偕同自洽构建出的图景。能量推动自然演变，导致万物处于连续发展变化中。从中可以得出自然存在性质上两个系统性基础逻辑：一是稳定结构状态构建服从于偕同自洽性质存在，二是质能状态连续变化导致因果逻辑存在。因此，逻辑分析宇宙状态演变可以基础于自然存在不随着时空变化的本源性，质能时空状态建立在偕同自洽性基础之上，而规律建立在因果逻辑基础之上，离开因果逻辑规律便无法存在，偕同自洽和因果逻辑在性质上都不伴随体系和时空变化而改变，是自然存在高于各种规律的本源性存在。若从本质上看，因果逻辑同样属于事物变化过程中的偕同自洽，因果逻辑中所包含的各种规律也源于此本源性，因此偕同自洽性是不随时空流变最基础的自然本源性。自然存在如果不存在偕同自洽本源性宇宙就会彻底混乱无章，观测到的宇宙现象也就不复存在，偕同自洽本源性和因果逻辑可以作为分析解读自然现象的基石，以结构生长为主线，可以推演宇宙演变的模型，探索自然以结构生长路径来表象存在的奥秘。

现代宇宙学对宇宙未来的演变图景有一种分析，用力学理论推导宇宙最终会坍塌成一个空间很小、质能状态异常高的奇点，姑且不讨论其正确与否，但存在明显不足是推论的基础并不牢靠，因为万有引力形成机理问题没有彻底解决。天文观测发现星系正在相互远离，宇宙处于膨胀状态，从物质结构生长角度来反演，宇宙之初必然存在一个超致密和高能状态，空间远比现在宇宙小的多，宇宙中现存的所有物质和能量都汇聚于这个空间，其质能状态必然远高于现有大型星系核心区，如织女星系。基于结构偕同自洽于能态和空间的本源性，在超高能态的初始空间内，能量和空间状态都不会允许有类似原子、核子等低密度物质结构存在，类似于鸡的结构形态不同于鸡蛋，物质和能量会处于更基础的质能结构状态，因无法知晓是否会存在一种超量子化黏稠混沌的高质能态，只能够以量子化为基础的能态来考量。假设存在最基础单元质能量子，那么在这个特殊狭小空间核心区内质能量子必然以最紧密堆积态存在，自由度被空间约束屏蔽，致密度会高于夸克态，内部不存在有粒子性震动或平动的空间，同时也丧失量子态空间自由度，从偕同自洽的本源性出发，介于表达超高能态的需要，质能量子仍需要保持特定运动形态，质能量子只能束缚于无限小空域内极速涡旋和密实缠绕，高质和高能共态并存，或可称之为稠密线性缠绕质能量子。在奇点类球体空间方向性结构状态下，质能量子涡旋会形成具有方向性类似碟状空间形态，这样涡旋空间上方向性偕同自洽排序方能实现最紧密堆积，形成线性涡旋超高质能体，类似量子力学中所定义的能量弦，但有所不同的是它不仅具有超高能态同时还具备超高质量性质。自然存在能量、质量与结构相互纠缠，三者偕同于空间状态一体化构建，初始空间不会如现代物理学理论上计算的极值那么小，极限思维产生的现象客观自然中并不存在，无限性浓稠能量态源于想象，坍塌力也不会存在无穷大而具有某个临界极值，事物演化服从于偕同自洽本源性，质能量子运动形态保持必需存在一个极小空间值，这些空间值总堆积的量宏效应不会非常之小。类似于球状星体，初始空间不同区域的堆密度也不可能均等而应存在着函数变化，空间结构上会有明显的圈层构造，类似地球或鸡蛋，随外层空间增大和堆积密度下降不同圈层内偕同自洽不同的质能结构形态，最外圈层面可能形成高能射线粒子和光辐射，外圈层可能生成夸克类结构，超高质能量子形成内核类似蛋黄，夸克汤层类似于蛋清，高能射线粒子层类似于蛋壳，好比一枚宇宙之蛋，一颗深紫色的类球体。能量赋予动态性质，自然连续演化方向性发展无法停止，物质坍塌带来时空惯性收缩，时空收缩加速物质结构解体向能量态转换，但初始空间并不会无限坍塌下去，内核能态和压力升高会逐步平衡和抵抗坍塌惯性力，内核最致密状态的质能量子运动结构形态遭受破坏后，释放出无比巨大的自由能量导致体系混乱激荡形成坍塌的终点，对抗压缩的自由能向整体传导而导致空间结构形态遭受破坏，初始空间就转入暴涨期并拉开宏大的创宇宙之序幕，再次开启结构生长演变时空。这种模型构建是基于自然存在偕同自洽本源性和因果逻辑分析，并不符合现代科学数理逻辑推演方法，但作为思维逻辑构想可以从系统演变发展角度勉强用来诠释现代科学观测到的一些特殊现象。譬如说宇宙中星系和暗物质的起源，随着宇宙初始空间暴涨，外圈结构态夸克汤被抛洒于更大的空间，导致空间能态整体上下降，原初各种高质能性结构态具备了进一步复杂结构构建的空间，结构随着空间扩展沿着更低质能态结构方向性生长，导致夸克类粒子聚合生长成为重子类等复杂的结构形态，再次释放出能量推动空间加速膨胀，空间体系能量亏损诱发质量引力诞生，区域空间内诸多星系内核得以逐步形成，开启分散质能重新空间聚集星系化生长构建之路；同时，初始空间的内核爆碎导致有序线性质能量子也向着更复杂结构态转化，膨胀时期特定空间状态会拉伸断裂形成更短的质能量子弦，有些纠缠组合形成更加复杂稳定的自闭结构形态，受空间压力约束形成不显性的极小结构态，形成宇宙中大量存在而无法检测的暗物质，并很快充斥暴涨形成的空间。打个比方，人们可以检测到的物质部分如水中生长的荷花，暗物质犹如水分子，因为生命本性起源于显性物质所以人们容易检测判断出显性类物质，而对结构微小惰性暗物质检测则存有很大难度，结构产生性质，只有结构生长到特定空间形态才能够显性表象。物质结构伴随着空间尺度生长，暗物质诞生于宇宙暴涨期散布于空间，或许其致密的初始形态在后期空间扩张和能态下降中会发生相应形态上膨胀，类似于生面条烤制膨胀成面包圈，参与宇宙从生长到坍塌的演化过程。

因果相承，宇宙在自然本源性下连续演化。进一步演化中，星系核区内夸克类聚合反应制造出高能驱动整个星系核心涡旋运动，合成并抛射出构建原子的基本粒子，氢原子得以诞生，空间能量涡旋形成质量结构性粒子搓球汇集效应，星系形态碟盘化发展演变，恒星得以在星系核心周边空间诞生并环绕旋转；恒星内部核聚合反应制造出各类原子并爆炸抛洒于星系中，行星得以诞生并围绕次级恒星运动，整个银河系由银核内质能结构性生长创造出来。但如果银核区质能上得不到补充就会逐步消耗殆尽，星系就不会拥有如此大规模还继续生长，银核必然从宇宙母体内不断吸收质能，可以推测这个过程中暗物质起到质能源的作用，星系核心区构建的高能高压态形成宇宙之炉，散布宇宙中膨胀后的暗物质如碳粒般得到重新利用，在炉中结构重建生成更多夸克类粒子和轻子，核内高能自旋激荡出整个星系发生旋转，暗物质向着星系核心流淌形成能量漩涡参与束缚星系结构形态，暗物质不断消耗降低了宇宙整体空间质稠密度，释放出的自由能量又提高了空间离散度，导致空间整体上结构力下降，宇宙空间伴随着星系生长不断向外扩张，也让天文观测看起来各个星系正快速相互远离。随着空间的扩展，宇宙体系能态逐步降低，因物质结构变化偕同自洽于空间能态，不同能态级别的空间体系内物质结构按照不同方式生长，因而自然演变呈现出整体上的方向和过程性质，从宏观上看宇宙从超高致密质能空间状态向低密度和低能态巨大空间结构转变，结构形成的客观表象界面得以呈现，一粒种子长成参天大树行为本质类同于宇宙行为，区别是生长过程依赖于外部物质和能量的供给，自然存在现象在本质上是偕同的。随时空演变空间内暗物质和高能态结构粒子不断消耗，星系核心区最终会停止向外抛射质子、能量衰竭至无法维持星系涡旋，恒星也因缺少氢原子燃料而停止燃烧，当人们看到夜空中星光稀少、光芒微弱，银河系就逐步走向死亡，宇宙在整体上就已缺少足够能量来维持星系的结构生长和空间膨胀，衰竭的宇宙将处于低能高质深冷黑暗之中，体系能量的缺失让各类结构丧失活力而走向死亡，体系能量极度亏损和质量引力作用下形成末日大坍塌，似秋季寒风萧杀时树叶停止生长而枯萎。

18.2 股市结构完美

结构完美，走势必须完美!

要想理解这十个字，是件不容易的事情。这十个字完整翻译出来大体如下：结构已经构建出来，走势务必要走完整个流程才会结束。

结构完美，走势必须完美。体现出市场研究也可以像自然科学一样进行固性研究，而不是西方经济学一大堆假设基础上进行推演。这是在研究资本市场过程中，一直都秉承的理念，用自然科学思维研究资本市场。这种完美体现出事物根本性规律，不可能违背。如果觉得不可能，那只能说明认知不足。如果作者的预测出错，只说明分析过程中肯定对结构的分解有错误，才产生预测错误。因此，可以隔段时间再次翻阅指数看看，查验遗漏。

结构完美，走势必须完美！是结构时空理论的升华，是结构时空理论的再深化，理解更透彻。人生意境须尽欢，走势完美尽欢颜！

结构完美走势就完美，趋势就必然完美！结构蕴含着时空。为什么说时空是可以转变的呢？比如：地球绕太阳转一圈是一年，木星绕太阳转一圈就比地球的一年要长很多，这就是结构引发的时空的不同。这种结构时空的观察最好从广义相对论和引力波去观察，理解会更加深刻。

如果哪一天，地球重量增加一倍，觉得地球会如何变化？绕太阳转一圈会如何变化？结构上出现变化，结构展现是完美的，那么走势必然是跟随变化，且也是完美的；趋势就必然完美。进一步而言，什么是完美？比如说人是少了一条腿那肯定就不完美。结构就必须体现出具体特征，都展现了，就是完美。因为结构又具有级别性，这些都决定了结构时空的多样性。结构的动态性也决定了结构时空理论的动态性。这些都是完美的特征。

这种完美是存在的，需要大家的发现。需要大家利用不同的知识结构发现其他的完美，不一定要是这里的结构时空的这种完美性！

结构有很多，大大小小，多种级别。有些上涨是小级别引起，有些上涨是大级别触发，各个级别都会引发上涨和下跌。只是要记住，结构是分级别的。不同的级别的结构会对应着不同级别的走势，不同级别的走势同样对应着不同级别的结构，这是相辅相成的。结构完美，走势必须完美；这其实强调了次第关系，看似杂乱无章的股指走势，其实有着清晰的对应的次第关系。只是级别多了，结果就复杂了。好比：一生二、二生三、三生万物一样，得到的世界形形色色。顺应趋势，顺应天道，道法自然，一切才那么自由自在。

图 18-1 所示为深证成指月线级别走势，结构 1 对应于底 2 的时空点关系，同时也对应于结构 3 的第一高点的时空点关系，结果结构 3 的调整并没有大幅度下跌，而是走出一个季线级别结构。这个结构诱发了后来的行情，也就是说结构 3 内部形成结构时空点上涨行情。结构 3 对应于顶 4，顶 4 之后的跌幅巨大，但也没有跌到结构 3 下面去，这就是最佳的选择。顶 4 一直到现在还是在构建这个年线级别的结构，这个级别之大，会未来支撑中国股市中长期牛市奠定扎实的基础。内部细结构就不展开论述，前面有个小部分解析。也就是说自从中国股市 1990 年开盘以来，年线级别的结构一直是在往上涨，至于何时会突破 2007 年以来构建的超级大结构，还有待观察，但是未来 2~3 年会集聚出这种动能。按照 2013 年中国进行经济 2.0 版本改革，10 年时间的调整是必须的，也就是说 2023 年前后会启动新一轮中国 A 股中长期大牛市格局。这样体现了结构完美走势的完美典型特点。

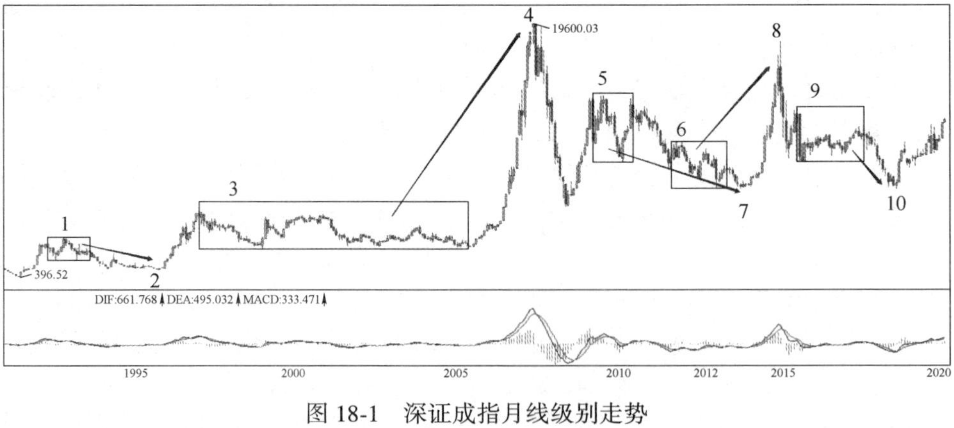

图 18-1 深证成指月线级别走势

19 个股基本面研究

作者自从2008年5月决定研究资本市场以来，就一直以指数为研究重心，从来没有离开过，一直延续到2015年底结构时空理论诞生。在2016~2019年也一直在弥补初创结构时空理论的漏洞，直到暑假2019年7月30日结构时空理论体系全部写出，算是大成。要想产生真正收益还是得落实在投资标的上，因而逐渐地将研究重心转移至投资标的上。虽然平时也会拿结构时空理论检验个股，绝大部分都能得到实证。但是理论运用在投资标的时候，走势结构本身就会存在多样性，因而重点要放在这种多样性到最终走势完成运行过程中，需要加强这种技术角度更加深度理解和把握。

个股和指数还是有很大差异的，个股和指数有时候并不合拍，个股波动性明显强于指数波动性，指数会在成分股相互作用下，表现的更加稳定性，而个股受人为操作性和突发性更加强烈，这也是必须把重心放到个股上来的主因。个股还会因为公司、行业、宏观经济、技术革命等众多因素影响，这些分力合成的合力到底产生具体性运动，要把这种具体性抽象为一般性，总结出一些模式，有助于提高准确率和模式化程度。

有些股民基本上都分不清楚上涨和下跌级别，这是大忌。这也就说他们完全不知道自己在什么位置，盈利和亏损都不知道根本原因是啥。还有95%的人根本不知道什么是买卖点，既然参与了市场，就必须搞清楚这些概念，否则就是一笔糊涂账。对于趋势（不管下跌还是上涨）的拐点或者说是极值点就更加难搞清楚了，不要说求出它的“解”。

事物的初始一般都是简单的，随着事物演绎，慢慢逐渐复杂化，在经历深度复杂化之后，又会开始简单化。遵循上述这种事物发展过程，A股其实也都有类似现象出现。比如图中画了框框的其实就是一个复杂的过程，这种过程需要高超的分析技巧或者刻画的方式才能准确解读，否则大多数人都深陷其中不能自拔。这个图是月线图，如果要是展现成周线图就更加复杂。日线图就更甚，绝大部分更不明白了。

必须建立起一种解读技巧，然后把这种纷繁复杂的走势图有序化，次第化，那基本能掌握事物发展规律。如果不能，就还需要更多的磨炼。其实这里还有个另外层面，就是人，特别是人性。有了理论，有了技术，但是使用的人不能心静如水，去除贪嗔痴，否则人的复杂性，也会把本来简单的事物复杂化，这类现象在现实中太多见了。

因此，提炼修为，提升定力。足以驰骋股海，无论何等疾风暴雨，都无法撼动你那钢铁般的心力。尊重事物的复杂与简单之间的来回转化，精心等待事物简单化再参与其中，这应该是大多数人做的。因为大部分人是没有处理复杂事物能力的，那需要调动太多资源去应对太多的不确定性。下面简单介绍下专业性公司分析方法。

由上至下（Top-Down）三步分析法，在这种方法中首先必须考察整体经济对所有公司和证券市场的一般影响，然后分析在这样的经济环境中具有较好发展前景的行业，最后再分析理想行业中的单个公司以及这些公司的权益证券。

（1）技术环境：是影响行业发展的最主要因素，决定了新行业的兴起和旧行业的兴衰。（2）社会环境：社会环境变化主要来自人口结构的变化和社会习惯的变化。（3）政策环境：行业所处的政策环境是行业受到的政府干预情况和行业政策影响。（4）政府干预：手段：补贴、关税、信贷、价格、市场准入、企业规模限制、环保标准限制、政府直接干预等。政府干预的行业主要是以下三类：自然垄断型行业、关系到经济发展全局的行业、与国家安全相关的行业。（5）产业政策：产业结构政策、产业组织政策、产业技术政策、产业布局政策等。

所有行业的总和构成了整个宏观经济，但是各行业对宏观经济的波动反映却是不一样的。行业经济周期敏感程度的决定因素：（1）销售额对经济周期的敏感性，敏感性最低的是电力、食品、医疗等消费弹性较低的行业；烟草业和酿酒业等受收入影响很小的行业的敏感度也很低；机械设备、钢铁、汽车等行业对宏观经济有很大的敏感性。（2）经营杠杆比率，反映固定成本与可变成本之间的比例关系；企业的可变成本高，就可根据经济景气状况灵活控制成本。（3）融资杠杆比率，反映企业债务融资的应用程度；债务融资的利息和股权融资的股息类似于企业经营过程中的固定成本与可变成本；资本结构中负债比例较大的企业对经济周期有较大的敏感性。

根据行业的发展与经济周期的关系，如图 19-1 所示，可将行业划分为：（1）成长型行业，收入增长速率并不会随经济周期波动而呈现同步的变动。计算机和生物医药制造业。（2）周期型行业，其运动状态与经济周期紧密相关；如与固定资产投资紧密相关的钢铁业，与产能提高紧密相关的能源业，耐用消费品、珠宝等。（3）防御型行业，其经营状况在经济周期的上升和下降期都很稳定；原因：该行业的产品需求相对稳定，需求弹性小；如食品加工业、公共服务业、烟草行业。轮动策略：以经济周期为依据将资金在不同行业组之间不断轮动的投资策略。

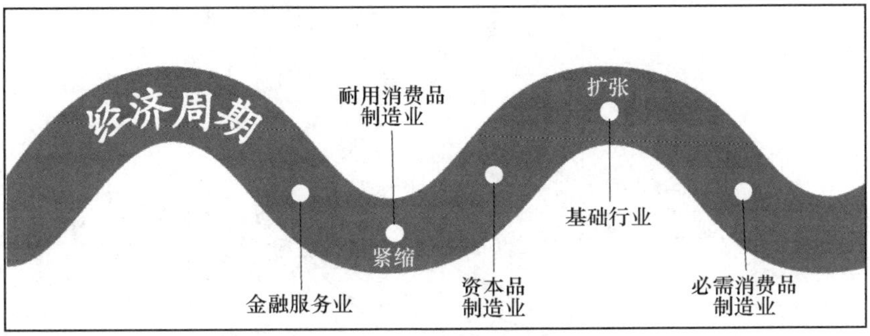

图 19-1 经济周期

宏观经济对行业发展的影响并不仅仅来自经济周期，如：金融服务行业的效益极大地受制于利率环境；产品以出口为主的行业对汇率特别敏感。通货膨胀对大多数行业来说都有消极影响；但对煤炭、石化等自然资源开采业，高融资杠杆比率的企业会带来更高收益。利率水平，当利率变化比较频繁时，银行业的获利水平会相对提高；较高的利率水平会降低企业投资欲望，高融资杠杆比率的企业也会受损。汇率方面，如果本币贬值，出口企业的产品更具竞争力。

行业市场结构与集中度：产业结构指的是国民经济体系中各产业之间形成的相互联系和比例关系。行业结构一般指的是行业市场结构，即行业内企业的数量、产品的性质、价格的制定方式和信息分布状况等因素，以这些因素为标准，可将行业分为：完全竞争 、垄断竞争 、寡头垄断 、完全垄断。行业集中度：用业内市场份额排前几位的厂商的市场占有率总和来计量。是区分上述几种行业类型的主要指标。

行业生命周期分析和行业发展环境分析主要用于预测行业的市场规模和增长状况；行业竞争分析注重特定行业内公司获利能力的分析。迈克尔·波特将竞争策略定义为企业为了获得利润而在行业竞争中争取有利地位的手段。为制定行之有效的竞争策略，企业必须首先了解其所处行业的基本竞争结构，并分析在此结构下决定企业竞争能力的关键因素。

行业竞争结构的基本方法——五力模型，波特五力模型，如图 19-2 所示。

波特五力分析模型是迈克尔·波特（Michael Porter）于 20 世纪 80 年代初提出，对企业战略制定产生全球性的深远影响。主要用于竞争战略的分析，可以有效的分析客户的竞争环境。五力分别是：供应商的议价能力、购买者的议价能力、潜在竞争者进入的能力、替代品的替代能力、行业内竞争者现在的竞争能力。五种力量的不同组合变化最终影响行业利润潜力变化。五种力量模型将大量不同的因素聚集在一个简便的模型中，以此分析一个行业的基本竞争态势。五种力量模型确定了竞争的五种主要来源，即供应商的议价能力，购买者的议价能

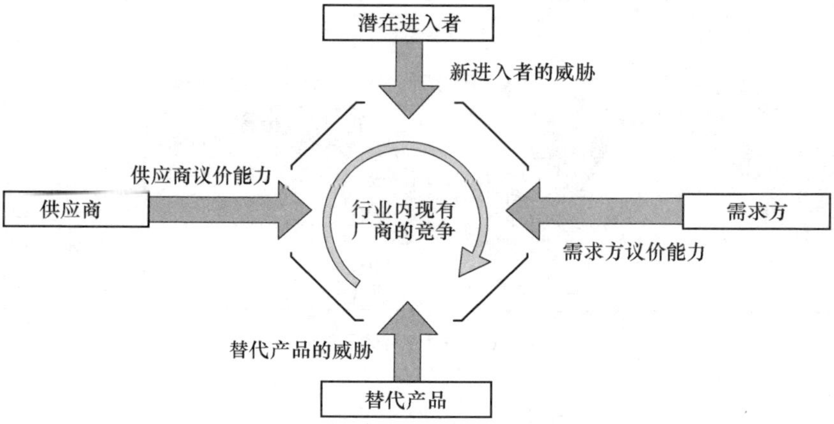

图 19-2 波特五力模型

力，潜在进入者的威胁，替代品的威胁，以及最后一点，来自目前在同一行业的公司间的竞争。一种可行战略的提出首先应该包括确认并评价这五种力量，不同力量的特性和重要性因行业和公司的不同而变化。

供方主要通过其提高投入要素价格与降低单位价值质量的能力，来影响行业中现有企业的盈利能力与产品竞争力。供方力量的强弱主要取决于他们所提供给买主的是什么投入要素，当供方所提供的投入要素其价值构成了买主产品总成本的较大比例、对买主产品生产过程非常重要、或者严重影响买主产品的质量时，供方对于买主的潜在讨价还价力量就大大增强。购买者主要通过其压价与要求提供较高的产品或服务质量的能力，来影响行业中现有企业的盈利能力。新进入者在给行业带来新生产能力、新资源的同时，将希望在已被现有企业瓜分完毕的市场中赢得一席之地，这就有可能会与现有企业发生原材料与市场份额的竞争，最终导致行业中现有企业盈利水平降低，严重的话还有可能危及这些企业的生存。竞争性进入威胁的严重程度取决于两方面的因素，这就是进入新领域的障碍大小与预期现有企业对于进入者的反应情况。进入障碍主要包括规模经济、产品差异、资本需要、转换成本、销售渠道开拓、政府行为与政策、不受规模支配的成本劣势、自然资源、地理环境等方面，这其中有些障碍是很难借助复制或仿造的方式来突破的。预期现有企业对进入者的反应情况，主要是采取报复行动的可能性大小，则取决于有关厂商的财力情况、报复记录、固定资产规模、行业增长速度等。总之，新企业进入一个行业的可能性大小，取决于进入者主观估计进入所能带来的潜在利益、所需花费的代价与所要承担的风险这三者的相对大小情况。两个处于同行业或不同行业中的企业，可能会由于所生产的产品是互为替代品，从而在它们之间产生相互竞争行为，这种源自于替代品的竞争会以各种形式影响行业中现有企业的竞争战略。首先，现有企业产品售价以及获利潜力的提高，将由于存在能被用户方便接受的替代品而受到限制。其次，由于替代品生产者的侵入，使得现有企业必须提高产品质量、或者通过降低成本来降低售价、或者使其产品具有特色，否则其销量与利润增长的目标就有可能受挫。再次，源自替代品生产者的竞争强度，受产品买主转换成本高低的影响。总之，替代品价格越低、质量越好、用户转换成本越低，其所能产生的竞争压力就强；而这种来自替代品生产者的竞争压力的强度，可以具体通过考察替代品销售增长率、替代品厂家生产能力与盈利扩张情况来加以描述。大部分行业中的企业，相互之间的利益都是紧密联系在一起的，作为企业整体战略一部分的各企业竞争战略，其目标都在于使得自己的企业获得相对于竞争对手的优势，所以，在实施中就必然会产生冲突与对抗现象，这些冲突与对抗就构成了现有企业之间的竞争。现有企业之间的竞争常常表现在价格、广告、产品介绍、售后服务等方面，其竞争强度与许多因素有关：

（1）公司的竞争地位：公司在本行业中的竞争地位是公司基本素质分析的首要内容。具有竞争优势的公司才是我们寻求的投资目标。在分析公司的行业地位时，我们需要将公司背景资料与行业分析中所获得的信息相结合，以便综合评价公司在本行业中的竞争地位及其可维持性。1）技术水平：既包括硬件部分，也包括软件部分。2）市场开拓能力：市场占有率是公司生存和发展的基础，并非单纯的销售能力，涵盖企业形象设计、品牌战略建立、产品市场定位、销售模式确立等。3）资本与规模效益：对于资本密集型行业，由资本的集中程度而决定的规模效益成为决定公司收益和前景的主要因素。4）产品研发能力：构成公司的核心竞争力；主要决定因素是研发投入。

（2）公司产品分析：产品是公司获取收入实现利润的主要载体，其市场认可度和竞争力直接决定了公司的盈利能力和竞争地位，因此，这里的产品分析实际上是行业分析的延伸。产品的市场占有情况是其是否具有竞争优势的一个直观反映。通常可以从公司产品销售市场的地域分布情况和公司产品在同类产品市场上的占有率两个方面进行考察 。从动态角度上来看，产品也具有生命周期，包括介绍期、成长期、成熟期和衰退期，在不同的时期对公司的利润贡献各不相同。公司产品分析框架，如图 19-3 所示。

公司战略是企业面对激烈的竞争与严峻挑战的环境，为求得长期生存和不断发展而进行的总体性谋划。关于战略的定义至今没有明确统一。美国哈佛商学院教授安德鲁斯（K. Andrews）认为公司总体战略是一种决策模式，它决定和揭示公司的目的和目标，提出实现目的的重大方针与计划，确定公司应该从事的经营业务，明确公司的经济类型和人文组织类型，以及决定公司应对员工、顾客和社会做出的经济和非经济贡献。

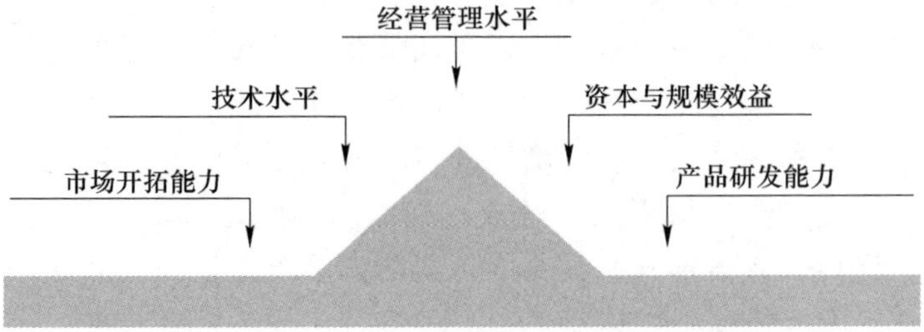

图 19-3　公司产品分析框架

参 考 文 献

[1] 陈南荣．认知论［M］．厦门：厦门大学出版社，2000：106.

[2] 罗伯特·阿列克西．法律论证理论［M］．舒国滢，译．北京：中国法制出版社，2002：89.

[3] 李艾伦．极简逻辑学［M］．北京：民主与建设出版社，2020：134.

[4] 周扎全．逻辑——正确思维和成功交际的理论［M］．北京：人民出版社，1994：158.

[5] 戴文赛．天体的演化［M］．长沙：湖南教育出版社，1999：56.

[6] 赵峥．黑洞与弯曲的时空［M］．太原：山西科技出版社，2000：75.

[7] 徐光宪，王祥云．物质结构［M］．2 版．科学出版社，2010：25.

[8] 金学宽．时空与灵性［M］．北京：中国宇航出版社，2006：42.

[9] 陈守良，等．人类生物学［M］．北京：北京大学出版社，2001：78.

[10] 朱洗．生物的进化［M］．北京：科学出版社，1980：65.

[11] 李可燕，王森洋．物质结构溯源［M］．北京：科学普及出版社，1986：56.

[12] 杜空．宇宙［M］．北京：团结出版社，2015：78.

[13] 饶育蕾．行为金融学［M］．北京：机械工业出版社，2010：25.

[14] 廖理，沈红波．Fama—french 三因子模型与股权分置改革效应研究［J］．数量经济技术经济研究，2008（9）：48~58.

[15] 赵胜民，闫红蕾，张凯．Fama-french 五因子模型比三因子模型更胜一筹吗——来自中国 A 股市场的经验证据［J］．南开经济研究，2016（2）：77~89.

[16] 李志冰，等．Fama—french 五因子模型在中国股票市场的实证检验［J］．金融研究，2017（6）：59~68.

[17] B Л 金兹堡．理论物理学和理论天体物理学［M］．刘寄星，译．3 版，北京：高等教育出版社，2021.

[18] 伊恩·尼科尔森，保罗·帕森斯，约翰．曼，等．宇宙起源［M］．南京：江苏凤凰科学技术出版社，2020：144.

[19] 吴晓求．证券投资学［M］．5 版，北京：中国人民大学出版社，2020：135.

[20] Dreyfus H，et al. What Computers Can't Do：A Critique of Artificial Reason［M］. New York：MIT Press，1972：89.

[21] Brooks, Rodney. Canbrian Intelligence：The Early History of the New AI［M］. Cambridge：MIT Press，1999：76.